EVELYNE SULLEROT

EL NUEVO PADRE

UN NUEVO PADRE PARA UN NUEVO MUNDO

EDICIONES B
GRUPO ZETA

DOCUMENTOS

Título original:
Quels pères, quels fils

Traducción:
Xavier Gispert

1.ª edición: marzo 1993

La presente edición es propiedad de Ediciones B, S.A.
Calle Rocafort, 104 - 08015 Barcelona (España)

Printed in Spain
ISBN: 84-406-3615-6
Depósito legal: NA. 376-1993

Impreso por GraphyCems
Ctra. Estella-Lodosa, km 6
31264 Morentin (Navarra)

Ilustración cubierta:
Óscar Astromujoff

1

SORPRESA, PERPLEJIDAD, INTERROGANTES

A lo largo de generaciones y por los siglos de los siglos amén, el antiguo refrán «de tal palo, tal astilla» parecía afirmar una evidencia y no estar sometido a ninguna contradicción, ni siquiera a ninguna duda. Conscientemente he querido dar la vuelta a esta afirmación, convertirla en preguntas y añadirle dos signos de interrogación. No se trata de un recurso de estilo para llamar la atención. Se trata de expresar mi asombro y de avisar que este libro no contiene el enunciado bien argumentado de una tesis ni la explicación irrefutable de una toma de postura militante. Este libro está compuesto por una serie de preguntas al lector, hombre o mujer, padre o madre, o soltero o soltera sin hijos pero, fatalmente, hijo o hija de un padre. Me gustaría compartir con este lector mis sorpresas y mi perplejidad.

Me deja estupefacta el silencio acerca de la paternidad en la actualidad, sobre lo que les ocurre a los padres y sobre lo que muy probablemente puede afectar a los hijos. Y, en tanto que socióloga, me pregunto: ¿cómo se entiende que tales cambios en los hechos, en las leyes, en las costumbres y en las mentalidades no encuentren eco, o éste sea tan débil? No existen sondeos ni contrasondeos, no existen encuestas de opinión ni de actitudes, no existen estudios transversales ni longitudinales, no existen series de artículos que opongan hipótesis explicativas divergentes, lacanianas o economicistas, no existen neologismos terminados en «ismo»...

Entre el denso silencio guardado por los analistas de nuestra sociedad, la paternidad ha perdido su soberbia, se ha visto despojada de casi todas sus prerrogativas milenarias y ha sido herida, escarnecida, incluso ignorada en determinados casos, puesta en duda, sustituida, remedada e imitada. Y, no obstante, se han adoptado nuevas leyes cuyos efectos sobre los padres se podrían intentar conocer, pues se aplican desde hace ya un cuarto de siglo. Existen datos y cifras sobre el ejercicio de la paternidad, y, si se quisiera, podrían reunirse en elocuentes series estadísticas que permitirían tomar conciencia de la amplitud del fenómeno, de su evolución y de su marcha.

Pues no. Los sociólogos y los psicólogos parecen sentir una total indiferencia por los efectos que hayan podido ejercer sobre el deseo de ser padre, sobre la vivencia de la paternidad y sobre el lugar del padre en las nuevas familias las leyes que, de 1964 a 1975, trastocaron el reparto de papeles en la familia y el ejercicio de la paternidad. Por lo que respecta a los sociodemógrafos, ni siquiera han efectuado el censo de los padres con que cuenta Francia, y pretenden que esto es imposible. Por supuesto, no han intentado establecer una tipología de los padres según su edad, su categoría sociocultural, su situación matrimonial o el número y la edad de sus hijos.

Así, ¿cómo puede saberse qué cambios han afectado al colectivo de padres en estos veinticinco años? Se ignoran las cifras y las estadísticas que podrían derivarse de ellas; se dejan de lado las encuestas y las opiniones que se podrían recoger. La paternidad no es un tema a considerar.

Queremos «hacer» voluntariamente a nuestros hijos

El hecho de ser mujer no hace que me sorprenda menos el silencio del frente masculino –en el caso de que exista un frente masculino–. Formé parte del frente femenino, y hace ya mucho tiempo fundé, junto con la doctora Marie-Andrée Lagroua Weill-Hallé, la asociación que se ha convertido en el *Mouvement Français pour le Planning Familial* (MFPF). Esto significa que como mujer joven he conocido la época en que, sin píldora ni DIU, me era imposible y me estaba prohibido cualquier control sobre mi fecundidad. No pude soportarlo, así que me lancé a tumba abierta a una campaña cuya dureza y peligrosidad son muy difíciles de comprender actualmente. Las mujeres jóvenes de hoy ya no conciben cómo era la vida femenina sin la anticoncepción. En general piensan que aquello por lo que luchábamos, lo que queríamos en aquella época que les parece prehistórica, era hacer el amor sin temores y conseguir que nuestra vida amorosa no languideciera a causa del miedo a quedar embarazadas. Se equivocan las jóvenes de hoy si creen que lo que buscábamos entonces era descubrirnos a nosotras mismas, realizarnos sexualmente.

Puedo atestiguar que estábamos muy lejos de imaginar lo que podía esperarnos tras la puerta, finalmente abierta, de la libertad sexual. Es verdad que algunas soñaban con un paraíso sin pecado, aunque no llegaban a imaginárselo. Otras estaban seguras y convencidas de que la liberación de su sexualidad les proporcionaría salud física, y profetizaban el fin de las neurosis, de las ansiedades y de las depresiones femeninas a partir del momento en que estuvieran protegidas por una anticoncepción eficaz. Otras esperaban que fuera el remedio milagroso para hacer perdurar el amor y, por lo tanto, para salvar sus matrimonios. Otras querían disponer de su propia vida para lograr la independencia, y controlar sus embarazos les parecía la primera condición para expresar sus dotes laborales o creativas.

No, nuestra lucha por una anticoncepción eficaz no tenía como primer objetivo la libertad sexual plena y completa. Queríamos hacer voluntariamente a nuestros hijos. Estábamos animadas por un poderoso deseo de tener hijos, pero no de tener hijos a pesar nuestro*. Antes de la «planificación familiar» (Movimiento Francés para la Planificación Familiar), durante dos años, nuestra asociación se llamaba «La maternidad feliz». Las mujeres, en primer lugar y con firmeza, querían ser partícipes de la decisión de hacer un hijo, querían

* *Des enfants malgré nous*, título del primer libro sobre este tema, publicado en 1955 por Éditions du Minuit, cuyo autor es Jacques Derogy.

ser madres a voluntad. Querían dominar su fecundidad, dominar la fecundidad.

Ellos tenían el poder de decisión

Es preciso recordar que no sólo los métodos anticonceptivos que se proponían en la época eran poco fiables, y de éxito aleatorio, sino que además todos o casi todos se basaban en la voluntad del hombre para ponerlos en práctica. Por mucho que las mujeres compraran calendarios Ogino y se esforzaran por controlar los días en que no corrían ningún peligro y los días en que podían ser fecundadas –las más instruidas y las más ansiosas podían tomarse cada día al despertarse la temperatura para detectar la misteriosa ovulación–, dependían de su pareja masculina. ¿Iba a querer abstenerse el hombre durante esos días críticos? En caso contrario, ¿podría o querría retirarse a tiempo? Las mujeres estaban sometidas a la buena o mala fe, al buen o mal control de sus maridos o de sus amantes sobre sí mismos.

Ellos ostentaban el temible poder de tomar precauciones. Algunos no querían y otros no podían tenerlo. Estaban los que sabían vivir, en expresión consagrada, y los enamorados fervientes que a veces carecían de la necesaria sangre fría; estaban los torpes, los toscos y los granujas del *coitus non interruptus*. Responsables o irresponsables, voluntaria o involuntariamente, eran los hombres los que hacían los hijos que las mujeres debían traer al mundo.

En cierto modo, ellos tenían el poder de decisión. Si nosotras deseábamos fervientemente un hijo, teníamos que someternos a su voluntad, a su deseo o a su rechazo frente a la paternidad. Podíamos utilizar ardides, engañarlos con las fechas, conmoverlos o embaucarlos. Pero no podíamos forzarlos. Es verdad que numerosos hombres hacían hijos a su pesar, por torpeza, inconsciencia o abandono a los misterios de la providencia. Pero con quienes no querían ser padres, con quienes se negaban rotundamente, era poco menos que imposible tener un hijo.

Como mujer, sé perfectamente que no se ha denominado por azar sistema patriarcal al modo de vida que ha garantizado durante tantos siglos la supremacía masculina en las sociedades de todos los países desarrollados y en la inmensa mayoría de los países del Tercer Mundo. Esta supremacía se ha afirmado en los más diversos ámbitos, no sólo en los hogares y en las familias, sino también a través de la adquisición de conocimientos y saberes, del ejercicio del poder en las ciudades y los Estados, a través del dinero, las armas y las leyes. Pero nunca se ha hablado de sistema «virilista» o «masculinista» porque, como veremos en el siguiente capítulo, no se basaba en la preponderancia del hombre sobre la mujer, sino en la supremacía del padre.

A partir del momento en que el hombre reconoció que transmitía la vida por intermedio de la mujer, pudo planificar su poder a lo largo del tiempo, más allá de la muerte, asegurándose descendencia, confiriendo su identidad a sus hijos, adquiriendo bienes y títulos que podía transmitir. Podía convertirse en amo del mundo si domeñaba su supervivencia a través de sus descendientes. Para ello, tenía que decidir ser padre, tenía que estar seguro de serlo y, consecuentemente, tenía que domesticar a la mujer; es decir, encerrarla en los límites de la casa (*domus*) para que el poder por excelencia de la mujer, la fecundidad, quedara al servicio de su supervivencia, de su paternidad.

El sistema patriarcal vacila

Mi primera pregunta, mi primera sorpresa en tanto que mujer en esta recta final del siglo XX, guarda relación con este famoso sistema patriarcal. Dado que la mujer, y sólo ella, ha pasado a ser la que dispone de métodos anticonceptivos eficaces, puesto que es ella quien únicamente puede decidir si tendrá o no tendrá un hijo, el poder ha cambiado de sexo. Ahora la mujer puede privar de la paternidad a un hombre que desea un hijo y puede convertir en padre a un hombre que no deseaba descendencia. A su propio poder –la fecundidad–, la mujer añade ahora el control de esa fecundidad, la posibilidad de decidir. Con ello, ha hurtado al hombre el fuego celestial, ese fuego con el que Prometeo pretendía animar a las criaturas de hielo que modelaba en un intento de crear vida sin intervención de la mujer.

La piedra angular sobre la que se edificaba el sistema patriarcal se ha roto. La mujer se ha convertido en la que decide cómo y cuándo trae hijos al mundo. Ella es quien elige al hombre con el que hará a su hijo, es ella la que escoge el momento que considera más favorable para su proyecto. En cierto modo, se ha convertido a la vez en padre y madre desde el mismo momento en que se concibe la criatura. Si el hombre desea un hijo de su compañera, pero ella no lo quiere, no tiene ningún sistema para conseguirlo. Si el hombre no quiere un hijo, pero su compañera desea tener uno de él, con toda facilidad, sin necesidad de mentir, puede embaucarlo alegando que se ha olvidado de tomar la píldora, que se ha producido una irregularidad imprevisible, que ha probado un nuevo producto o cualquier otra cosa. En cualquier caso, el hombre está absolutamente obligado a aceptar el hijo. No tiene facultad para interrumpir el embarazo. No puede dar a luz con un nombre supuesto y entregar al hijo en adopción. Se ve apremiado y forzado ya sea a privarse del hijo cuando quería y podía hacerlo ya sea a endosarse los hijos que hace su mujer. No sé si este nuevo régimen es el de «La paternidad feliz», por plagiar el título que yo había elegido cuando luchaba por el derecho a la anticoncepción, pero estoy segura de que no es el de «La paternidad voluntaria». El hombre ha sido desposeído del dominio de su paternidad. ¿Alguien puede creer que ello no hará que se resienta todo el sistema patriarcal?

El sistema patriarcal vacila. Va a derrumbarse. ¿Y eso no es noticia? Pues no. Nadie rechista. Una vez se organizó un debate radiofónico sobre el tema*. El moderador evocó el naufragio de la decisión de la paternidad. Fue interrumpido por una mujer que reconoció que «ellos han dejado de tener el monopolio de la decisión», pero enlazó este tema con el único

* «Découvertes», en Europe 1, el 10 de junio de 1991.

verdadero tormento de los hombres actuales: la audacia de las mujeres que osan criticar sus habilidades sexuales o que se atreven a comunicarles lo que esperan de ellos para obtener placer. ¡Hale, hop! En un instante se había producido el arte de la prestidigitación. Una vez más se habló de sexualidad y no de paternidad, aunque éste fuera el tema propuesto y anunciado. Una vez más se fustigó la virilidad mal entendida, el machismo mal curado y todas las reminiscencias de la época de la supremacía sexual masculina que la píldora tenía que haber erradicado. El discurso sobre la sexualidad lo invade todo, pretende explicarlo todo, sustituir todo lo demás.

No se trató de la frustración de no ser ya los hombres quienes deciden acerca de su posible paternidad. Ningún hombre entre los presentes se dio cuenta de la ambigüedad de la frase «ellos ya no tienen el monopolio», que podía dar a entender que la decisión de procrear es compartida hoy por el hombre y la mujer cuando la realidad es muy diferente: ahora son las mujeres las que detentan el monopolio en solitario. Porque no hemos pasado del monopolio masculino de la iniciativa a una especie de biparentalidad de la decisión. En pocos años hemos pasado del reino de los padres al reino de las madres, aunque, gracias sean dadas a Dios, la mayoría de las parejas consideran conjuntamente la eventualidad de su común paternidad, la discuten y deciden, también en común, dejarlo para más adelante o tratar de tener un hijo.

Este entendimiento entre la pareja también existía anteriormente, pero entonces era el hombre quien tenía que hacer lo necesario para llevar a cabo la decisión común; en la actualidad, es la mujer la que actúa en consecuencia. Lo que significa que los casos en que no existe acuerdo entre las dos voluntades dejan el camino libre para que las diversas estrategias femeninas eviten el nacimiento del hijo que el hombre desearía o, por el contrario, lleven a un embarazo que él no quería. Antes, la mujer sólo podía convencer, usar ardides o someterse a la voluntad (o a la torpeza) del hombre; en la actualidad, es el hombre quien debe convencer, usar ardides o someterse. ¿Acaso no se trata de un cambio prodigioso?

¿Por qué las feministas celebran especialmente el acceso de

las mujeres a la libertad sexual –separada ya de la procreación– y no esta toma del poder en el ámbito de la procreación? ¿Se trata tal vez de que esta victoria se produce en el seno de la familia, que no es precisamente el terreno en el que desearían librar la batalla?

El silencio de los hombres ante sus derrotas

Por supuesto, conquistar la igualdad en los campos del saber, del trabajo, de las finanzas y del poder es para las mujeres una tarea muy ardua que, por otra parte, está muy lejos de haberse conseguido, incluso en nuestras democracias económicamente desarrolladas. Pero ello no debe hacer que callemos respecto a los cambios provocados por la libre determinación de la mujer en lo referente a la maternidad. Sorprende lo poco que se ha hablado de las modificaciones introducidas en el Código Civil francés, unas modificaciones que hubieran indignado a Napoleón: la desaparición de la patria potestad paterna por la compartida entre los cónyuges y, en especial, su concesión a la madre cuando los padres del niño no están casados.

Cientos de miles de niños nacen cada año en Francia de padres no casados –casi un tercio del total de nacimientos (véase el capítulo IV)–. Los centenares de miles de padres que los han reconocido, que les han dado su apellido, que viven con la madre y los educan, ignoran, con excasas excepciones, que no poseen sobre los niños los mismos derechos que la mujer. Centenares de miles de madres solteras desconocen también su supremacía jurídica o la consideran tan natural que creen que siempre ha existido. Si es la mujer la que hace los niños, es natural que su estatuto jurídico se encuentre a la altura de ese papel. Cuando no era normal era antes, en la época en que los padres tenían en exclusiva la patria potestad.

Así se explica, sin duda, el silencio de las mujeres sobre estas conquistas. ¿Pero cómo se explica el silencio de los hombres ante sus derrotas? Quizá porque ignoran las nuevas disposiciones jurídicas o tal vez porque ignoran que el padre casado posee derechos de potestad de los que carece el padre no casado, conviva o no con la madre. En cualquier caso, porque ignoran los efectos que sobre su paternidad causa la forma de unión que han elegido, aceptado o consentido.

¿Y no se explica esta ignorancia en primer lugar por una cierta indiferencia ante las prerrogativas paternas, e incluso ante los deberes de padre? Sin duda ésta es una de las preguntas clave que deben considerarse ante la multiplicación de parejas no casadas que forman un hogar; sin embargo, la respuesta puede ser muy cruel para los hombres de este fin de siglo.

¿Sólo se muestran indiferentes o también se sienten aliviados por el hecho de que sus mayores hayan aceptado la renuncia a sus prerrogativas paternas? Ahora están liberados de la toma de decisiones, de la autoridad y de la superior responsabilidad que correspondía a los padres. El papel del padre de familia era una dura carga. Quienes en mayo de 1968 eran adolescentes rebeldes parecen haberse sentido encantados, en el fondo, de no tener que seguir la misma senda que sus padres. Pero, por indiferencia y/o por dejación frente a la autoridad que poseían, ¿en qué tipo de padres se han convertido?

En correspondencia con la decisión de procrear, ¿se ha producido el traspaso de la autoridad desde los padres hacia las madres? ¿Ha pasado a las madres la iniciativa, la decisión y la responsabilidad de la educación de los hijos? ¿Ocurre así desde el nacimiento hasta la mayoría de edad de los niños? Los hombres, en su papel de padres, ¿han aprendido a convencer, a usar ardides o a someterse como estaban obligadas a hacer las madres que no podían tomar las riendas de la educación de sus hijos ante la presencia del padre omnipotente?

Quejas sin eco de los padres desposeídos

Llegados a este punto, aparece, sin embargo, otro sinfín de preguntas. En efecto, la sanción social de este papel altamente secundario del padre (que podría parecer aceptado por padres a medio camino entre la indiferencia y la dejación) consiste en que la madre conserva al hijo en caso de divorcio, o de separación en el caso de la pareja no casada. Desde hace pocos años, las separaciones y los divorcios se han multiplicado a una velocidad vertiginosa (véase el capítulo 4). Paralelamente, el número de hijos confiados a sus madres ha aumentado sin cesar, y el número de niños separados de su padre de forma más o menos severa, o incluso definitiva, ha superado con mucho lo que nuestra sociedad haya podido conocer cuando la muerte golpeaba de forma aleatoria y dejaba numerosos huérfanos. No, la verdad es que nunca ha habido tal proporción de menores separados de su padre. Y su número, así como la proporción que representan, no cesa de aumentar, porque las separaciones se hacen cada vez más numerosas y son más a menudo solicitadas por las mujeres, seguras, o poco menos, de conservar a su hijo.

Si, como podría suponerse, los hombres fueran esos padres indiferentes y/o que han hecho dejación de sus responsabilidades, aceptarían esas decisiones favorables a las madres. Pero no es así. Cada vez son más los padres que se rebelan, aterrados, cuando se ven separados de su(s) hijo(s) sin haber cometido ninguna falta grave, sólo en función de su sexo. Algunos, como veremos más adelante, se hunden en la depresión y no consiguen recuperarse. Otros se rebelan, recurren los juicios, se enardecen y terminan por poner en tela de juicio el Código Civil, el sistema judicial y la sociedad en su conjunto. Otros tratan de unirse, fundan asociaciones (véase el capítulo 8), imprimen periódicos o se manifiestan. Está ocurriendo en toda Europa. Pero ni sus clamores ni sus quejas hallan eco en los medios de comunicación, en la opinión pública o ante quienes tienen poder de decisión.

De todo ello puedo dar mejor testimonio que otros muchos, pues mis funciones me han llevado a frecuentar asiduamente a personas con poder de decisión social, que tendrían que sentirse afectados por estos temas, y mis escritos me han puesto en contacto con muchos periodistas especializados y han hecho que tuviera auditorios interesados en los problemas familiares.

Cuando abordo ante ellos estos temas, numerosos analistas de nuestra sociedad, consejeros/as o ejecutivos/as en el campo de la política social, importantes militantes familiares y juristas liberales, tan preocupados por los derechos humanos, me contestan únicamente con unas evasivas vacilantes –«¿Usted cree, querida amiga?»– que no sé si significan que dudan de mi capacidad de juicio o que me aconsejan, por prudencia, que no me interese por un problema tan embarazoso. Parece que interesarse por la paternidad, cuando además se es mujer, es el mejor medio para aparecer como reaccionaria, renegada, herética, recalcitrante –¡y qué sé yo cuántas cosas más!– ante ese feminismo por el que tanto he combatido y al que, mediante mi trabajo cotidiano, aporto una contribución apreciada en Europa para el empleo y la formación profesional de las mujeres.

Todos me dicen que se trata de un tema con mala pinta. Nadie, en ningún momento, desea saber por qué me intereso por esta cuestión estrafalaria, por este tema tabú, ni tampoco desean conocer los argumentos que nutren mi curiosidad. Todos me toman de nuevo por una militante que, una vez más, ha elegido la causa equivocada. Apenas creen en las preguntas que se plantea la socióloga y, evidentemente, no ven en absoluto la necesidad de ponerlas sobre la mesa. ¡Paternidad! ¡Cuidado! Suena a paternalismo y a sacristía, como la palabra familia tiene regustos dictatoriales. Yo me siento inquieta por el futuro, y los demás lo hacen porque creen que vuelvo al pasado, al pasado más denigrado. El malentendido es total. Se considera que miro hacia el pasado cuando yo realmente me siento vanguardista...

«Tienen lo que se merecen»

Desde hace muchos años se llenan las salas de todas las ciudades de Francia, Bélgica y Suiza en las que me piden que dé conferencias sobre los avatares de la familia en Europa y, en los debates que siguen a mi exposición, nunca me han hecho una sola pregunta sobre los padres ni sobre el futuro de la paternidad.

Si me decido a plantear yo misma la pregunta a mi auditorio: «Hemos visto con gran frecuencia que, en el marco de estos profundos y rápidos cambios que afectan a la familia, el padre se aleja o es alejado. ¿Qué opinan? ¿Creen que está en crisis la paternidad?», a menudo se registra una risa ahogada en la sala, seguida de un denso silencio. Si, finalmente, alguien se decide a contestarme, casi siempre se trata de una mujer. Su comentario, generalmente bien construido y salpicado con los más recientes términos de la psicología moderna, viene a decir que sí, que es verdad, que los padres han perdido su poder; que sí, que su imagen se hace borrosa; que sí, que van a tientas; que realmente no se les confían los hijos en caso de separación, pero es natural, ¿no? Además, se lo tienen merecido. Se trata de una justa compensación. ¿Nadie recuerda hasta qué punto fueron odiosos nuestros antepasados del sexo masculino y se mostraron opresores en el seno de aquella familia jerarquizada que les reservaba el poder?

Un murmullo de aprobación, acompañado de movimientos de afirmación con la cabeza, confirma que ha quedado bien reflejado el modo de pensar de las madres presentes. Les importan un rábano los padres separados de sus hijos. No tienen más que lo que se merecen o, mejor, lo que ya se merecían sus estirados tatarabuelos, aquellos padres de familia de los que parece que es lícito vengarse en sus tataranietos-padres. En nombre de las madres. De los hijos nadie se acuerda.

¿Por qué jamás ningún hombre aparece para replicar que no se siente responsable de los abusos de poder ejercidos por sus antepasados? ¿Por qué callan los padres jóvenes y también los jóvenes abuelos? Sin embargo, y lo sé por las conversaciones privadas que suelen mantenerse después de las conferencias, todos han pensado en el divorcio de algún miembro de su familia, en alguna pareja no casada que se acaba de separar. Todos han pensado en su hijo, en un hermano, en algún amigo implicado. No obstante, todos han guardado silencio. ¿Temen que parezca que reivindican? ¿Se sienten solidarios de una culpabilidad masculina generalizada y no se atreven a romper el silencio al que esta solidaridad les condena?

El fin de la duda milenaria

Quedan todavía muchas preguntas que me planteo a mí misma y que justifican que trate de profundizar en ellas, incluso de darles respuesta, en este libro. Principalmente preguntas relacionadas con la poca atención que ha mostrado la opinión pública ante el anuncio de que ya era operativa una prueba que permitía atribuir, esta vez sin la menor sombra de duda, la paternidad de un niño a su progenitor, aún en el caso de que la madre hubiera sido violada por varios hombres en el momento de la concepción.

Desde que el mundo es mundo, la tragedia de la paternidad ha sido siempre su incertidumbre biológica. Los juristas franceses del período revolucionario decían que había en ello un lirismo amargo: «Dado que la Naturaleza ha cubierto con un velo impenetrable la transmisión de la existencia...»* Como nunca ningún padre podía aportar una sola prueba formal de su paternidad biológica (pese a que el parecido siempre ha desempeñado un papel casi mágico para disipar las dudas y pese a que que la ausencia de parecido alimentaba las dudas más allá de cualquier racionalidad), la paternidad sólo podía proceder de un acto social cumplimentado voluntariamente por el hombre que quería ser padre: el casamiento. Mediante el casamiento, el hombre anunciaba por anticipado que sería el padre de los hijos nacidos de su esposa. Los hombres inventaron la paternidad social para paliar la incertidumbre de su paternidad biológica. Por tanto, ¿no es asombroso que el final de la duda milenaria que velaba la paternidad no haya causado mucho más revuelo?

Es verdad que no todo el mundo conoce el nombre de Pincus, pero en nuestras democracias desarrolladas todos saben que existe una píldora que permite a la mujer rechazar la posibilidad de quedar embarazada cuando no lo desea sin por ello tener que prescindir de mantener relaciones sexuales completas. La célebre píldora ha hecho correr ríos de tinta. La

* BERLIER, *Opinion sur les droits à restituer aux enfants nés hors mariage jusqu'à présent appelés bâtards*, 9 de agosto de 1793.

viveza y pasión de los debates sobre este tema estaban a la altura de la importancia de esa formidable mutación. Todo el mundo participó en las discusiones. Sin embargo, ¿quién conoce el nombre de Jeffreys? ¿Quién conoce al menos la existencia de su test de las huellas genéticas, el cual, a partir de la molécula de ADN, permite identificar sin posibilidad de error al padre de un niño? ¿Quién ha calibrado como mínimo el significado de este descubrimiento?

Sin embargo, como dice acertadamente J. Rubellin-Devichi, especialista en derecho de familia: «En la actualidad, estamos tan seguros de la paternidad como de la maternidad, y nuestro derecho no puede dejar de extraer las consecuencias de ello.»* Sin embargo, el derecho francés vive aún en la época de la filiación, que data de 1972, pero que está totalmente superada. Al parecer, los jueces se encuentran más cómodos en la oscura selva de suposiciones, presunciones, declaraciones, reclamaciones, negaciones, aperturas de expedientes, reconocimientos de complacencia, apelaciones, testimonios de porteras y demás. Aún dudan a la hora de emprender una acción de paternidad natural. Dudan a la hora de revelar al padre legal que no es el padre biológico o, mejor dicho, dudan a la hora de emplear los medios para saberlo con toda seguridad, aunque el hombre así lo desee.

Cierto es que Portalis, uno de los autores del Código Civil francés, enunciaba así la evidencia sobre la que había construido todo el sistema familiar: «La maternidad es segura; la paternidad nunca lo será.» Actualmente sería presa de la mayor confusión al comprobar que la maternidad ha perdido su seguridad, desde el momento en que puede disociarse la madre genética, que dona un óvulo, de la madre embarazada y que da a luz, mientras que un niño no puede tener más que un padre biológico, y sólo uno, el cual puede ser designado sin la menor duda. A los propios sucesores de Portalis les cuesta hacerse a la idea. Y a los poetas, y a los dramaturgos. El enigma central de la admirable *Nedjma*, de Kateb Yacine, ese drama de la vida

* J. RUBELLIN-DEVICHI, «Le Droit des pères et la paternité», *Revue française des affaires sociales*, noviembre de 1988, pág. 176.

real que se convirtió en novela río y pasó a ser un mito, ahora podría ser descifrado.

«Mejor dejarlo así...»

Era previsible que, al hacerse la luz sobre la «misteriosa» transmisión de la vida, después de la larga acumulación de narraciones y de leyendas del inconsciente colectivo, y de tantos dramas soterrados o que de repente desgarraban el tejido familiar, las imaginaciones se inflamaran y los cronistas realizaran comentarios históricos. Pues, no. Nada de nada. Apenas se ha mencionado el tema. Los únicos comentarios que han aparecido muestran terror ante la idea de que esa horrible ciencia, la genética –que no está lejos de cargar con todos los pecados nazis y con muchos más, cuando, evidentemente, no es de izquierdas ni de derechas–, al establecer de forma indiscutible la paternidad biológica, iba a perturbar a las armoniosas y felices familias. La genética iba a traicionar a mujeres que habían escondido sus desvíos valerosamente y habían callado lo inconfesable, iba a separar a los niños de esos hombres a quienes querían como a padres, iba a desgarrar los velos, iba a revelar que el rey está desnudo, que la reina le ha traicionado y que el príncipe no es el heredero.

Unos pocos artículos, siempre escritos por varones, han proporcionado una visión desmesurada de las ansias que los hombres llevan en su interior y, en especial, de sus dudas acerca de la honestidad de las mujeres. Más adelante (véase el capítulo 9) volveré sobre el camino seguido por un extravagente rumor que se propagó a gran velocidad: de boca a oreja, sin ningún tipo de comprobación, se citaban porcentajes muy precisos, poco menos que con decimales, sobre niños felices que en realidad eran huevos colocados en nido ajeno. Así, en nombre de la tranquilidad de los hogares, de la estabilidad de las familias, se suplica silencio, no hablar de este funesto descubrimiento, y se intenta impedir que padres llenos de dudas recurran a él.

«El padre es quien siente amor»

El gran argumento, a veces expresado y a veces sobreentendido, era que el verdadero padre es el que cría al hijo o, para tomar la expresión de Pagnol, que se emplea como si fuera el Evangelio: «El padre es quien siente amor.» Ante tal afirmación, nadie osa interrogarse acerca de la naturaleza de ese amor. ¿Tiene que existir antes del nacimiento del hijo? ¿Tiene que ser sometido a prueba a lo largo de los años? Tampoco nadie osa interrogarse acerca de las consecuencias de ese derecho del amor. ¿Todo hombre que ame a un niño puede reclamar la paternidad, tomar la responsabilidad y disponer de las prerrogativas paternas con respecto al niño al que ama? ¿Todo hombre tiene que probar su amor por el niño antes de que se le reconozca como padre? La verdad, a la madre no se le pide tanto.

En resumen, si el verdadero padre es el que cría al niño, tenemos ahí la prueba de que la paternidad biológica no existe más que si va acompañada por lo que ha dado en llamarse la paternidad socioafectiva. Por tanto, el hecho de conocer al verdadero padre no aporta nada y es preciso hacer imposible o muy difícil el recurso a los tests de las huellas genéticas.

¡Al diablo con la verdad biológica! Hemos pasado sin ella muchos milenios y seguiremos así. Es mejor preservar el edificio de la familia, aunque esté basado en una infidelidad de la esposa cuidadosamente encubierta por una mentira. Así, al menos en Francia –porque no en todas partes ocurre igual– se ha prohibido que los laboratorios competentes, públicos y privados, traten las demandas de filiación que procedan de particulares. Por otra parte, aún no existe en Francia ninguna ley que establezca las modalidades del recurso al test de Jeffreys. Únicamente se ha exigido a los laboratorios que no acepten más que las demandas de los magistrados, efectuadas con motivo de una acción judicial. De forma que los hombres que dudan de su paternidad, por una parte se ven obligados a entablar un proceso contra su esposa para conocer la verdad –con lo cual revelan sus dudas y rompen su matrimonio, independientemente del resultado del test–, y por otra, aunque entablen el proceso, no tienen la seguridad de que el juez ordene la búsqueda de las huellas genéticas, pues este recurso entra dentro del campo de discrecionalidad del magistrado. Esta severa reglamentación para la prueba de la paternidad biológica también fue preconizada por Noëlle Lenoir, responsable de la comisión sobre bioética creada por la presidencia de la República Francesa, en un informe titulado *Aux frontières de la vie: pour une démarche française en matière de bioéthique* («En las fronteras de la vida: por una vía francesa en materia de bioética»), que fue remitido al primer ministro en junio de 1991.

Mis investigaciones me han permitido comprobar que esta extremada prudencia merecía la aprobación de los juristas –no debe abrirse la caja de Pandora en el seno de las familias– y de determinados biólogos que dirigen laboratorios equipados para efectuar esas investigaciones «No sería moral efectuar investigaciones de paternidad bajo demanda de particulares. Dejo esa locura para los demás»*.

¿Quién tiene derecho a la verdad genética?

Precauciones, circunspección y retrasos; todo parece indicar que existe un consenso para sembrar de trampas y escollos el camino que lleva al hombre hacia la verdad genética de su paternidad. Y este consenso se ha efectuado en un clima casi confidencial, porque los medios de comunicación apenas empiezan a tratar el tema ante la opinión pública, como si no interesara a todos los hombres (y a todas las mujeres) y fuera monopolio de los doctos de nuestra sociedad.

De ahí procede mi asombro. ¿Ni un solo hombre cantará victoria y celebrará el nacimiento de la paternidad cierta, si se me permite la expresión? ¿No habrá quien haga alguna rima triunfante que exalte la aurora de la evidencia científica con-

* Dr. Philippe ROUGIER, biólogo, perito judicial en materia de identidad genética, citado por Hervé PONCHELET en «Le code et la loi», *Le Point*, 17/4/89.

fundiendo las mistificaciones femeninas? ¿Refleja este silencio una cierta indiferencia masculina con respecto a la paternidad genética? ¿Se habrán resignado los hombres, después de siglos y siglos de aceptar la incertidumbre, y se habrán desprendido paulatinamente de su obsesión por engendrar una descendencia?

A finales de 1990, el equipo de puericultoras de una maternidad francesa fue presa del pánico. Como consecuencia de las prisas de una noche en que se habían producido varios partos simultáneos, era probable que se hubieran intercambiado dos recién nacidos. Las madres no reclamaban y, satisfechas, alimentaban ya a los niños que les habían puesto entre los brazos. Las puericultoras comunicaron sus dudas a la supervisora, la cual habló con el tocólogo. Se acordó informar a las dos madres y proponerles que se efectuaran los tests de las huellas genéticas para disipar las dudas. Evidentemente, turbadas ante la idea de que el niño que estaban alimentando y que iban a llevar a su casa en pocos días no fuera su verdadero hijo, aceptaron que se efectuara la prueba. Se realizó de inmediato, sin la intervención de ningún magistrado. En efecto, los recién nacidos habían sido intercambiados. Rápidamente se restituyó a cada madre su hijo. Todos quedaron satisfechos, encantados, como cuando se logra evitar una gran desgracia.

La noticia llegó a las salas de redacción. Todo el mundo se enteró del pequeño milagro conseguido por las huellas genéticas: la ciencia había permitido reparar el error humano y hacer que cada madre recuperara a su hijo. Algunos periodistas, que se las daban de filósofos, añadieron un comentario del tipo: «Por lo tanto, la voz de la sangre permaneció en silencio en el caso de estas dos madres, lo que da la razón a Élisabeth Badinter y hace que la genética retorne a su impotencia o a su insignificancia.» Pero a nadie, a ningún periodista, hombre o mujer, se le ocurrió comparar las prisas con que se había recurrido al test de Jeffreys en el caso de estas madres con el rechazo que toda la sociedad, al menos en Francia, opone a los padres que desearían saber si los hijos de los que van a ser padres durante toda la vida son realmente suyos o de algún otro.

Existiría pues, en Francia, un derecho muy desigual. Los hombres no pueden utilizar libremente las posibilidades abiertas por la ciencia para establecer su paternidad biológica, mientras que se considera indispensable (y con razón) que las mujeres se beneficien de ellas. Además, parece concederse a la mujer mayor derecho (o libertad) para engañar a un hombre acerca de su paternidad y de su obligación de criar al hijo de otro, que al hombre de verificar la autenticidad de la paternidad que su mujer le atribuye.

¿Qué significan todos estos hechos? ¿A qué concepción de la paternidad remiten? ¿El padre pasa a ser secundario en todos los aspectos: decisión, concepción, reconocimiento del hijo, responsabilidad, autoridad sobre el niño, residencia, educación, etc.? ¿Puede ser fácilmente marginado por una madre mucho más poderosa a partir del momento en que ésta no quiera compartir el hijo con él o desee rehacer su vida con otro hombre?

De ser así, la paternidad, que había sido el glorioso pedestal del sistema patriarcal, queda en una posición tan subordinada y tan débil que pasa a no ser más que una brumosa problemática echada a perder por las interpretaciones de los psicólogos, los educadores y los jueces, por lo que es lícito preguntarse si nuestros hijos, los niños de hoy, tendrán ganas de ser padres. En este caso, ¿qué clase de padres serán estos hijos?

2

DEL NACIMIENTO DEL PADRE Y DEL PASADO MÍTICO Y RELIGIOSO DE LA PATERNIDAD

Una de las ideas centrales que el feminismo consiguió difundir ampliamente –y que yo misma contribuí a acreditar– es la de que el sistema patriarcal se encuentra en el origen de la subordinación de la mujer. Patriarcado, etimológicamente, significa preponderancia del padre, supremacía del padre. Así pues, a partir del conocimiento de los efectos de profunda desigualdad inducidos por el patriarcado, cuando buscábamos la causa primera de la sujeción de la mujer por el hombre, la atribuíamos al padre; es decir, al descubrimiento por el macho de la especie humana de su papel en la procreación.

Machos sin conciencia de genitores

Entre los primates, los machos no son conscientes de que al copular engendran una cría, y, en cualquier caso, entre ellos no se observa la relación padre-hijo. Ninguno de ellos muestra un comportamiento particular, instintivo o adquirido, hacia las crías que ha engendrado. Entre la mayor parte de los pájaros, el macho desempeña un papel importante ante sus polluelos. Entre los primates, el padre no existe, y éste debió de ser el caso entre nuestros lejanos antepasados. La mayoría de los antropólogos lo admiten así en la actualidad.

Es posible que esta ignorancia de los machos acerca de su

papel de progenitores durara milenios. Hacia 1920, Malinowski descubrió en las islas Trobriand a unos hombres que no reconocían su aportación al embarazo de las mujeres, las cuales, según su cultura, eran fecundadas por los espíritus, los vientos o las olas. El lenguaje de los habitantes de estas islas no tenía ninguna palabra que significara padre y su sociedad no concedía atención a la paternidad. El hermano de la madre proveía las necesidades de su hermana y de sus sobrinos. El amante de la mujer no tenía ningún lazo particular de responsabilidad, de autoridad ni de amor con sus hijos, por mucho que Malinowski lo describiera jugando gustosamente con la prole de ella y solamente de ella.

Parece agradable esta beatífica imagen del papá que no sabe que es padre retozando con los niños (que no sabe que son suyos y que no puede nombrar como suyos) sin hacer que su autoridad recaiga sobre la mujer. En primer lugar, esta imagen derribaba de un solo golpe el sombrío edificio del complejo de Edipo, complejo que el antifeminista Freud proclamó universal, lo que no deja de tener su gracia. Además, proporcionaba gran credibilidad a la idea según la cual todas las desgracias que se habían abatido sobre la mujer tenían su origen en el surgimiento del padre, el macho que adquiere conciencia de que engendra y que se siente celoso de su *auctoritas* sobre los niños de quienes es «autor» y sobre la mujer con la que los ha hecho, una mujer cuyos actos desea controlar para tenerla estrictamente sometida.

Y soñábamos con los hermosos discursos de Bachofen, un patricio de Basilea, multimillonario, jurisconsulto, conservador y, hacia el final de su vida, gran abogado del patriarcado*, que también fue gran sacerdote de los anarquistas, de los colectivistas y de las feministas, de Marx, de Bakunin, de

* Según Bachofen, la humanidad había pasado por una época de «promiscuidad afrodítica» –carencia de matrimonio, fertilidad «cenagosa» y «lujuria desordenada y caótica»–, una segunda época de «ginecocracia» –reinado de la madre, lado izquierdo, luna, materia, profundidad terrena– y una tercera «patriarcal» –sol, altura, lado derecho, día, mente–. Según Adrien TUREL, *Du règne de la mère au patriarcat*, Agora, 1938, reeditado en 1980.

August Babel y de numerosas mujeres. Después de una serie de conferencias sobre los derechos de las mujeres (1856), Bachofen había proclamado que, antes del nacimiento del padre, la humanidad había conocido el «reino de la Madre» (*Das Mutterrecht*, 1861), un largo período de «ginecocracia», el reino de la «mujer sublime». «Ante la fecundidad materna, todos los hombres son iguales. Por el contrario, el patriarcado los aísla de los demás.»

Ésta era la lección que habíamos retenido, maravillosamente ilustrada por la cita de un pasaje de *La Orestiada* de Esquilo: por haber degollado a su madre, Clitemnestra, para vengar a su padre Agamenón, Orestes es juzgado por las Euménides, defensoras del antiguo derecho materno. Pero entonces surgen Apolo y Atenea para afirmar la nueva preponderancia paterna. Orestes, que vengó el honor de su padre, es absuelto, pues su madre no tenía sobre él el mismo grado de parentalidad.

Antes del advenimiento de la paternidad

Sin embargo, las especulaciones de Bachofen han sido fácilmente rebatidas. Ahora dormirían en el baúl de las hermosas utopías de no ser porque muchas mujeres, y muchos hombres tras ellas, siguen creyendo en el mito del matriarcado predecesor. No obstante, en la actualidad sabemos que jamás, ni antes ni después del surgimiento de la figura del padre, ni los hombres ni los homínidos han vivido bajo un régimen de ginecocracia ni de matriarcado. Es verdad que en muchas civilizaciones existen leyendas, como la de las Amazonas, que evocan un pasado, una sociedad arcaica que habría conocido el reinado de las mujeres. Sin duda, estas leyendas surgieron para que los hombres pudieran justificar a posteriori su supremacía: cada cual debe aprovechar su oportunidad.

Pero el hecho de que todos los antropólogos modernos hayan preferido ignorar el mito de la ginecocracia primitiva, aunque sea bajo la forma de matriarcado (o dominio del grupo por las mujeres), no significa que rechacen la idea del advenimiento tardío de la paternidad, un advenimiento que aparece después de que durante milenios los padres ignoraran su poder progenitor y se mostraran indiferentes ante su prole. Al contrario, convierten este advenimiento en uno de los puntos decisivos de la historia de los humanos prehistóricos, en una de las claves de la hominización.

Antes de que los hombres descubrieran su capacidad de engendrar y se hicieran cargo de sus hijos, los grupos de humanoides debieron de organizarse de acuerdo con jerarquías variadas, semejantes a las que observamos actualmente en los primates (macacos, chimpancés, gorilas, etc.). Entre ellos son importantes las separaciones entre los machos adultos por una parte, las mujeres y las crías por otra y, finalmente, los machos jóvenes, los cuales tienen impedido el libre acceso a las hembras y son mantenidos en una situación de menores a los que se combate. El poder pertenece a los machos viejos y es ejercido por ellos; no pertenece en absoluto a las hembras, aunque sean madres.

Éste era sin duda el tipo de sociedad que formaron los homínidos, una sociedad en la que no había familias. En el seno del grupo, dominado por los machos, debían de existir vínculos muy fuertes entre madres e hijos; podían existir también vínculos entre hermanos y hermanas uterinos durante la infancia casi siempre, y más allá en algunos grupos. Se establecían vínculos esporádicos entre machos y hembras, que formaban parejas sexuales dominadas por el macho. Pero no existían vínculos entre los machos adultos y las crías, pues el macho adulto no representaba el papel de padre ante sus hijos ni ejercía cuidados paternos. Como los progenitores ignoraban la consanguineidad hacia su prole, seguramente los incestos padre-hija eran frecuentes y lícitos, como frecuentes y lícitas eran las luchas entre machos adultos y rivales juveniles, unas luchas que podían llegar al asesinato del hijo por el padre o del padre por el hijo, ambos ignorantes de vínculo que les unía.

Así, el surgimiento del padre, a partir del cual se formó el núcleo trinitario padre-madre-hijo, aparece como un acontecimiento considerable en el que la cultura va al encuentro de la naturaleza, o viceversa. Tal vez fuera precedida en algunas partes por una forma de paternidad social, como por ejemplo la asunción de la responsabilidad y de la autoridad por el tío, hermano de la madre, sobre los hijos de ésta. Aunque haya perdurado en ciertas sociedades hasta el siglo XX de nuestra era, se trataba de una mala componenda para un problema crucial.

Nacimiento del padre y, por tanto, de la pareja parental y de la familia biparental

El problema a resolver, como escribía S. Moscovici*, consistía en «la inserción del macho en el núcleo madre-hijo» de una forma «no agresiva». Su aspecto más espinoso afectaba a la educación de los hijos, que no podían depender permanentemente de sus madres. A costa de afrontar grandes peligros, lograban integrarse en el grupo de los machos, que les consideraban como intrusos. Es seguro que la caza, debido a que implicaba la organización «entre hombres**», contribuyó poderosamente a la integración de los jóvenes, aunque de modo inestable. «La estabilización implicaba que entre el hombre y el muchacho se estableciera una analogía de la pareja nuclear madre/hijo, y ello en el interior y bajo la égida de la pareja reproductora.»***

El sistema según el cual el tío sustituye al padre no ofrecía la misma coherencia ni la misma solidez que el triángulo padre/madre/hijo. El vínculo tío/sobrino no puede ofrecer una simetría biológica tan fuerte como el vínculo madre/hijo. Por lo que respecta a la pareja sexual hombre/mujer, se mantenía fuera de la esfera de la reproducción y de la educación de los niños y, al carecer de relación con la descendencia, no

* Serge MOSCOVICI, *La Société contre nature*, UGE, 10/18, 1972, pág. 241.

** Lionel TIGER y Robin FOX, *Entre hommes*, Laffont, 1971.

*** S. MOSCOVICI, *op. cit.*, pág. 242.

ofrecía ninguna estabilidad. Más bien era un elemento de desorden.

El descubrimiento del padre como progenitor consolida la pareja sexual, que pasa a ser pareja parental durante toda la vida (pues durante toda la vida se es padre y madre de los hijos). La pareja adquiere un nuevo significado, con una finalidad asignada: la reproducción. Además, existe un vínculo perdurable entre la pareja de la madre y el niño: un vínculo de consanguineidad y, al mismo tiempo, de filiación, lo cual implica protección, educación y transmisión; en una palabra, socialización.

A la línea materna se añade la línea paterna, que a veces la sustituye. El padre socializa a su prole, en especial a los hijos varones. Así, el triángulo padre/madre/hijo forma una estructura biológica fuerte que se convierte también en una estructura social fuerte debido a que posee la propiedad de educar a su descendencia, de autorreproducirse y de perpetuarse. Asimismo, favorece a todo el grupo social: el control biológico ejercido únicamente por los cabecillas deja paso al derecho, abierto a todos los hombres, de tomar esposa y de tener hijos, lo que posee la inapreciable ventaja biológica de multiplicar la variedad genética al mismo tiempo que permite que se manifiesten los deberes de cada padre para con los suyos. En suma, como dice E. Morin*, «el gran fenómeno que prepara la hominización, y que suponemos lleva a cabo el *homo sapiens*, no es la muerte del padre, sino el nacimiento del padre». Así nace la familia.

«Enseña a tu hijo a escribir»

Tras el nacimiento del padre, la familia deja de ser una relación de parentesco con la madre (hijo, hija, hermano, hermana) y se convierte en el «código cultural organizador»**

* Edgar MORIN, *Le Paradigme perdu: la nature humaine*, Seuil, 1973, pág. 173.

** *Ibid*, pág. 179.

que no sólo garantizará las alianzas entre los individuos, sino también entre los clanes y las tribus ya que integrará a todos en la madre patria a través de la fidelidad a los padres fundadores de quienes todos son hijos. Desde esta familia paternizada y pronto patriarcal, sin duda nacida de la caza y más tarde consolidada por la agricultura, se transmitirán, en especial de padres a hijos, los conocimientos técnicos y todos los conocimientos sin más, como la escritura.

Sí, la escritura. Desde las primeras inscripciones egipcias de la más remota antigüedad hasta la época tolemaica se encuentra, este precepto destinado a los padres, consignado de igual forma durante cuarenta siglos: «Enseña a tu hijo a escribir, a trabajar la tierra, a cazar y poner trampas según el ciclo del año.»* La mención a las trampas se convierte pronto en una simple metáfora. Este famoso precepto, llamado «el camino de la vida», recuerda al padre su papel de educador. Su autoridad emana de la tradición, de la cual él debe convertirse en referencia. Como eslabón activo de la cadena de la transmisión, debe enseñar la escritura a su hijo.

Llegados a este punto, conviene evocar la sorpresa que provocó Germaine Tillion, en el seminario *«El hecho femenino»*, que yo había organizado en 1976, cuando hizo observar que sólo las sociedades con sistema de filiación patrilineal, patriarcales, habían inventado y desarrollado civilizaciones escritas que «en torno a un centro de dispersión, que corresponde aproximadamente al Levante mediterráneo, se habían extendido en arcos concéntricos desde Gibraltar hasta Japón».** Por el contrario, las sociedades matrilineales habían permanecido en un paleosistema.

En efecto, ni los licios, de quienes Herodoto dice que llevan el apellido de su madre y que sólo saben citar su genealogía materna; ni los locrios, que sorprenden a Polibio, ni los etruscos, que adoptaron el alfabeto griego; ni los ger-

* Jan ASSMAN, «Le père dans l'Ancienne Égiypte», en *L'Image du père dans le mythe et l'histoire,* de Hubertus TELLENBACH y otros, PUF, 1983.

** Germaine TILLION, «L'enfermement des femmes dans notre civilisation», en *Le Fait féminin,* de Evelyne SULLEROT y otros, Fayard, 1978, págs. 405-419.

manos de quienes Tácito nos explica que acababan de sustituir su filiación materna por la filiación paterna; ni los pictos de Escocia, cuyos hijos no sucedían a sus padres, ninguno de estos pueblos de la antigüedad había inventado un sistema de escritura propio. Como tampoco lo habían hecho los tuareg, estudiados por G. Tillion.

¿Significa esto que el descubrimiento de la paternidad biológica, que llevaba consigo la paternidad social y consiguientemente la filiación paterna, fue una revolución civilizadora de primera magnitud? ¿Tuvo sólo efectos beneficiosos para todos? A esta conclusión se llegaría tras la lectura de los antropólogos del siglo XIX: a falta de pruebas biológicas irrefutables, el hombre inventa el matrimonio, afirma ser el padre de los hijos nacidos de esa unión y los alimenta y los educa. Se produce así el triunfo de la cultura sobre la naturaleza, la «subordinación de lo físico a lo espiritual», para utilizar la terminología del tardío Bachofen, convertido al patriarcado. Giraud-Teulon alcanza la cima de la lírica al celebrar «la invención» de la paternidad: «La primera persona que consintió en reconocerse padre fue un hombre de talento y de corazón, uno de los grandes bienhechores de la humanidad. ¿Cómo pruebas que tu hijo te pertenece? ¿Estás seguro de que es tu alter ego, tu fruto? ¿Estás seguro de que lo has procreado? ¿O se trata, noble inventor, de que con la ayuda de una generosa y voluntaria credulidad te encaminas hacia la conquista de una finalidad superior?»*

Usurpación a la madre: sólo el padre crea la vida

No, no todo fue tan hermoso y tan generoso en «la invención» de la paternidad. Las mujeres están realmente justificadas cuando no ven en ello únicamente el hito que permitió el desarrollo de la civilización, sino también una de las causas de su larga subordinación desde el momento en que la filiación

* Alexis GIRAUD-TEULON, *Les Origines du mariage et de la famille*, Ginebra, 1884.

patrilineal se transformó en severo sistema patriarcal, al menos en el mundo grecolatino.

En numerosas sociedades, la filiación paterna se añadió a la materna sin destruir a esta última. Éste es el caso que acababa de producirse en la Germania descrita por Tácito. El hijo desciende así del padre y de la madre, de la pareja parental unida antes de él y por él. «Honrarás a tu padre y a tu madre», a ambos, había ordenado Yahvé a Moisés. En el antiguo Egipto, donde el padre es el amo, y el hijo el sirviente, el nombre del hijo procede de la madre.

Sin embargo, en otras sociedades, los hombres pura y simplemente sustituyeron su linaje por el de la mujer para convertirse en el único vínculo parental y poseer un poder absoluto sobre la madre y los hijos. Para conseguirlo, en cierta forma había que enfrentarse a la naturaleza, que establecía con seguridad quién era la madre y velaba la identidad del padre a causa de su incertidumbre. Y esto es lo que hicieron sin vacilar los griegos antiguos, que reinterpretaron a su conveniencia la secuencia copulación, embarazo, nacimiento. Así, pretendieron que el hijo procedía únicamente del esperma. Los hombres, poseedores del precioso licor de la vida, eran los que hacían al hijo, mientras que la mujer era solamente un receptáculo. Socialmente, ella no era progenitora del niño, que sólo descendía del padre. Apenas era una progenitora biológica, ya que no le había dado la vida. El hijo, por tanto, no era de su sangre. En resumen, la madre era una especie de nodriza, biológicamente separada del niño que llevaba en su seno.

Esto es lo que expresa sin ambigüedad Esquilo en *La Orestiada*, en el pasaje precisamente subrayado por Bachofen:

«–¡Reniegas de la sangre materna, la sangre más cara! –le dice el coro a Orestes.

»–La madre –interviene Apolo– no es la creadora de lo que llaman su hijo, sino la nodriza del germen depositado en su seno. El hombre es quien crea. La mujer, como un depositario extraño, recibe el fruto y, cuando place a los dioses, lo conserva.»

Y, para corroborar lo dicho, el dios del sol y de la poesía se vuelve hacia Atenea, diosa de la sabiduría, que había nacido incluso provista de armas del cerebro de Zeus, y añade:

«–La prueba de lo que afirmo es que se puede ser padre sin recurrir a una madre, y lo atestiguo con la hija del dios del Olimpo, que no fue concebida en las tinieblas del seno materno.»

Atenea asiente y se muestra «totalmente favorable a la causa del padre». Orestes es absuelto del asesinato de su madre Clitemnestra debido a que no era su progenitora y debido a que la había matado para vengar el honor de su padre, único progenitor.

En *La Orestiada* de Eurípides, el abuelo materno de Orestes le hace reproches por haber matado a su madre, y el asesino responde: «Mi padre me ha engendrado. Tu hija me trajo al mundo como el surco que recibe la simiente de fuera. Sin un padre, jamás existiría un hijo. Por lo tanto, llegué a la conclusión de que el autor de mi vida tenía más derecho a mi ayuda que la mujer que me dio alimento.»

Sociedades patrilineales: las mujeres, recluidas

Esta perentoria aseveración, justificada por una prueba mitológica, tuvo las más profundas y duraderas consecuencias sobre la condición establecida en las sociedades mediterráneas para la mujer casada y susceptible de ser madre. Contrariamente a lo que se ha dicho y repetido miles de veces, en la decisión de encerrar a las mujeres casadas no está en juego la sexualidad, sino la paternidad. Mientras que la hetaira, la cortesana, la mujer para el placer, cuenta con libertad de movimientos, la esposa quedará recluida en el gineceo, en su casa. No debe encontrarse con otros hombres susceptibles de depositar «en las tinieblas de su seno» el germen creador de vida.

De ahí procede la dicotomía interior/exterior: la casa y los trabajos domésticos para la mujer; los campos, los mares y la ciudad para los trabajos, los viajes y la acción política de los hombres. Para las mujeres, las tareas que pueden desarrollarse sin salir del hogar; para los hombres, el universo entero con sus múltiples actividades. Por ello, mucho más tarde, las mujeres perdieron la oportunidad de participar en la revolución industrial, retenidas en sus casas con sus ruecas y sus pequeños trabajos mientras los hombres construían y hacían funcionar las fábricas. La rentabilidad del trabajo de los hombres aumentaba cada vez más, mientras que, en todos los países que se industrializaban, las mujeres perdían sus medios de sustento hasta el momento en que tuvieron que abandonar sus hogares, expulsadas por la miseria, y penetrar en la revolución industrial por la puerta trasera de los retrasados.

Esta dicotomía interior/exterior pronto fue interpretada de modo cualitativo: inferior/superior. Todas las actividades nobles para el hombre: los grandes pensamientos, el saber, el poder. Para las mujeres, en cambio, sólo quedaba el reinado sobre un limitado y pequeño mundo. A mediados de nuestro siglo XX, el sociólogo norteamericano Talcott Parsons definía así los papeles respectivos del padre y de la madre: el padre introducía a sus hijos en «la gran sociedad»; la madre, «casada», reinaba *«home»*, en el hogar.

Sociedades matrilineales: las mujeres, dominadas

Pese a todo, no deberíamos precipitarnos y sacar la conclusión de que el patriarcado es total o mayoritariamente responsable del sometimiento de las mujeres y de la dicotomía de las actividades. Desde el punto de vista de la mujer, ¿realmente hubiera sido mejor que la humanidad se hubiera mantenido como estaba antes de que los hombres efectuaran el descubrimiento de su paternidad?

No es preciso efectuar grandes razonamientos para responder negativamente, ni vale la pena acudir a los testimonios antiguos, como el de esos bárbaros que describía Estrabón*, los cuales «creían actuar bien al mantener comercio con todo tipo de mujeres, incluidas sus madres y sus hermanas» (y, para

* Albert GRANIER. *Les Gaulois*, Payot, 1970, pág. 190.

mayor inri, eso ocurría en Irlanda). Basta con ver lo que ha ocurrido en las sociedades que han permanecido matrilineales hasta nuestra época. De ellas no sólo no ha surgido ninguna gran civilización, una civilización en la que hombres y mujeres hubieran obtenido ventajas, sino que el poder, las riquezas, los espacios abiertos y las grandes acciones no son tanto asunto de las mujeres como de sus hermanos, esos célebres tíos. Son los hombres los que pescan y cazan entre los nativos de las islas Trobriand, son ellos los que distribuyen el alimento y los que marcan duramente la ley a sus hermanas madres de familia. Entre los tuareg, son los hombres quienes poseen los camellos y los sables, y son ellos los que hacen la guerra, mientras las mujeres permanecen en la tienda, por mucho que la tienda sea de ellas, al igual que las alfombras y la marmita... Sí, siempre la marmita.

Los hombres de todas las épocas han formado un grupo dominante o han dominado al grupo. En las sociedades matrilineales, los jefes o los hermanos lo han hecho en lugar de los maridos. Por otra parte, las tareas siempre se han dividido de acuerdo con el sexo, y el reparto nunca ha sido particularmente favorable a las mujeres, ni siquiera en las sociedades matrilineales, aunque en ellas nunca hayan estado recluidas.

La espantosa mitología griega de la paternidad: de Cronos que devora a sus hijos y de Zeus que da a luz

Los excesos del patriarcado, como la reclusión de la mujer en la casa o la desposesión de toda prerrogativa parental ante el padre omnipotente, fueron teorizados y practicados del modo más estricto (e incluso feroz) por los propios inventores de la democracia, los griegos. E hicieron escuela, una escuela muy mediterránea.

En la actualidad, en Occidente, siempre se culpa a la civilización judeo-cristiana, a la que se atribuye, sin el menor análisis, todo lo que parece desfavorable a la mujer. Indudablemente, esta actitud irreflexiva se debe a que se razona de acuerdo con una única categoría: la sexualidad. Se juzga la libertad, la igualdad, los derechos, etc., tan sólo en función de los bienes materiales o de la libertad sexual. Las religiones monoteístas aparecen como los grandes sistemas esclavizadores de la mujer, y ello sin ni siquiera evocar a los chinos o a los japoneses, que no esperaron a los misioneros cristianos para encerrar a sus mujeres y matarlas si lo consideraban conveniente, y sin tener en cuenta que nuestros lejanos antepasados –todos los bárbaros anteriores al cristianismo– tenían derecho de vida y de muerte sobre sus mujeres y no se privaban de utilizarlo. Pero, sobre todo, se olvida el mundo grecorromano, que tanto ha influido en nuestras lenguas, nuestra civilización y nuestro derecho.

No existe un seguimiento más dramático de la figura del padre que el relatado por la mitología griega, más tarde adoptada y romanizada por el mundo latino. Después de las arcaicas diosas madres y de ídolos asexuados con siluetas femeninas, aparece Urano, dios del Cielo y esposo de la que lo cobija todo, Gea, la Tierra. Engendra titanes, cíclopes, monstruos y los encierra uno tras otro en los infiernos porque desconfía de ellos. Gea, que quiere poner fin al eterno engendramiento de monstruos que son inmediatamente sepultados, entrega una hoz a su hijo Cronos para que corte los testículos de su atroz padre. Y el hijo lo hace. Parte de la sangre surgida de la herida de Urano cayó al mar y formó la isla de Sicilia, una tierra que es hija de la emasculación del padre. Cronos pasa a reinar, y de su reinado datan la Muerte, el Destino, las Hespérides, Némesis, etc. Toma por esposa a Rea y engendra numerosos hijos, a los que devora uno tras otro por temor a ser destronado por ellos. Cansada de proporcionar víctimas al ogro, Rea le da una piedra envuelta en pañales para que la devore y esconde a su hijo Zeus en el monte Ida, en Creta, donde será alimentado por la cabra Amaltea. Creta está rodeada por enormes rocas: son las piedras que lanzó Cronos para tratar de aplastar a su hijo. Fue en vano, pero Zeus no olvidó las abominaciones paternas y encerró a Cronos en el Tártaro.

¿Será finalmente Zeus un padre protector y amante? Toma por esposa a su hermana Hera, de la que no tiene hijos (por mucho que fuera y siguiera siendo en su forma latina de Juno la diosa de la maternidad). Zeus, el Júpiter tonante, prodigó su simiente y embarazó a numerosas mortales, con gran irritación de su esposa. Pero a su hija más querida, a Atenea, diosa de la sabiduría, la parió él solo: salió de su cabeza, armada, con su casco y revestida de seriedad e inteligencia. Sin embargo, sigue siendo una figura paterna inquieta ante la idea de que su sucesión podría serle arrebatada por sus hijos, y de ahí su furia desmesurada contra Prometeo, el cual quería también crear seres vivos.

Se trata de una serie de padres crueles que no ven en sus hijos (las hijas se salvan; Deméter y Hera son hijas de Cronos) más que a posibles rivales peligrosos y los eliminan o tratan de eliminarlos en la cuna, al igual que los viejos machos celosos de las hordas de primates, que rechazan a los jóvenes y se niegan a considerarlos como parte de sí mismos. También podríamos evocar a Layo, el padre de Edipo, que abandona a su hijo recién nacido por temor a que un día ocupe su lugar. Mucho más interesante que el complejo de Edipo, el pobre inocente que no sabía nada de nada, ni que mataba a su padre ni que se casaba con su madre, es el complejo de Cronos, que castra a su padre y devora a sus hijos, como si se negara violentamente a asumir tanto su condición de hijo de un hombre como su condición de padre de otro. Y también es interesante la ausencia de pareja progenitora: Rea y Gea se vuelven contra sus maridos, tan malos padres; Zeus pare por sí mismo...

Religión de la paternidad, culto filial ferviente

Los griegos desarrollaron una concepción tan absoluta del padre tal vez porque les costó mucho aceptar y asumir su paternidad, porque superaron difícilmente la hostilidad antigua hacia el hijo, ese intruso, ese rival en potencia tanto más peligroso por cuanto les sobrevivirá. Así, transformaron el miedo y el odio del padre –que teme por su poder– y el miedo y el odio del hijo –que quiere suprimir al padre, obstáculo para alcanzar ese poder– en una religión de la paternidad, en un culto filial ferviente. El vínculo tiene que ser tan poderoso como para que el padre y el hijo se sientan seguros y confiados por completo: el hijo será acogido y protegido; el padre no será expoliado ni eliminado. Al contrario, la vida de uno será prolongada por el otro y la obra de uno será retomada y continuada por el otro. Los griegos descubren entonces la continuidad genealógica por línea paterna tal como la expresa Heráclito: «El padre, cuando se convierte en padre, es hijo de sí mismo.»

Esta concepción temperada, filial, la del «camino de la vida» para los machos, se encontraba ya entre de los egipcios. Como en el caso de los griegos, en su centro no se encontraba la sexualidad y la relación con las mujeres, sino el poder, la obra, la actividad y los bienes adquiridos. Una inscripción de Sesostris III, de 1850 antes de Cristo, proclama: «Aquél de mis hijos que quiera defender esta frontera que yo he creado es mi hijo, ha nacido de mí. Un hijo que apoya a su padre es el que defiende la frontera de su progenitor. Pero el que quiere abandonarla, el que no lucha por ella, ése no es mi hijo, no ha nacido de mí.» El padre es el progenitor pero, además, adopta a quien le prolongue y amenaza con renegar de quien no lo haga.

Esta continuidad, esta cadena forjada por la piedad filial, va más allá de la muerte, y el padre difunto conserva una enorme importancia. En el lecho de muerte, se le tranquiliza: «Cumplidos tus días, parte y purifícate para dejar la casa a tu hijo, que procede de ti.» Después de la muerte, se le sigue apaciguando: «Tu hijo ocupa tu puesto. El hijo intercede por el padre, como Horus por Osiris, que eleva a quien le engendró, que mantiene en vida a su progenitor. Despierta, Osiris, padre mío. Soy tu hijo que te ama.» En efecto, Horus logró arrancarle la herencia de su padre a su tío Seth, el cual le había asesinado. La gesta de Horus termina con su triunfo, en el curso del cual es llamado Haredontés, «el que intercede por su padre». Más allá del umbral de la muerte, continuó la vida de su padre, concluyó su obra y le vengó.

Asimismo, el griego Orestes venga el honor de su padre Agamenón tras la muerte de éste. Uno crea a otro, y el otro le continúa al uno. En esta simbiosis de continuidad que es la cadena padre-hijo, que ha pasado a ser tan fuerte, el uno es el otro de acuerdo con el modo misterioso en que lo expresaba Heráclito: el padre es hijo de sí mismo. ¿No es notable que en griego antiguo la misma palabra, *genités*, significara tanto padre como hijo? Padre e hijo se encuentran así abocados a la misma continuidad, unidos a la misma raíz *(gene)* que significa nacimiento, origen y también raza, nación, especie, género. Con la idea de la paternidad original es con la que se relacionan todas las palabras traducidas del griego al latín y las lenguas románicas como, por ejemplo, el progenitor o la genética, así como la gente y las gentes, esa gente que forma un género, el género humano, y también engendrar, generar, lo genérico, lo general o lo generoso (que quiere decir «de buena raza»). Y por supuesto, la génesis (creación, origen).

El padre griego también está en el origen de la constelación de palabras que recubren nuestras relaciones con el grupo y la sociedad, con el nombre, el dinero, las relaciones laborales y la nación. En efecto, del griego *pater*, a través del latín se han derivado: padre, paterno, paternidad o paternalismo; patronímico y patrimonio; padrino (de *patrinus*), patrón, patrono, patronazgo, patrocinio; patriarca, patriarcal, patriarcado; y también patricio y patricia; finalmente patria (la madre patria, una verdadera pareja parental, ¿verdad?), sus patriotas y los apátridas.

¿Puede haber una prueba más rotunda de la influencia del patriarcado greco-latino en nuestra sociedad? La raíz «ab», que desempeña el mismo papel en hebreo y en todas las lenguas semíticas con el significado de padre, sólo nos ha dado al abad (el padre abad es un pleonasmo, puesto que abad quiere decir padre y la abadesa (una madre-padre), así como su abadía, al igual que en inglés, lengua en la que *abbott*, *abbes* y *abbey* permanecen confinadas en el terreno de la religión, mientras que *patrimonial*, *patriotism*, *paternity* o *patronizer* poco tienen que ver con ella.

Incluso la concepción casi religiosa de la paternidad biológica, del que engendra, crea y transmite la vida, procede de la antigüedad y no de la religión monoteísta del pueblo judío. Los dioses egipcios, griegos y romanos engendraban. Engendraban dioses y diosas, pero también semidioses, héroes, reyes y fundadores de dinastías. Embarazaban a diosas, pero también a ninfas o a simples mortales, reinas o plebeyas. El dios Ptah le dice al rey: «Soy tu padre, el que te ha engendrado. Adopté el aspecto del carnero de Mendés y te engendré en tu ilustre madre.»* Zeus adopta todos los aspectos para copular y engendrar: es lluvia de oro con Dánae, cisne con Leda y toro con Europa, pero para seducir a Alcmena tomó la fisonomía de su esposo Anfitrión.

Yahvé, el Eterno, no engendra, pero bendice a los padres

Cuando Balzac le hace decir al padre Goriot «Cuando fui padre, me sentí dios», escribe dios en minúsculas. Porque Dios, el único, no engendra. Es el primero y el último, y en absoluto un eslabón de la cadena. Es el Eterno. Yahvé no tiene esposa. La categoría de la sexualidad y la posibilidad de engendrar no pueden aplicársele. Crea los cielos y la Tierra y, después, con el polvo, modela al hombre y le hace vivir mediante su soplo. El Eterno no es padre. El único texto del Antiguo Testamento que podría indicarlo («Él me dijo: tú eres mi hijo, te he engendrado hoy»), el salmo 2 de David, es una metáfora inspirada por el reconocimiento.

El Eterno no es padre, pero bendice la paternidad de los hombres. La palabra padre es citada mil doscientas veces en el Antiguo Testamento**. El pueblo de Israel es un pueblo de padres. Empezando por el primero, Abraham, a quien Yahvé

* Citado por Jan ASSMAN: «Le père dans l'Ancienne Égypte», *op. cit.*

** Según Lothar PERLITT, en «Le père dans l'Ancien Testament», de H. Tellenbach, *op. cit.*

promete «una gran recompensa». Abraham responde con una lamentación: «Señor, me voy sin hijos y el heredero de mi casa será Eliecer.

»–No, responde el Eterno, él no será tu heredero, sino el que saldrá de tus entrañas.» Y le hizo contemplar el cielo estrellado para que se hiciera una idea de la innumerable descendencia que engendraría.

Algunos judíos han argumentado que no existe ninguna mención de relaciones entre Abraham y Sara antes de la concepción de Isaac, al contrario de lo que ocurre con la de Ismael, acaecida después de que Abraham hubiera «conocido» a Agar (Génesis, 16-4). Y ello les lleva a distinguir entre «el hijo según la carne, Ismael, y el hijo según el espíritu, Isaac».* No obstante, el Eterno lo había anunciado: la posteridad de Abraham surgirá de sus entrañas. Aunque la paternidad social esté basada en la circuncisión entre los judíos, la realidad de la paternidad biológica y la importancia que se le concede no deja lugar a dudas. Crea linajes: «Ésta es la posteridad de los hijos de Noé: Sem, Cam y Jafet.» (Génesis, 10-1 ss.) Sólo el hombre tiene el poder de conferir identidad a su descendencia. Moisés dice: «Las mujeres se casarán con quien quieran siempre que se casen en la tribu de su padre... Los hijos de Israel se vincularán a la herencia de la tribu de sus padres (Números, 36, 6-9). Un hombre siempre se llama X, hijo de Y, y su padre y cada tribu recibe el nombre del nombre del padre que la fundó: los hijos de Zabulón, los hijos de Judá, los hijos de Isacar, etc. Y para enumerar a los israelitas en el desierto del Sinaí, el Eterno ordena a Moisés que los cuente «según sus familias, según las casas de sus padres» (Números, 1, 2). La casa del padre era toda su posesión. Para hacer que Jacob vaya a Egipto, José convoca con toda su casa: «Tú, tus hijos y los hijos de tus hijos, tus ovejas y tus bueyes, todo lo que es tuyo.» (Génesis, 45, 10.) Por otra parte, la misma palabra, *baal*, significa poseedor (de un buey, de un pozo, etc.) y esposo. Los padres y sus casas hacen las tribus, que forman un pueblo.

* Michel-Louis Lévy, «Démographie, généalogie et Torah - Existe-t-il un peuple juif?» X Congreso mundial de estudios judíos, Jerusalén, 1989.

Los hijos son una bendición: «El fruto de las entrañas es una recompensa, como las flechas en la mano de un guerrero, así son los hijos de la juventud: Feliz el hombre que ha provisto su carcaj.» (Salmo de Salomón, 127, 3-5.) El padre es el transmisor, debe dar testimonio de Dios, servirle y enseñar la religión. Es el mediador entre Dios y su hijo primogénito. De ahí que Jacob use ardides para recibir la bendición que correspondía a Esaú: «Sé el primero entre tus hermanos y que los hijos de tu madre se postren ante ti.»

Con el linaje paterno y el derecho de primogenitura, el pueblo de Israel mostraba la imagen clásica de un pueblo patriarcal de la época en el Mediterráneo oriental. «Obedece a tu padre, que te ha engendrado», precisa un proverbio de Salomón que tiene su equivalente en el precepto egipcio «El padre es el amo; el hijo, el sirviente». Así pues, ¿por qué se repite una y otra vez que, hasta la actualidad, el judaísmo se transmite a través de la mujeres, ya que la matrilinealidad es más segura que la patrilinealidad, sobre la que siempre planea la incertidumbre? Es verdad que se trata de la *halakha* más reciente*. Parece que el principio de la transmisión por la madre de la pertenencia al judaísmo surge en el siglo II o III, después de una evolución (de dos guerras contra los romanos) y de sabias exégesis de un texto del Deuteronomio. Pero la ley bíblica no admitía dudas, y el principio de la patrilinealidad queda afirmado en el Talmud, tanto si se trata del estatuto, como de la paternidad o de la sucesión: «La familia del padre se considera como la del hijo; no la de la madre.» (*Baba Bathra*, 109b.)

El «Padre nuestro que estás en los Cielos» nos ha dado a su Hijo único por amor y en espíritu

Todo cambia con el cristianismo. Todo cambia con el Evangelio.

* Véase Mireille HADAS-LEBEL, «La femme dans le Talmud», en «Femmes juives», *Nouveaux Cahiers*, n.º 101, verano de 1990.

No cambia el patriarcado ni, en especial, la patrilinealidad, que sigue siendo la regla que construye las familias y que funda los linajes. El Evangelio de Mateo empieza con la «genealogía de Jesucristo, hijo de David, hijo de Abraham». Es una larga, larguísima lista de nombres unidos el uno al otro por esa palabra misteriosa que yo, de niña, no entendía: engendró. «Salomón engendró a Roboam, Roboam engendró a Abia, Abia engendró a Asa, Asa engendró a Josafat», y así sigue, casi sin mencionar a las madres, excepto a tres, una de las cuales ni siquiera es llamada por su nombre («El rey David engendró a Salomón de la mujer de Urías», pobre Betsabé anónima); es una larga, interminable lista de padres, pero que termina en un nombre femenino: «... Jacob engendró a José, el esposo de María, de la cual nació Jesús, el cual es llamado Cristo.»

Y todo el cambio se encuentra ahí, un cambio que tendrá un alcance infinito para la paternidad en el mundo cristiano. Jesús no fue engendrado por José. No existe un padre que engendre a Jesús, venido para salvar el mundo. Pero la otra paternidad, no biológica, está ahí: José es el padre por la labor que desempeña, le da su nombre, asegura protección al niño, le alimenta, le lleva al templo y le enseña su oficio. José es el padre social y también el «padre de corazón», según la expresión empleada por Bossuet y que hará fortuna*. Sin embargo, este padre socioafectivo, para volver a la jerga de nuestro tiempo, por muy amado y reverenciado que haya sido, en especial por los católicos, no agota la otra idea de paternidad que difunde el cristianismo.

Porque el verdadero padre de Jesús es Dios. El Eterno que ha hecho los Cielos y la Tierra y que ha creado al hombre, el Eterno que no es un eslabón, ni siquiera el primero, de una genealogía, ese Eterno, Dios, es padre mediante el espíritu. Manifiesta su paternidad con respecto a los hombres envián-

* La expresión era del orador Gibieuf, en el Primer Panegírico de san José, de 1660, y fue recuperada por Bossuet. Véase Odile ROBERT, «Porter le nom de Dieu», en *Histoire des pères et de la paternité*, de Jean DELUMEAU, Daniel ROCHE y otros, Larousse, 1990, pág. 146

doles a su Hijo para que les anuncie la buena nueva: Dios Padre es amor, es misericordia. El corazón del Padre es infinito. Jesús, su Hijo único (los hombres y las mujeres no son más que sus criaturas), habla continuamente de la inmensa misericordia de ese Padre que es como la misma esencia de la paternidad, la paternidad en estado puro: «Si vosotros, que sois pecadores, dais buenas cosas a vuestros hijos, qué no dará el Padre celestial a quienes le pidan» (Lucas, 11-13), y esas «buenas cosas» es el Espíritu Santo. En la parábola del hijo pródigo, el hijo primogénito, que no ha abandonado a su padre, que no ha dilapidado sus bienes, que se ha comportado de acuerdo con las costumbres como un buen hijo, no entiende los festejos que el padre organiza por el retorno del hijo pródigo derrotado, ni la ternura que le muestra. La única respuesta que tiene el padre es el amor que siente por sus hijos: «Tú, hijo mío, siempre has estado conmigo y todo lo mío es tuyo. Pero tenemos que regocijarnos porque tu hermano que estaba perdido ha sido encontrado» (Lucas, 15-31). ¿No es ésta una imagen nueva del padre? La moral ya no es la defensa del nombre, del honor familiar o el respeto por los bienes de la casa del padre; ahora es la compasión.

Los dioses devoraban a sus hijos ante el temor de que ocuparan su puesto. Dios «ha amado tanto al mundo que le ha dado a su Hijo único para que quien crea en Él no muera, sino que goce de la vida eterna» (Juan, 3-16). Jesús da testimonio de la paternidad de Dios; es decir, de su amor, un amor que no sólo es protector, sino también salvador. El apóstol Pablo dirá: «Dios envió a su Hijo, nacido de una mujer... para concedernos la adopción filial.» (Gálatas, 4-4,5). Y esta paternidad adoptiva está más repleta de amor que la paternidad mediante la carne. Es espiritual. Cristo revelaba una nueva paternidad y un nacimiento nuevo, mediante el agua y el espíritu, pero igualmente decía que se salvaría quien, para seguirle, abandonara a su padre, o a su madre, o a su mujer o a sus hijos... (Mateo, 19-29).

Así, el cristianismo no reforzó al padre ni al patriarcado, ni tampoco a la familia y sus vínculos tradicionales. Más bien aportó otra idea de la paternidad: la de quien es padre no por la carne, sino por el espíritu, la del maestro que guía a su discípulo, la del director espiritual que cuida el alma de quien se le encomienda, la del educador que transmite la instrucción y la moral a su hijo o al hijo de otro. Los llamados padres de la Iglesia, Ambrosio y Agustín en particular, apoyan esta visión de la verdadera paternidad, que no consiste en engendrar, sino en alejar al niño de la bestia y en asegurar su crecimiento en humanidad. Así, en toda la Iglesia, muy pronto los sacerdotes fueron llamados padres o abades, y éstos llamaron hijo mío o hija mía a los cristianos, incluso a los de más edad que ellos, que buscaban en la Iglesia alimento espiritual.

Y, entre los cristianos, el padre de familia debe transmitir el mensaje de la Iglesia, pues «es indigno del nombre de padre el que, habiendo engendrado un hijo para el mundo, no cuida de engendrarlo también para el cielo».*

* *Ibid*, pág. 135, de fray Luis de Granada, *Guía de pecadores.*

3

DEL PODER ABSOLUTO DE LOS PADRES DE LA PATRIA

¿Por qué saltar desde los orígenes de la paternidad en las sociedades humanas y desde las concepciones de la misma en las civilizaciones de la antigüedad hasta fines del siglo XVIII y principios del XIX?

Porque, como socióloga, no intento explicar la historia de los padres, cosa que especialistas en historia han hecho recientemente y con talento*. Lo que yo deseo es tratar de comprender y de explicar el ocaso de los padres al que asistimos en la actualidad, ocaso que afecta a la vez a su condición civil y social, a su papel biológico en la generación, a su papel en la familia, a su imagen en la sociedad, a la idea que se hacen ante sí mismos de la paternidad, de su dignidad, de sus deberes y de sus derechos, a su propia percepción de su identidad como padres, al modo en que sienten sus relaciones con las madres de sus hijos y con las mujeres y a la forma en que imaginan el futuro de la paternidad.

* *Histoire des pères et de la paternité*, obra colectiva dirigida por Jean DELUMEAU y Daniel ROCHE, Larousse, 1990. Véase también Yvonne KNIBIELHER, *Les Pères aussi ont une histoire*, Hachette, 1988.

Dos décadas de glorias revolucionarias, patrióticas y patriarcales: 1785-1805

Antes de describir las circunstancias y las consecuencias de este declive del estatuto, del papel y del prestigio del padre, me parece imprescindible precisar de dónde venimos. No se puede hablar de cambio, de revolución o de transformación radical más que si se tiene una idea de la situación anterior. Por diferentes razones, considero que los años bisagra 1785-1805 ofrecen, en este caso, el más elocuente de los panoramas. Y la primera de estas razones es porque fue entonces cuando se elaboraron las leyes bajo las que habíamos vivido hasta fechas muy recientes.

Antes de la Revolución Francesa, las leyes que regían el estatuto de las personas y sus relaciones variaban ampliamente de una región a otra dentro del mismo país. En Francia, en 1790, la Asamblea constituyente decidió redactar leyes simples y claras relativas al estado y a la capacidad de las personas, a la familia, a la transmisión de bienes, etc. Después de que varios proyectos (entre ellos dos de Cambacérès) fueran abandonados o rechazados, en 1804, el día 21 de marzo, inicio de la primavera, se votó el Código Civil. Los cuatro autores del anteproyecto presentado al Consejo fueron Tronchet, Portalis, Bigot de Préameneu y Maleville, pero fue el propio Napoleón Bonaparte quien presidió –¡y de qué modo!– las sesiones del Consejo de Estado en las que el texto fue enmendado, retocado, reescrito y, por fin, expeditivamente adoptado. El primer cónsul, a punto de convertirse en emperador, puede ser considerado, en definitiva, como el padre legítimo del Código Civil, al que se denominaría a partir de entonces Código Napoleónico.

Claro, conciso y con un estilo admirable, el Código Napoleónico inspiró durante el siglo XIX a gran número de códigos extranjeros, entre ellos el español. En Francia no fue modificado durante casi cien años, y a continuación sólo fue retocado superficialmente en los temas del derecho de las personas y del derecho de familia antes de los grandes cambios de los años 1965-1975, de los que hablaremos más adelante. Debido a la influencia profunda de esta longevidad, es interesante recordar cómo fue elaborado este código y qué concepciones del padre se encuentran en él.

Individuos libres que aspiran a la felicidad

La sociedad de este período bisagra revela, en estado de esbozo, varios rasgos de nuestra modernidad.

Fue entonces cuando, bajo la influencia de la Ilustración, de las transformaciones económicas y de las conmociones en las instituciones políticas, se produce un ajuste de cuentas respecto al dominio de la Iglesia católica sobre la familia. En primer lugar, la familia deja de ser, «por la natural reverencia de los hijos hacia sus padres, el vínculo de la legítima obediencia de los súbditos a su soberano»*. Ya no existe el rey por derecho divino, el rey que era padre de la nación, padre del pueblo, padre de los padres de familia que le debían reverencia y obediencia. Además, se rechaza el despotismo de los sacerdotes, esos autodenominados padres superiores que usurpaban la autoridad paterna en nombre de la Iglesia y del Santo Padre, el Papa.

Se aspira a reencontrar el orden de la naturaleza y, de acuerdo con ella, el lugar del padre. Tras la degeneración de las costumbres durante el Antiguo Régimen, se busca un estado natural que conceda un espacio a los sentimientos: no se hablaba como en la actualidad del amor, tan necesario para los niños como el alimento, pero se hablaba mucho de la ternura de los padres, que era lo único que podía hacerles reinar sobre sus hijos. Se creía en la felicidad: se buscó en la vida pública mediante las libertades y se quiso favorecerla en la vida privada familiar a través de una mayor libertad.

Por encima de todo, la sociedad estaba impregnada de una gran aspiración a la felicidad individual. Sí, eran los primeros

* Declaración real del 26 de noviembre de 1639, citada por P. PETOT, «La famille en France sous l'Ancien Régime», *Sociologie comparée de la famille contemporaine*, París, CNRS, 1955.

signos de un individualismo que sólo puede desarrollarse en las democracias, ese individualismo que conocerá su apogeo e incluso su paroxismo en este final del siglo XX que estamos viviendo. Hace dos siglos, el naciente individualismo ya era hedonista, pero el hombre de entonces aspiraba a la felicidad, mientras que el hombre actual busca los placeres a través del consumo, el ocio y la sexualidad.

A fines del siglo XVIII se introdujo el matrimonio civil y se instauró el divorcio.

Diversos cambios modificaron profundamente la continuidad de las familias: cada vez más hombres trabajaban fuera de sus casas, cada vez más hijos ejercían un oficio distinto del de sus padres o emigraban a la ciudad, sobre todo los no primogénitos.

Estos cambios son semejantes a los que hemos vivido recientemente, pero entonces sólo afectaban a los hombres, mientras que en estos últimos treinta años han modificado especialmente la vida de las mujeres y el papel materno.

La fecundidad de la parejas decrece en Francia

Además, en aquella época, como en la nuestra, se observa una fuerte disminución de la fecundidad que, a mi entender, es imputable principalmente a los hombres, los cuales descubren, al menos en Francia, un nuevo método de anticoncepción masculina.

El descenso de la fecundidad en Francia a partir del último tercio del siglo XVIII es uno de los grandes fenómenos descubiertos por la demografía histórica moderna (la población francesa no era consciente de ello en su tiempo, sino que por el contrario creía que era más numerosa que nunca). ¿Por qué sólo disminuyó la fecundidad en Francia? Los países vecinos, en cambio, aumentaron ampliamente su población debido a la reducción de la mortalidad (una reducción no mayor que la francesa) y, en especial, por el efecto de una fecundidad sostenida.

La fecundidad sólo bajaba en Francia, y lo hacía cincuenta

o cien años antes que en los demás países europeos. Así, si se compara el número de hijos por mujer en Francia y en Inglaterra durante el período 1780-1785, las cifras son muy similares: 5,08 en Francia y 5,10 en Inglaterra.

Sin embargo, en 1800 ya se había establecido la diferencia, pues la fecundidad francesa descendió a 4,46 mientras que la inglesa subió a 5,52. Quince años después, la diferencia se hizo enorme: Francia contaba sólo con 4,36 hijos por mujer, en tanto que Inglaterra tenía 6,26*.

La singularidad del caso francés ha intrigado a muchos historiadores y se han multiplicado las monografías regionales basadas en los registros parroquiales de la época. Estos estudios han confirmado el misterioso descenso de la natalidad, en especial en las ciudades. Jean-Pierre Bardet ha estudiado la fecundidad de los matrimonios contraídos en Rouen desde mediado el siglo XVII hasta la Revolución Francesa. El número de hijos de los notables descendió de 7,05 nacimientos por pareja a sólo 2,71; el de los tenderos, de 7,34 a 3,28; el de los artesanos y los obreros, de 7,20 a 4,84. Y estos números de nacimientos por pareja no reflejan su real descendencia, pues tendría que restarse la mortalidad infantil, que no está computada.

A través de estas cifras se observa claramente que la fecundidad era tal en determinadas capas sociales que ni siquiera llegaba a incrementarlas**. El descenso de la fertilidad, aunque fue menor en las zonas rurales, aparece en toda Francia, especialmente en el sur del país.

¿A qué se debe un fenómeno de tal amplitud en el gran país agrario (en aquella época dos veces más poblado que Inglaterra) que era Francia? Las hipótesis son variadas. David R. Weir*** atribuye este descenso de la fecundidad a factores

* Jean-Claude CHESNAIS, *La Transition démographique*, PUF, 1986, págs. 310-330.

** Alain BIDEAU y Jean-Pierre BARDET, «Fluctuations chronologiques ou début de la révolution contraceptive?», en *Histoire de la population française*, de Jacques DUPÂQUIER y otros, PUF, 1988, tomo 2, págs. 373-399.

*** David R. WEIR, *Fertility Transition in Rural France, 1740-1829*, Ann Arbor, 1983.

biológicos: menor mortalidad infantil y, por tanto, prolongación del período de lactancia, durante el cual la mujer no es fértil.

De ser así, ¿por qué el mismo descenso no se produjo en Alemania o en Inglaterra? Philippe Ariès*, basándose en publicaciones que reflejan prioritariamente las preocupaciones de la clase social alta, cree que se había producido una limitación de las relaciones conyugales por efecto de las camas separadas, pero a buen seguro eso no ocurría en el campo, además de que la acentuación de la continencia conjuga mal con ese final de siglo hedonista. Jean-Louis Flandrin** opta por una moral familiar más exigente con respecto al niño; de acuerdo, se han tenido menos para educarlos mejor, pero ¿cómo se han tenido menos? Alain Bideau y Jean-Pierre Bardet*** igualmente optan por la idea de un mayor rechazo del hijo, pero a causa del individualismo. La verdad tal vez se halle entre las dos últimas explicaciones, las cuales tienen el mérito de recordar que, en materia de fecundidad, todo ocurre en la mente; es decir, que existe una actitud psicológica, una elección, una voluntad, aunque no se sea muy consciente de todo ello.

La anticoncepción es obra de los hombres

En este caso, me parece que la voluntad de reducir las familias surgió de la mente de los hombres, fue voluntad sobre todo de los hombres. En efecto, fueron ellos quienes descubrieron el medio, el *coitus interruptus*, o mejor dicho quienes lo redescubrieron, pues se trata simplemente del pecado de Onán, estigmatizado en la Biblia por haber dejado que se derramara su semen al término del acto sexual. Este medio tan poco técnico se extendió con gran rapidez debido a que los

* Philippe ARIÈS, *Histoire des populations françaises et de leurs attitudes devant la vie depuis le XVIIIe siècle*, 1971.

** Jean-Louis FLANDRIN, *Famille, parenté, maison, sexualité dans l'ancienne société*, París, reedición, 1984.

*** Alain BIDEAU y Jean-Pierre BARDET, *op. cit.*

hombres habían dejado de considerarlo como un pecado. Los hombres de la época solían estar bastante más instruidos que las mujeres, pues la educación había hecho rapidísimos progresos para los muchachos durante el último tercio del siglo. «Hay fermentos culturales que actúan por todas partes [...] la Ilustración se propaga y desborda cada vez más las zonas urbanas.»* Poco antes de la Revolución, se multiplican los signos de distanciamiento respecto de las creencias religiosas. Los hombres, en particular, ya no van a la misa a la que asisten sus esposas, y las esperan charlando en las plazas. Cada vez se confiesan menos. Perciben de una manera confusa que la sociedad está quebrantada y que existen oportunidades para quienes encuentren la estrategia adecuada. Y una de las herramientas de esa estrategia es la limitación de nacimientos.

Así, el número se opone a la noción de bienestar, un sentimiento que nuestros contemporáneos pueden comprender porque, como buenos individualistas, hacen prevalecer la calidad de la vida a la cantidad de personas vivas.

Debe tenerse en cuenta el medio utilizado, aunque Pierre Chaunu recuerda oportunamente que la historia profunda «es menos cuestión de medios que de deseos». Sin embargo, añade: «Conocemos los medios. De forma masiva, el *coitus interruptus*, y muy accesoriamente, las "levitas inglesas" de Casanova (en el mundo de la prostitución), la vía anal, que suscita horror, y el aborto, aunque todo demuestra que era muy excepcional. [...] La anticoncepción rural francesa es por completo una anticoncepción del acto incompleto, que compra la seguridad de la mujer –y en cierta forma la de la pareja– al precio de una frustración del placer, frustración de la que se resiente más el hombre que la mujer.»** Lo importante, más que el asunto del placer o de la molestia, es que el hombre toma la iniciativa, es él quien decide si quiere o no quiere ser padre. Y esta situación se mantuvo durante casi doscientos años.

* Jean-Claude CHESNAIS, *op. cit.*

** Pierre CHAUNU, postfacio al tomo II de *Histoire de la population française*, *op. cit.*

Se sobrevalora el esperma y los hombres se creen fecundos

No debe sorprender que los hombres se tomen ciertas molestias para restringir el número de hijos que tendrán, pues en la época, especialmente en el campo, aún se creía de forma generalizada lo que afirmaba Aristóteles: que «la simiente masculina poseía la omnipotencia fecundadora». Evidentemente, los campesinos franceses no habían leído a Aristóteles, ni tampoco lo habían hecho los tenderos ni los artesanos de las ciudades. Sin embargo, estaban íntimamente convencidos de que el esperma da vida, por lo que sin esperma no hay hijos. En realidad, a fines del siglo XVII, De Graaf y Stenon habían descubierto la existencia de los ovarios y de los ovocitos que se desprenden de ellos, y establecieron la parte que corresponde a la mujer no sólo en el embarazo y el parto, procesos que permiten que el feto crezca en la matriz y vea la luz cuando esté maduro y sea viable, sino también la parte correspondiente a la mujer en la formación del embrión. Ese descubrimiento provocó grandes enfrentamientos y hubo «ovulistas» apasionados en la Europa culta de la época.

Sin embargo, casi simultáneamente (1674-1678), Ham, Leuwenhoek y Hartsoeker observan al microscopio líquido seminal y descubren la multitud y la vitalidad de los espermatozoides. Este descubrimiento rehabilita el poder fecundador del varón. Los «homunculistas» y los «ovulistas» discutían en sus cultos gabinetes de lectura quién transmitía la vida: el hombre o la mujer.

En el campo, se sigue convencido de que es el hombre o, al menos, se sigue convencido de que todo esperma es fecundo. La esterilidad no puede ser masculina. La mujer puede estar mal formada, o estar maldita, y por ello es estéril. De ahí los innumerables ritos de fecundidad que en todas partes y en todas las épocas se ha hecho practicar a las mujeres: piedras para frotarse, aguas para beber, filtros, objetos o animales simbólicos que se deben poseer, gestos, palabras mágicas, etc. Los folcloristas más minuciosos en sus investigaciones, como Arnold van Gennep, que ha consagrado su vida a recoger y clasificar todas las manifestaciones de la cultura popular*, jamás han hallado ni el menor rastro de ritos contra la esterilidad masculina. La maldición del hombre es la impotencia. Y lo que se teme es que algún hechicero haga un nudo en el cuerpo del pobre recién casado. Para evitarlo, existen numerosas precauciones.

Son extraordinariamente raras las que coinciden con las que se preconizan para las mujeres contra la esterilidad, entre ellas la de la piedra llamada de San Fouti, en Tacros, cerca de Saint-Gilles, en Auvernia, que, según nos dice Francis Pertor, «recibía los homenajes lúbricos tanto de los hombres impotentes como de las mujeres estériles». Se creía que quien eyaculaba esperma no podía dejar de ser fecundo. Por lo tanto, era lógico imponerse la retirada antes de la eyaculación si no se deseaba tener un hijo.

En general, el esperma, el líquido paterno por excelencia, está sobrevalorado. Todos, desde los médicos hasta los más incultos campesinos, le atribuyen un vigor y una actividad incomparables. En el *Dictionaire de les sciences médicales* editado por Panckoucke durante el Imperio, Julien-Joseph Virey explica que la mujer casada posee «mayor seguridad y es más osada que la virgen tímida y delicada. [...] El esperma masculino impregna el organismo de la mujer, hace que se aviven todas sus funciones, le da mayor calor y así ella tiene mayor vivacidad»**. Se trata de un buen ejemplo de la versión médica del discurso filosófico de la época, que no cesa de oponer las capacidades físicas de los hombres a las de las mujeres y, por lo tanto, las de los padres a las de las madres. Para los padres, todo lo que exige fuerza, inteligencia, capacidad; para las mujeres, la dedicación sin límites y la abnegación. Según los revolucionarios franceses, ésta es la célebre ley natural que buscan para crear una sociedad privada armónica. Fue Napoleón quien dijo: «La anatomía es un destino.» La mu-

* Arnold VAN GENNEP, *Manuel du folklore français*. nueva edic., 1972, 4 tomos.

** Citado por Yvonne KNIEBIHLER, «Les médecins et la nature féminine au temps du Code civil», *Annales, économies, sociétés, civilisations*, n.º 4, julio-agosto de 1976.

jer, nacida para ser madre, debe limitarse a cumplir con esta finalidad.

Veneración por el padre, magistrado doméstico

Los papeles desempeñados por los padres serán mucho más gloriosos. Abrirán al niño los mundos del valor y de la mente: «Los padres son los primeros educadores de sus hijos*.» Pierre Guyomar, diputado en 1793, que «no concibe cómo una diferencia sexual no llevaría consigo otra en la igualdad de derechos», admite «sin inconvenientes» que la mujer «se ocupa de los asuntos interiores, mientras que el hombre se ocupa de los exteriores». Sin embargo, en los asuntos interiores, el hogar, el padre es el amo, el magistrado doméstico: «Una verdad que, al igual que la luz, se ve aunque no se mire, es que el padre es el primer magistrado de su familia, y que esta magistratura, tan antigua como el mundo y sobre la cual el pensamiento se detiene con tanta suavidad...*» Esta filosofía inspiró, en la época prerrevolucionaria y revolucionaria, una veneración que apenas podemos imaginar en la actualidad.

Y realmente se trata de veneración, porque si bien la madre es amada, el padre es poco menos que objeto de culto. Nadie ha representado de forma tan penetrante esta devoción hacia el padre como el sorprendente Nicolas Rétif de la Bretonne. Séptimo de los catorce hijos de un campesino de la Borgoña, Nicolas se trasladó a París en busca de fortuna como tantos segundones y vivió mal que bien de su trabajo artesano –la imprenta–, siempre escaso de dinero para editar sus nume-

* Sylvain MARÉCHAL, *Les Révolutions de Paris*, tomo XV, citado por Dominique Godineau, «Enjeux et discours opposés de la différence des sexes pendant la Révolution 1789-1793», *La Famille, la Loi, l'État, de la Révolution au Code civil*, CRI de Vaucresson, 1989.

** PRUGNON, en Archivos parlamentarios, tomo XXIV, pág. 597, citado por Pierre MURAT, «La puissance paternelle de la Révolution française: essai de régénération de l'autorité des pères», *La Famille, la Loi, l'État, op. cit.*

rosas novelas, siempre entre procesos, frecuentando tanto las altas esferas como el mundo de los autores y en especial el de las prostitutas, espectador nocturno, como dice de sí mismo, de las violencias y de los placeres del París de la Revolución a la caída de la noche y deambulador insomne. Como contrapunto a su vida inestable en una sociedad cuya pronta descomposición percibe claramente, Nicolas, en una narración titulada *La Vie de mon père*, evoca con nostalgia y lirismo el orden patriarcal que reinaba en su casa aldeana.

«¿Cómo he sabido cuánto vale tu hijo? Viendo que te respeta y te honra como a un dios y que te quiere de modo incomparable», exclama el amigo de su abuelo. Nicolas describe sin disimulos a ese respetado ser –su abuelo–: un campesino inteligente y vivo, poco diligente en cuestión de negocios, egoísta, duro e incluso injusto, pero adulado por los suyos, aunque menos reverenciado que el padre del autor, Edme, menos brillante pero trabajador, virtuoso, prudente y autoritario; es decir, un auténtico magistrado doméstico. «Llamaba a la puerta y su aldabonazo era respondido por un grito de alegría de toda la casa. Jamás oí ese aldabonazo sin ver a mi madre palpitar de placer. Se levantaba a toda prisa, repetía la orden de ir a abrir aunque cinco o seis personas ya estuvieran en ello, se afanaba, preparaba ella misma el gorro de noche, llenaba de brasas los zuecos aunque sus hijas intentaran evitarle la molestia, colocaba su silla en el lugar que a él le gustaba y le servía un vaso de vino caliente que le ofrecía a la entrada, antes de decirle nada. El patriarca bebía, con aspecto satisfecho. A continuación, la saludaba y nos saludaba a todos, incluso al pastorcillo.»* Seguramente, Nicolas Rétif ha embellecido con nostalgia personal su cuadro de vida rural patriarcal, pero la naturaleza de sus adornos es reveladora: es el modelo romano, el que Camille Desmoulins, el pintor David y tantos otros pusieron de moda. Son las *Geórgicas,* y, entre esos *fortunati agricalae*, el padre, un Catón incorruptible, un

* Nicolas RÉTIF DE LA BRETONNE, *La Vie de mon père*, Club des amis du livre progressiste, 1962, pág. 201.

valiente Cincinnatus que año tras año es elegido el mejor labrador de su región.

Los historiadores lo reconocen y se sorprenden: el período se caracteriza por una «sobrevaloración de la imagen paterna en todos los campos, tanto el social, el filosófico y el político como el simbólico y estético»*. Se trata de una admiración, de una pasión que, por muy extravagante que nos parezca en la actualidad, «tenía una función militante: la imagen del padre, lejos de interesar exclusivamente al ámbito privado del espacio doméstico, importaba también para la mucho más amplia escena de un futuro colectivo»**.

Culto al padre, agente del interés general

Se decía mucho en la época, y en primer lugar lo decía el amantísimo padre que fue el príncipe de Linge, que la paternidad era una moda, como lo fue la llamada «vanidad de la mamá», que llevaba a las grandes damas, discípulas de Rousseau, a alimentar ellas mismas a sus hijos en pleno salón, en medio de sus huéspedes. Sin embargo, una moda es una pasión pasajera y sin grandes consecuencias. En este caso, más que de una moda se trataba de un culto (del mismo modo que en el siglo XIX se divinizará a la madre y en el siglo XX se producirá la individualización del niño y la sacralización de la sexualidad). Todo culto comporta énfasis insoportables para los escépticos e hipocresías que irritan a los moralistas, pero también entusiasmos sinceros que todo lo arrasan con su empuje. Cuando un culto prende, mediante el fervor de los creyentes, una sociedad puede cambiar en profundidad, transformarse.

La finalidad que se buscaba, primero de forma inconsciente y más tarde conscientemente, era en primer lugar política. Había que extirpar el despotismo, acabar con las arbitrariedades y liberar a los hombres. Lo que significaba liberar a cada

* J.-C. BONNET, «De la famille à la patrie», *Histoire des pères et de la paternité, op. cit.*, pág. 237.

** J.-C. BONNET, *op. cit.*

individuo, pero también al conjunto formado por todos los individuos. Con este fin, pensaban, había que encontrar (o reencontrar) las leyes naturales de la sociedad, las cuales debían de proceder de las disposiciones físicas atemperadas por la razón inherente a la naturaleza humana y a la moral que de ella se desprende. El hombre es un animal que razona y que ama. El «género humano» (Diderot) que forman los hombres es un ser real, que vive y piensa. Si se le da libertad para organizarse, el género humano será razonable: «La voluntad general siempre es buena» debido a que es natural.

Así, debe procederse de lo particular a lo general. ¿Y qué será lo particular: el individuo o la familia? ¿Debe liberarse a los individuos hasta el punto de que cada uno de ellos sea miembro del conjunto soberano? Incluso Guyomar, que preconizaba lo anterior en 1793, también afirma que el padre, encargado por la naturaleza de los asuntos externos, debe ser forzosamente el agente del «interés general». Y es que todos observan que la ley natural propia de los individuos humanos los ha reunido no como a los animales, que mantienen relaciones fortuitas o periódicas, desprovistas de toda moralidad, sino en familias estructuradas y duraderas que protegen a sus miembros más débiles. En efecto, en el caso del hombre, procede de la naturaleza que «el sentimiento esté al lado del apetito, que el derecho suceda al instinto y que todo se depure y se ennoblezca» (Portalis). Por tanto, la patria sólo puede construirse a partir de esas células naturales que son las familias, a cuyo frente se encuentra el padre. Incluso debe «propagarse el espíritu de familia, que es tan favorable, se diga lo que se diga, al espíritu de la ciudad» (Portalis). Evidentemente, serán los padres los gobernadores de la pequeña patria que es la familia y, como tales, miembros activos del conjunto soberano que es la patria.

Podría decirse que este impresionante culto a la paternidad de fines del siglo XVIII expresa una trascendencia que parece necesaria para el surgimiento de la democracia. Ya no se trata del culto a la realeza y, consiguientemente, al padre de la nación por derecho divino. Se trata del culto a la autoridad natural benevolente de todos los ciudadanos que dan vida a sus hijos y que velan por ellos. Culto al patriarcado, sí, pero a un padre amante y tolerante, que ejerce su magisterio dentro del espíritu que se precisa para la regeneración de las costumbres, alteradas por el despotismo. «Sólo las virtudes confieren su derecho a la autoridad paterna» (Berlier). Los padres no deben abusar de su poder sobre los hijos, pues en caso contrario reproducirían «el despotismo que en la naciones no veía más que a sus rebaños» (Creusé de la Touche).

A principios de la Revolución eran muchos los espíritus sensibles y los corazones generosos que pensaban así. «En el régimen de la igualdad y la libertad, hay que reducir a límites justos el poder paterno» (Oudot). Las grandes ideas de la época concordaban difícilmente con el principio jerárquico en que se basaba la familia y que hacía del padre un pequeño déspota.

Hay que poner orden e igualdad entre todos los padres

En los años precedentes, la opinión pública se había indignado por resonantes casos de abusos de autoridad paterna, y en especial por el protagonizado por el estruendoso Mirabeau hijo, futuro tribuno, enviado varias veces a la cárcel, ya adulto y casado, por su inflexible padre, Mirabeau llamado «el amigo de los hombres»(!). Como provenzal, el padre podía invocar el derecho (romano) escrito que le otorgaba autoridad total sobre sus hijos y que le permitía tomar sus bienes y desheredarlos, así como hacerlos encarcelar independientemente de la edad que tuvieran.

En realidad, este derecho exorbitante no se aplicaba en toda Francia. En la mayor parte de las regiones, no se conocía más que la costumbre, la cual no colocaba a los hijos bajo la dependencia total del padre. Pero la propia disparidad de disposiciones parecía añadir arbitrariedad. Había que poner orden e igualdad entre todos los ciudadanos, sin importar dónde vivieran ni que fueran nobles o plebeyos, ricos o pobres. Estos temas familiares afectan a todo el mundo. Así, con la finalidad de lograr la unificación y la equidad, la Asamblea

Constituyente decidió con gran rapidez que se redactara un Código Civil.

Sin embargo, pese a su generosa disposición y a su entusiasmo, los diputados no imitaron a los nobles, que renunciaron a sus privilegios, heredados de un régimen deshonrado: no se produjo una noche del 4 de agosto* para el poder paterno o marital. Sólo se pidió a los juristas que elaborasen un proyecto que regenerase la sociedad civil. Ni por un instante se pensó en destronar al magistrado doméstico, el padre según la ley natural. «Al redactar el nuevo Código que venimos a ofreceros, declaró Cambacérès, autor del primer proyecto, lejos de nosotros la idea de inventar una teoría o un sistema. ¡Un sistema! No tenemos ninguno, pues estamos convencidos de que todas las ciencias tienen sus quimeras y la naturaleza es el único oráculo al que hemos consultado. Bienaventurado, cien veces bienaventurado, el retorno filial a esa madre común.»**

No debemos ser injustos: se manifestó un gran anhelo de igualdad durante esos largos años turbulentos en los que diferentes comisiones y diferentes juristas –entre ellos el siempre inevitable Cambacérès– tejieron y destejieron proyectos de Código Civil. Era una búsqueda de mayor igualdad entre los sexos, entre el marido y la mujer, entre el padre y la madre; mayor igualdad entre las generaciones, entre los hijos y sus padres; mayor igualdad entre los hijos –no sólo entre el primogénito y los demás, varones y hembras, sino también entre los hijos nacidos en el matrimonio y los nacidos fuera del matrimonio, los bastardos– No obstante, estas tentativas sinceras o bien no fueron puestas en práctica desde el principio debido a la desesperante lentitud con la que las diferentes asambleas examinaban y abandonaban los proyectos, o bien fueron administradas a una población poco preparada, que las comprendió mal (por ejemplo, la ley sobre los hijos nacidos

* Sesión de la Asamblea Constituyente francesa en la que se aprobó la supresión de los privilegios feudales que aún subsistían (N. del T.).

** *Recueil complet des travaux préparatoires du Code civil*, por P.-A. FENET, 1836, tomo I, págs. 10-11.

fuera del matrimonio del 6 de enero de 1794), o bien fueron retiradas por sus propios autores unos años más tarde debido a que el espíritu de la época y la realidad política del momento habían cambiado.

Aventuras y avatares de los proyectos de Código Civil

Como en una película antigua que realza los movimientos entrecortados de los actores, veamos a continuación los avatares del Código Civil, que tenía que ser la gloria, el «paladín»* de la República.

5 de julio de 1790. La Asamblea Constituyente declaró que «las leyes civiles serían revisadas y reformadas por los legisladores y se redactaría un Código general de leyes simples y claras». Nada se había hecho cuando la Asamblea Constituyente fue sustituida por la Legislativa, la cual, en octubre de 1791, invitó a los ciudadanos a que dieran a conocer sus ideas sobre lo que debería ser el Código. Cuando llegó al poder la Convención, recordó, en la Constitución de junio de 1793, que «el Código de leyes civiles será el mismo para toda la República». El ritmo se aceleró y se ordenó al comité de legislación que presentase un proyecto de Código Civil un mes después. La orden se cumplió, y el 9 de agosto de 1793 Cambacérès leyó los 695 artículos de los que era autor, los cuales se imprimieron y se distribuyeron para ser discutidos. Entre estos artículos se encontraban los referentes a la laicización del matrimonio (instaurada en 1792) y también disposiciones sobre el divorcio. Asimismo había novedades, como la administración común de los bienes de los esposos, la reducción del poder paterno y la asimilación de los hijos naturales a los legítimos para las sucesiones. Seis días más tarde, el proyecto, que había sido entregado a filósofos para que depuraran restos de prejuicios, fue enterrado. No obstante, se aprobó

* *Ibid.*, pág. 12, por Jean BART, «Il sera fait un code de lois civiles communes à tout le royaume», *La Famille, la Loi, L'État, op. cit.*, págs. 261-273.

(2 de noviembre de 1793) con efectos retroactivos la ley sobre los hijos naturales, aunque sólo se aplicó a una categoría privilegiada de hijos nacidos fuera del matromonio: los que habían sido reconocidos por el padre. ¿Y los demás? ¡Cuidado! No se debía «lesionar el orden social» (Berlier). El reconocimiento tiene que ser un acto voluntario por parte del padre. No puede ser obtenido por una investigación sobre la paternidad. ¿Acaso la naturaleza no «ha cubierto la concepción con un velo impenetrable»? Incluso fuera del compromiso matrimonial, sólo la voluntad del padre puede hacer que el hijo exista. Como puede observarse, la igualdad también tiene límites.

Un año después, el 9 de septiembre de 1794, apareció un nuevo proyecto de Código. En realidad, fue del propio Cambacérès, que recortó el número de artículos (sólo 297), pero conservando los avances igualitarios tan caros para los partidarios de Robespierre. Pero cuando llegó el día de presentarlo, acababan de ocurrir los sucesos de Thermidor y Robespierre había sido guillotinado. Cambacérès corrió un prudente velo sobre todo lo excesivamente igualitarista que contiene su texto y la discusión fue aplazada *sine die*. Una nueva Constitución delegó en el consejo de los Quinientos la iniciativa legislativa, y la comisión pertinente nombró a... ¿a quién va a ser?, a Cambacérès para que presentase un tercer proyecto de Código Civil. Esta vez el texto contenía muchos más artículos (1.104) y era mucho más prudente. Además, su propio autor dejaba entrever que sería urgente esperar: los tiempos eran tan inciertos. Estamos ya en febrero de 1797. Durante más de dos años, el proyecto de Cambacérès pasaba de las comisiones parlanchinas a los armarios discretos. Iba a ser examinado y estaba en el orden del día en otoño de 1799, cuando Bonaparte se hizo con el poder. El nuevo ministro de Justicia, que no era otro que Cambacérès, encargó a Jacqueminot que redactase un cuarto proyecto, en el cual no aparecían algunas de las disposiciones que habían sido votadas como leyes durante el período revolucionario. Este cuarto proyecto fue la base sobre la que trabajaron los autores del Código Napelónico.

La ley natural tiene anchas las espaldas

A título de ejemplo de los avatares sufridos por una disposición, consideremos la igualdad entre los esposos en la administración de los bienes de la pareja: en el primer proyecto, ésta se afirmaba incondicionalmente; en el segundo, aparecía la posibilidad de derogación; en el tercero, había desaparecido la igualdad entre los esposos, sólo el marido administra los bienes de la pareja pero no puede enajenar los bienes de su esposa sin el consentimiento de ésta; en el cuarto proyecto, sólo una pequeña frase: «El marido administra los bienes de la comunidad.»

Esta frase, sin ninguna variación, se convirtió en el artículo 1.421 del Código Civil, llamado Código Napoleónico. Imperturbable, Cambacérès justificó de nuevo esta disposición mediante la «ley natural». Mejor dicho, ¿será sólo un detalle?, en este caso hablaba del orden natural: «Aunque la igualdad tenga que ser el regulador de todos los actos de la organización social, no nos alejamos de ella si mantenemos el orden natural y prevenimos así los debates que destruirían los encantos de la vida doméstica.»

Los encantos de la vida doméstica no podían ser más que una justificación repleta de humor en el caso de Cambacérès, cuya preferencia por el amor griego (en la época se decía que tenía «el pequeño defecto») era conocida por todos. Todo parece indicar que la naturaleza tiene las espaldas anchas. Las ideas políticas cambian y, cada vez que una facción se impone a otra, se cambia de idea sobre el lugar que ocupa el padre en la familia, y se justifica cada vez la nueva idea mediante una referencia a la ley natural o al orden natural, conceptos que acaban por no tener ningún sentido.

En cualquier caso, éste es el análisis efectuado por historiadores y juristas de hoy, los cuales, con motivo del bicentenario de la Revolución Francesa, han investigado los debates anteriores a la adopción de diversas leyes revolucionarias (divorcio, derechos de los bastardos, reducción del poder paterno) que fueron olvidadas a continuación y los debates realizados tras la presentación de los diversos códigos civiles no aprobados. Todos ellos han quedado sorprendidos por los avances igualitarios de las leyes revolucionarias y de los proyectos segundo y tercero de Cambacérès, y justifican el término avances mediante el curso de la historia, pues estas ideas, que se adelantaban a su tiempo, triunfaron más tarde. Después del retroceso que, según consideran, representó el Código Napoleónico, que se basa en posiciones bastante más «masculinistas» y patriarcales, el viento volverá a soplar en favor de la igualdad. En la actualidad, las diposiciones civiles francesas ya no conservan ni rastro de la supremacía paterna.

¿Significa esto, como ya explicaba Philippe Sagnac*, que el espíritu filosófico domina hasta el año III y que a continuación se afirma el espíritu jurídico, que del amor a la igualdad se pasa a la búsqueda del orden? ¿Significa que la causa principal de estos cambios es política? ¿Que la suerte reservada al poder paterno, a la administración de los bienes de la familia, a los hijos nacidos fuera del matrimonio y a los hijos ilegítimos, al divorcio o a la adopción está estrechamente relacionada con las secuencias del poder político, con el auge de la Convención, su caída, y el ascenso de Bonaparte que triunfa sobre los Quinientos? Habría un derecho civil progresista e igualitario de la República y un derecho civil reaccionario y que mantiene las desigualdades cuando se hunde ésta y se instala un poder autoritario. Si fuera así, estaríamos autorizados a ver una sutil relación entre la figura paterna y la encarnación del poder político por el César, entre el poder del padre en la pequeña patria que es la familia y el poder del jefe en la gran patria que es el Estado. El patriarcado, que había vacilado tras la muerte del rey, sería consustancial con la sociedad holista, tanto si es realista, imperialista o dictatorial. La igualdad entre los sexos y la individualización de los derechos de los hijos serían consustanciales con la democracia.

Por lo que respecta a las referencias a la ley natural de todos los Cambacérès y en todos los avatares de los diversos

* Ph. SAGNAC, *La Législation civile de la Révolution française 1789-1804, Essai d'histoire sociale*, París, 1898; reimpr. Ginebra, 1979.

códigos civiles, en la época no serían más que una moda, una mención filosófica obligatoria y sin significado, una cláusula de estilo.

Un contenido «masculinista» que atraviesa todos los regímenes

Tan seductora oposición conforta nuestras opiniones políticas de demócratas modernos. Tanto si somos de derechas como de izquierdas, nos adherimos espontáneamente a ella. Todos consideramos, sin la menor vacilación, que la igualdad y la equidad para las mujeres es un progreso irreversible y que la defensa del padre omnipotente es una ridícula antigualla surgida de los tópicos reaccionarios más obsoletos. La historia política nos ha proporcionado las pruebas. Ya no necesitamos evocar la ley natural y sus ambigüedades.

Pero tal vez las cosas no son tan sencillas. Para entender lo que vino a continuación, para mejor comprender la pérdida sufrida tanto por el estatuto como por el papel del padre en la segunda parte del siglo XX, más vale no contentarse con lo que parece evidente y someter a crítica las anteriores aseveraciones.

En primer lugar, habría que ver si los regímenes políticos y los principios que los inspiran son tan determinantes para el estatuto civil de las personas y para las leyes que rigen las familias como para que éstas sigan las fluctuaciones de aquellos. Porque, ¿cómo se explicaría la longevidad del Código Napoleónico? Este Código fue adoptado por muchos países de Europa y de América latina, los cuales han conocido diferentes regímenes políticos, entre ellos el régimen democrático. Y no han modificado sus leyes civiles tras cada cambio político. En Francia, el Código Napoleónico se conservó durante más de cien años, y al frente del país se sucedieron dos reyes, una revolución, un rey, una revolución, una república, un imperio, una república... ¿Hubiera resistido tanto tiempo y tantos avatares un conjunto tan coherente como el Código Civil si no hubiera estado basado más que en principios políticos?

Además, habría que enfriar ciertos entusiasmos por el igualitarismo de los revolucionarios y, en especial, por los miembros de la Convención. ¿Quién se opuso a la administración de los bienes de la pareja por el marido y la mujer, con el pretexto de que la mujer es generalmente incapaz de administrar? Thuriot, miembro del Comité de Salvación Pública, que votó la muerte del rey y acusó a Robespierre de moderado. ¿Quién prohibió a las mujeres no sólo participar en la vida pública sino también asistir como espectadoras a las asambleas políticas, asociarse, formar clubes y «reunirse en número superior a cinco»? La Convención. ¿Quién carga contra las mujeres, «esos seres degradados que quieren franquear y violar las leyes de la naturaleza. [...] ¿Desde cuándo les está permitido abjurar de su sexo y convertirse en hombres?». Pierre Gaspard Chaumette, el que hizo cerrar todas las iglesias de París, puso fuera de la ley a los girondinos y participó de forma destacada en la instauración del Terror. Por lo que respecta a Amar, portavoz del Comité de Seguridad General, explica a instancias de Robespierre que «las mujeres no están en absoluto llamadas en el orden actual de las cosas y debido a la organización [física] que les es propia [...] a ocupar los empleos y las ocupaciones a los que están destinados los hombres»*.

«Por naturaleza, al hombre le impulsa un invencible atractivo por la reproducción»

No, la referencia a la naturaleza y la búsqueda del orden natural de las cosas no es una moda: es una obsesión compartida tanto por los revolucionarios partidarios de la igualdad económica como por los moderados que no piden tanto. Es fundamental. Unos y otros buscan el punto en que anclar sus leyes. No puede ser el matrimonio, pues tanto el laico como el religioso son una unión social. Así que buscan en la

* Evelyne SULLEROT, *La Presse féminine des origines à 1848*, 1964, pág. 65.

naturaleza biológica. «La anatomía es un destino», concluye Napoleón.

Es verdad que algunos, como Condorcet, no ven en la anatomía femenina, ni en su fisiología, nada que condene a la mujer a no ser dueña de sus bienes, ni administradora de su hogar, ni educadora de sus hijos*: «Que alguien me muestre una diferencia natural entre los hombres y las mujeres que pueda fundar legítimamente la exclusión de un derecho.» Pero son pocos.

La inmensa mayoría está de acuerdo en considerar que el hombre es diferente en su destino biológico y social y en su actitud ante la reproducción. Se le considera más libre y, por tanto, más responsable. Se dice que en el gran libro de la razón, en el Código de las Naciones formado por la ley de la naturaleza, en primer lugar al hombre le mueve un interés muy fuerte, «le impulsa un invencible atractivo por la reproducción». Además, en aquel momento, se le consideraba como un ser dotado del poder de forjar su destino en este mundo, al contrario de la mujer, a la que se considera débil, sensible e incapaz de conducirse con seguridad. El hombre, debido a esta libertad de su voluntad, es considerado como el que, por naturaleza, posee la iniciativa y el papel activo en la reproducción. El lenguaje refleja bien esta oposición: la mujer lleva un hijo, tiene un hijo; el hombre hace un hijo. Y la expresión se sigue utilizando en nuestros días: «Le ha hecho un hijo» expresa la convicción profunda de que la fecundidad de la mujer es pasiva mientras que la del hombre es activa.

Dado que se consideraba que el hombre hacía los hijos genéticamente, era lógico que fuera también quien los hacía socialmente: les daba su apellido y formaban parte de su familia, una familia de la cual era el jefe. Conferir su identi-

* Habrá que esperar al siglo XIX para que aparezcan las institutrices y las educadoras, para que las madres conquisten el derecho a educar a sus hijos. Madame d'Épinay, como tantas otras mujeres, se lamentaba de no poder tomar ninguna decisión en lo referente a la educación de su hijo debido a que se trataba de un asunto reservado a los padres. En los conventos de mujeres jóvenes, la enseñanza era impartida por hombres.

dad social a un hijo parecía algo tan importante que era preciso que tuviera todas las características de certidumbre y duración. Y, en aquella época, el misterio que velaba la paternidad genética aún no se había alzado. *Mater certa est*, la madre es segura, se puede comprobar en el momento del nacimiento que un verdadero cordón de vida une aún al recién nacido con su madre. Era necesario crear una certidumbre tan indiscutible para unir al hijo con su padre. Y esta certidumbre fue el matrimonio, un invento masculino y patriarcal que fue creado con este motivo en la más remota antigüedad.

Tanto los realistas como los republicanos o los bonapartistas sólo tuvieron que recordarlo: «El objeto principal del matrimonio y de sus solemnidades consiste en que se forme entre el hombre y la mujer un vínculo de unión que, excluyendo la pluralidad de ayuntamientos con una mujer, establezca la paternidad», repitió Robin el 20 de septiembre de 1792. Está claro. Y Portalis: «La ley quiere que el matrimonio indique quién es el padre.» Se trata del famoso adagio: *Pater is est quem nuptiae demonstrant*, es padre el que designa el matrimonio; es decir, el padre es el marido. O el marido es el padre.

Asegurar la paternidad social mediante el matrimonio

Pater is est... Me parece que a este famoso adagio, tantas veces repetido, se le da en la actualidad un sentido extensivo y una importancia exagerada. Parece, al escuchar a numerosos juristas, sociólogos y psicólogos, que habría que ver en él la prueba de que la paternidad siempre fue, y lo era aún durante la Revolución Francesa y cuando se elaboró el Código Civil, un asunto social y en absoluto un vínculo biológico. La paternidad, según ellos, poco tiene que ver con la genética y mucho, en cambio, con la sociedad. Se trata más de una adopción filial masculina que de una procreación. Volveré sobre estos argumentos y sobre las consecuencias que de ellos extraen quienes los defienden al tratar de la situación actual. Pero *hic et nunc*, debido a que deseo estudiar qué era la paternidad en los tiempos de la Revolución y del Código Civil. Para saber de dónde venimos antes de tratar de comprender hacia dónde vamos, me parece necesario reducir a sus justas proporciones el famoso *Pater is est...*

Convertir al marido en padre verdadero jurídicamente era una solución elegante para crear las condiciones que redujeran los riesgos de la incertidumbre biológica. Y ello no hacía más que subrayar la capital importancia concedida a la filiación genética. Debido a que todo marido se comprometía por adelantado y ante la ley a ser el padre de los hijos que nacerían de su unión, el adulterio de la mujer casada será considerado como infinitamente más contrario al buen orden de la sociedad que el del marido. Como dice Portalis, gran panegirista del matrimonio, como unión cuya sustancia se halla en la voluntad de los esposos: «Indiscutiblemente, el marido y la mujer deben ser fieles a la fe que se han prometido, pero la infidelidad de la mujer supone mayor corrupción y tiene efectos más peligrosos que la del marido.»*

Para este delito de la mujer, el Código Penal previno penas infinitamente más duras e infamantes que para el mismo delito cometido por el marido, el cual apenas corría peligro. Su esposa no podía hacer otra cosa que llorar. No estaba autorizada a denunciar a su marido ante la justicia más que en caso de que «mantenga una concubina en la casa común», y además sería preciso que la desdichada aportara las pruebas requeridas por el tribunal. Dada la vaguedad de la situación, se podría decir que estaba todo previsto para que prácticamente nunca pudiera reunirlas.

Todo marido es un juez conyugal que será absuelto si castiga con su propia mano

El otro hombre, el amante, el cómplice de la mujer, como lo designaba el Código Penal subrayando así que era ella la

* PORTALIS, RÉAL y GALLI, *Motifs du Code Napoléon*, título «Du divorce», París, 1803.

principal autora del delito, se libraría con una multa. La mujer adúltera no pagaría ninguna multa, ya que sería su marido cornudo, único administrador de los bienes de la pareja, quien tendría que hacerlo. Los juristas, que también podrían ser maridos engañados, lo habían previsto todo. La esposa adúltera iría a la cárcel si su marido, el iniciador del proceso, no lo detenía. Incluso en el caso de que la mujer fuera juzgada y condenada, el marido podía anular el procedimiento. Se trataba de un caso único al contravenir el principio de la autoridad de la cosa juzgada. Así, todo marido era una especie de juez conyugal que podía denunciar a su mujer y anular el procedimiento, o que podía enviarla al penal y admitir el juicio, o que podía condenar el delito y anular el juicio si creía que el proceso o el encarcelamiento de su esposa le iba a causar más perjuicios que la satisfacción de saberse vengado. Los comentarios sobre esta curiosa disposición explicaban que debían apartarse todos los obstáculos que pudieran impedir la reconciliación y provocar la indulgencia del marido. Por supuesto, la mujer no tenía las mismas prerrogativas, no era un juez privado, y si lanzaba una acción contra su marido, no podía detenerla. Daba lo mismo, como de todas formas la iba a perder...

El matrimonio tenía que ofrecer al marido toda clase de garantías para que estuviera seguro de que su hijo era realmente suyo genéticamente. La justicia estaba ahí para ayudarlo y, por eso, amenazaba y castigaba a las mujeres imprudentes. E incluso iba más lejos en el reconocimiento del poder casi absoluto de los maridos: el artículo 324, párrafo segundo, del Código Penal de 1810 consideraba excusable el asesinato cometido por un esposo en la persona de su esposa y/o de su cómplice si los sorprendía en flagrante delito dentro del domicilio conyugal. Es la iniquidad absoluta entre el hombre y la mujer; es la iniquidad absoluta a la que puede conducir el patriarcado absoluto. Hasta estos extremos conduce el deseo de los hombres de controlar la fecundidad de las mujeres y de estar seguros de su progenitura.

Igualmente debemos convenir en que estas disposiciones, que proceden de la más remota antigüedad (mediterránea, aunque eran muy similares en India, China, Japón, etc.), no hacen ninguna referencia a la religión. No es el pecado de la carne lo que se prohíbe de modo tan feroz, ni tampoco la sexualidad femenina libre, pues el amante celoso no tiene derecho a matar y no es excusable si lo hace. No, lo que estas leyes querían proteger, lo que han protegido efectivamente durante todo el tiempo en que estuvieron vigentes y fueron aplicadas (en pocos casos, hay que reconocerlo), es la procreación del marido, la propiedad del padre, su sangre, su posteridad.

«El afecto y los cuidados del padre van unidos a la certidumbre de su paternidad»

Negar el instinto paterno es la cosa más fácil del mundo, pero ello no debilita en absoluto la profunda inversión realizada por los hombres en la paternidad desde hace milenios, en su paternidad genética. En el campo, los más sencillos no sabían qué inventar para introducir al padre en el misterio del nacimiento. Durante la época en que se elaboraban el Código Civil y el Código Penal posrevolucionarios, «la idea que tenían las viejas sociedades rurales acerca de los orígenes de la vida les llevaban lógicamente a un ritual de reconocimiento del padre»*.

El más conocido, que se practicaba principalmente entre los vascos y los gascones, pero del que también se encuentran rastros en Gascuña y en Lemosín, consistía en que el padre ocupaba el lugar de la parturienta en la cama, gemía, se contorsionaba e imitaba los dolores del parto que la madre acababa de soportar. A continuación, le entregaban al recién nacido y el padre le hacía mimos y, como escribe Jacques Gélis, le «paterneaba». Los psicoanalistas han desatado su imaginación interpretativa sobre esta práctica. Los sociólogos, tan sólo, han visto en ella el simulacro solemne de haber parido él mismo, al que se presta el padre para «reconocer y

* Jacques GÉLIS, *L'Arbre et le fruit, la naissance dans l'Occident moderne, XVIe à XIXe siècle*, Fayard, 1984, pág. 103.

adoptar pública y místicamente» a su retoño*. A principios del siglo XIX, desaparecida ya esta práctica, en los campos franceses se utilizaba la ropa del padre para, en cierto modo, consagrar su paternidad. En Normadía, se colocaba su camisa entre las piernas de la parturienta. En la región de Toulouse, se hacía lo mismo con el gorro de dormir. En Borgoña, se envolvía al recién nacido con la camisa del padre**.

Nada permite medir mejor hasta qué punto los hombres se preocuparon por la paternidad de sangre que los debates sobre la legitimación de los bastardos, sobre la adopción y, en resumen, sobre el poder paterno, que se desarrollaron en las asambleas revolucionarias y en el Consejo, mientras se preparaba el Código Napoleónico.

Aunque sólo fuera como reacción contra el Antiguo Régimen, que hacía de los bastardos unos parias sin existencia civil, los revolucionarios franceses se mostraron llenos de buenos sentimientos hacia esos pobres frutos de la generosa madre naturaleza. Ya en julio de 1790, se pidió que la madre pudiera legitimarlos (para que recogieran la sucesión de sus antepasados maternos), al igual que su padre, si consentía en ello. El 4 de junio de 1793 se votó la famosa ley que permitía la legitimación de los bastardos, con la condición de que fuera bajo la voluntad expresa del padre. Oudot, que también quería que se reconociera a los hijos nacidos del adulterio y del incesto, explica con claridad qué motiva y limita los reconocimientos paternos: para que una legitimación suponga un bien para el hijo, es preciso que vaya acompañada por el amor, pues: «El afecto y los cuidados del padre van unidos a la certidumbre de su paternidad.»*** Un padre sólo puede amar a un hijo que sea suyo.

Así pues, el reconocimiento del hijo será una decisión del padre, único juez de la certidumbre acerca de su propia pater-

* Gaston BOUTHOUL, *Traité de sociologie*, París, 1946, pág. 294.

** Diferentes fuentes folcloristas citadas por A. VAN GENNEP, *op. cit.*, tomo I, pág. 121.

*** OUDOT, 9 de agosto de 1793, Ensayo sobre los principios de la legislación de los matrimonios privados y solemnes, del divorcio y de la adopción, Archivos parlamentarios, t. 70, ann. 15.

nidad, que, además, debe quedar corroborada por la confesión de la madre. (Veremos más adelante que, en la actualidad, la situación simplemente se ha invertido en Francia, pero sobre todo en Bélgica o en Inglaterra.) Tales disposiciones dejaban total libertad al hombre para no reconocer a los hijos de cuya paternidad estaba seguro pero de quienes no deseaba responsabilizarse. En el extremo opuesto se hallaba la mujer embarazada y abandonada que no tenía ningún recurso a su disposición puesto que le estaba vetada la investigación sobre la paternidad*. Y lo seguirá estando en el Código Civil, cuyos redactores temían los ataques «de una mujer impúdica o de hijos que le son extraños» contra «el hombre cuya conducta no tiene mácula», contra aquel «cuyo cabello ha encanecido en el ejercicio de todas las virtudes»**.

«Carne de mi carne, sangre de mi sangre»

La adopción no era una idea nueva sino que, al contrario, el ejemplo romano fue citado en muchas ocasiones. Pero se trataba de una idea social que podía ir en contra de la naturaleza. Sí, permitía socorrer a los niños desdichados; sí, permitía construir una familia nueva a la vez que se estaba creando una sociedad nueva; sí, permitiría dividir las grandes fortunas: «Los hombres se acercarán más los unos a los otros, se socorrerán mutuamente y serán con ello más felices.»***

En ningún caso y ni por un instante se trataba el anhelo de tener un hijo por parte de las mujeres estériles. La adopción por la que se optó hacía entrar a un niño huérfano en una familia con la que no estaba relacionado por ningún lazo sanguíneo. Era el jefe de familia, el hombre, quien adoptaba.

* La investigación de la paternidad era una de las reivindicaciones de la Declaración de los Derechos de la Mujer de Olympe de Gouges en 1791.

** Bigot de PRÉAMENEU, Presentación al Cuerpo legislativo y exposición de motivos del Código Civil, 23 de marzo de 1803, citado por Florence BOUDOUARD y Laurence BELLIVIER, *op. cit.*

*** Azéma, en FENET, *Recueil complet des travaux préparatoires du Code Civil, op. cit.*

No se decía una sola palabra de la madre adoptiva, de sus sentimientos o de su papel. La educación era un asunto reservado a los padres, que también aseguraban su sucesión. Así, se disertaba ampliamente acerca de esta nueva propuesta: el padre adoptivo. Sí, se llegó al acuerdo de que esto salvaría a un niño de la pobreza. Sin embargo, ¿no existen mil medios para ayudar a un niño y asegurarle el futuro sin necesidad de pretender ser su padre ante la ley? ¿Por qué hay que dejar entrever que la paternidad puede resumirse en una disposición de la voluntad secundada por un corazón caritativo?

La verdadera paternidad es algo muy distinto, algo que no se puede copiar. Como dice Maleville, uno de los cuatro autores del Código Civil: «¿Alguien cree que ese título de padre concedido por la ley, pero tácitamente desaprobado por la naturaleza, basta para transmitir todos los sentimientos inherentes a la paternidad?» Y proporciona dos ejemplos de sentimientos que no pueden ser imitados. El primero se refiere al vínculo carnal, el que crea una continuidad vital, el que hace que el padre sobreviva en sus hijos, que se reproduzca: «Al ver a su verdadero hijo, un hombre puede decir: ésa es la carne de mi carne y la sangre de mi sangre.» Ningún niño extraño puede proporcionar ese sentimiento de haber obtenido una pequeña victoria sobre la muerte. El segundo ejemplo evoca la ternura y la indulgencia que siente el corazón del padre hacia su verdadero hijo: «¿Podría tener esa misma misericordia inagotable, que me hace olvidar todas sus desviaciones al menor atisbo de enmienda, por un hijo adoptivo que defraudara mis esperanzas?» Maleville afirma a continuación que los más defraudados serían los hijos adoptados pues, si el padre adoptivo llegara a ser padre biológico más tarde: «Sus sentimientos hacia el hijo de la naturaleza ahogarían todo afecto por el hijo de la necesidad.»

En la actualidad, estas ideas serían consideradas profundamente chocantes. No obstante, eran sinceras y reflejaban el sentimiento de paternidad tal y como se vivía en la época: un sentimiento vivo, carnal, instintivo. Estas ideas dejaron perplejo a Napoleón. Josefina, tras su matrimonio, no conseguía tener hijos. Bonaparte pensaba en adoptar a su hijastro

Eugène de Beauharnais o a alguno de sus sobrinos para establecer su propio linaje. Soñador e inspirado, convino en que la adopción «es una ficción que imita a la naturaleza» y propuso que se convirtiera en una especie de «sacramento político» que sería conferido por alguna muy alta autoridad del Estado, «como un sumo pontífice de Francia, imagen de la omnipotencia de Dios», para que tuviera impacto en la imaginación del adoptante y del adoptado: «Los hombres sólo se mueven por el alma», concluía. Sin embargo, su idea no trascendió. En cuanto a su actitud personal, no adoptó a Eugène ni a ningún otro; se divorció, y cuando tuvo un hijo propio, se mostró rebosante de orgullo. Hablaba de su hijo a todo el mundo. Estaba profundamente conmovido.

Poder paterno (patria potestad) o autoridad por el afecto

Los debates acerca de la noción jurídica del poder paterno –su justificación, sus límites– ilustraron igualmente la idea que se tenía en la época del sentimiento que acompañaba a la paternidad genética. «En la concepción revolucionaria, la ley es el instrumento de la felicidad social y de la regeneración de las costumbres.»* Así, en un primer momento, sorprende la noción de poder: no se ha liberado al hombre en la vida pública para que someta a los hijos en la vida privada. «El poder paterno está abolido», dice Berlier. «Que no se me hable más de poder paterno», remacha Cambacérès. Lo que se necesita es amor. Lo que el padre prodiga al hijo es un apoyo tutelar, una tierna protección. Lo único que se necesita es una autoridad por el afecto. Así, los hijos corresponderán a sus padres con «esa franca amistad y ese dulce reconocimiento que son más fuertes y menos fugaces que una autoridad que sólo estaría garantizada en un Código» (Berlier). Con ello, se observará «una correlación de deberes» para la cual la palabra «poder» es «excesivamente fastuosa» y desproporcionada con respecto a la finalidad perseguida (Boulay). Berlier propone la

* Pierre MURAT, *op. cit.*, pág. 391.

expresión «autoridad de los padres y de las madres», expresión que será recogida nada menos que en 1970.

Se razona sobre el poder paterno. Se reconoce que es una expresión heredada (de los romanos) y que se está acostumbrado a usarla. Se decide que los hijos mayores no estarán sometidos a ese poder. Se crean tribunales domésticos para sustituir la autoridad única de los padres, pero sus resultados son deplorables, pues siembran la cizaña en pueblos enteros donde no funcionan. En el momento de optar, cuando debe redactarse el Código Civil, se vuelve al concepto poder paterno, atenuado con respecto al Antiguo Régimen en varias de sus disposiciones. Sin embargo, se pensaba que la mayor atenuación vendría de la ternura paterna, ese don natural que impediría cualquier abuso del padre. Como veremos más adelante, en la actualidad se encuentran en los tribunales y en los medios de comunicación muchos ejemplos de prejuicios contra los padres. Sin embargo, a principios del siglo XIX, se concedió gran margen de confianza al amor paterno en la confección de las leyes. Portalis dijo: «El poder de los padres está iluminado por su ternura. [...] La ley puede remitirse sin inquietud a la naturaleza.» La ley es la autoridad. La naturaleza es el amor, la protección contra el poder. El que abuse de su poder y no aplique la ternura será un padre desnaturalizado.

4

DOS DÉCADAS DE ECLIPSE DE LOS PADRES: 1965-1985, UN CAMBIO DEMOGRÁFICO

Hemos visto de dónde venimos. Este repaso a la historia era indispensable para comprender mejor el presente y para tratar de imaginar el futuro. En primer lugar, permite apreciar la rapidez y la amplitud de los cambios que se han producido en este final del siglo XX. Los hechos demográficos que mediatizan la forma de la familia y que determinan la posición del padre han variado más y a mayor velocidad en veinte años, especialmente de 1965 a 1985, que en el anterior siglo y medio, tras la adopción del Código Civil.

En primer lugar, la inversión de la ideología patriarcal

Este corto repaso a la historia, en un momento en el que los hombres reestructuraban la sociedad y rehacían el mundo (o al menos estaban convencidos de ello), permite medir el cambio de mentalidad acaecido después, el cambio de opinión sobre la familia, el cambio de ideas sobre los hombres, las mujeres, los hijos, sus derechos y sus deberes. Podría incluso hablarse de una inversión completa de la manera de concebir y de sentir la paternidad. La ternura y el respeto admirativo que suscitaba la imagen o la evocación del padre, los argumentos empleados por los políticos y los juristas que trataban de concederle un estatuto –o, mejor, una estatura– en la vida familiar y civil, todo ello nos parece en la actualidad repleto de ideología. Y esa ideología es de fácil identificación: es la ideología patriarcal, que procede directamente de los griegos y de los romanos y, un poco atenuada por una larga influencia cristiana, que triunfa pese a ser puesta en tela de juicio por los fundamentos del espíritu igualitario que emana de los derechos del hombre.

Este capítulo revolucionario y napoleónico ha permitido que comprobemos hasta qué punto nos hallamos lejos de esa ideología. Y la distancia nos hace perspicaces: los desahogos líricos del patriarcado nos hacen reír y su expresión social y jurídica nos indigna. Y ello se debe a que nos hemos alejado de esa interpretación de la pretendida ley natural, a que detectamos sus sofismas, sus exageraciones, sus ingenuidades, sus facetas ridículas, sus mentiras; es decir, su aspecto odioso.

¿Significa esto que ahora consideramos la paternidad de un modo perfectamente realista y pertinente? A buen seguro que no. Sin embargo, es mucho más difícil percibir las inflexiones a que nos someten las ideologías del presente, las que determinan el juicio que establecemos sobre nuestras conductas y presionan para cambiar las leyes cuando las costumbres han variado excesivamente.

Ello presenta dificultades en Occidente ya que estamos convencidos de que hemos dado término tal vez no a la historia, pero sí a las ideologías. Todo el mundo está de acuerdo en que el siglo XX ha estado dominado y se ha visto desgarrado por grandes doctrinas totalitarias que tenían respuesta para todo, que obligaban a todos, que exigían el compromiso de cada persona –o que eliminaban a los disidentes–. Por suerte, esas ideologías se han hundido. Además de sus grandes campos de acción política y económica, se preocupaban por las condiciones de reproducción de la población, por la forma y los límites de la familia, por los papeles de los hombres y las mujeres en el Estado, por la educación de los niños, destinados a convertirse en ciudadanos de nuevo tipo, por la posesión, gestión y transmisión de los bienes particulares, etc. Y todas estas cuestiones se unían para delimitar y definir el puesto y el papel de los padres en la sociedad: tenían que ser únicamente correas de transmisión de la ideología dominante. Nada más y nada menos.

Todas las sociedades autoritarias han necesitado, en todas las épocas, ese eslabón jerárquico representado por el padre, el jefe de familia, que tiene poder sobre su mujer y sus hijos. Incluso las sociedades organizadas de forma democrática, pero que se mantienen profundamente holistas, como el Japón moderno, conservan esa desigualdad en favor del padre.

Los anteojos ideológicos de las democracias individualistas

Después de la caída del fascismo, del nazismo, del salazarismo y del franquismo, después del hundimiento del comunismo en la Europa del Este, ¿se han inmunizado nuestras sociedades occidentales contra las ideologías que afectan a la familia y singularmente a la paternidad? Nuestras sociedades no sólo se han hecho democráticas, sino que cada vez son más individualistas, lo que significa que son favorables a la libertad de cada individuo independientemente de su sexo, su edad y su posición en la familia. Este tipo de sociedades, al promover la libertad de cada individuo, inevitablemente debilitan de modo paulatino a las tribus, las familias, las generaciones y sus organizaciones internas. Al favorecer esta libertad individual, hacen que progrese la igualdad entre los individuos.

¿Nos preserva de las ideologías el hecho de que exista mayor libertad para cada persona, de que exista mayor igualdad entre el padre, la madre y los hijos? Nos preserva de las ideologías políticas autoritarias, pero no forzosamente de las ideologías antisociales y de su fuerte influencia en la vida privada.

Tenemos ya suficiente perspectiva como para reconocer que muchos de los movimientos llamados de liberación, que permitieron el advenimiento de nuestra sociedad más igualitaria y más individualista, estaban profundamente impregnados de ideología. Así, el sociólogo Norbert Elias, individualista razonable que ha consagrado su vida a desenmascarar la realidad social escondida tras las ideologías, consideraba el modelo freudiano como realista, y ése era el término elegido por él. Sin embargo, ¿quién no cree en la actualidad que el psicoanálisis freudiano transmitía una verdadera ideología pansexual bastante poco realista, cuyos efectos aún se dejan sentir, y a partir de la cual la imagen del padre todavía no se ha recuperado?

A medida que se aleja en el tiempo el mayo de 1968, ese mayo que «prohibía prohibir» y escribía en las paredes «Abajo los padres», se observa más claramente que ese gran psicodrama adolescente, cuya pretensión consistía en romper los viejos modelos de la cultura, la educación, la autoridad, la familia y la moral sexual, era la expresión de una ideología que, por otra parte, no ha dicho aún su última palabra. Evidentemente, el pensamiento del 68 sobre la política y la economía está muerto y enterrado. Sonreímos al descubrir a posteriori que quienes hicieron el mayo del 68, creyéndose colectivistas, eran en realidad los primeros militantes del individualismo en estado puro. Pero su ideología libertaria en el terreno sexual, su deseo de acabar con todo lo que simboliza la autoridad generacional, como los viejos, los ministros, los profesores y los padres, su rebeldía, en suma, frente a sus papás, esa ideología permanece aún en los cuarentones que en la actualidad son padres y que a menudo se sienten desasosegados e incluso culpabilizados por serlo. Se liberan apoyando a las mujeres en todas las ocasiones, y a los homosexuales, y ejerciendo como padres lo menos posible, siendo ectoplasmas de padres, padres difuminados.

También se observa que estaba fuertemente ideologizado el neofeminismo de la década de 1970, llegado de Estados Unidos y dirigido contra los hombres (un movimiento que pasará más tarde a Italia y más tarde aún a España). Fue especialmente ideológico en la medida en que no se centró en la justa búsqueda de la igualdad para las mujeres en cuanto al acceso al saber, al trabajo o al poder, sino en una autocelebración narcisista que se resumía en la reivindicación «mi cuerpo es mío», entendida del modo más extensivo. Esta afirmación de la libre disposición de su cuerpo por parte de la mujer, totalmente legítima cuando se trata de libertad sexual, también englobaba la libertad para concebir y la libertad para interrumpir un embarazo no deseado sin consultar con su pareja. A partir de esta toma de postura, que ya zarandeaba la paternidad, el neofeminismo fue más lejos. La mujer, al apropiarse de su cuerpo, del embrión y del hijo, pretendía apoderarse también de la parentalidad, marginando o negando al padre.

Y ahora surge una nueva ideología, construida a partir de los pretendidos derechos del niño. No de los derechos solemnemente reconocidos por la ONU, sino por los que únicamente procederían del amor. En nombre del amor se entablan disputas sobre los hijos, los cuales no deberían vivir más que con quien mejor habla de sus sentimientos, con quien mejor expone su afecto, sea o no sea el progenitor real. En nombre de esta ideología pretendidamente liberadora, ya se hace litigar ante la justicia a niños de cuatro años –¿quién elige a los abogados?, ¿quién les expone la situación?– y, como por casualidad, siempre contra su padre.

De la dificultad de señalar a las víctimas de la ideología dominante

Es verdad que las ideologías transmitidas por las sociedades individualistas provocan muchas menos víctimas que las ideologías totalitarias. Sin embargo, estas víctimas, sumergidas en una maraña de buenas intenciones, bajo la protección de los derechos humanos, en la guerrilla de las libertades individuales, corren el peligro de no ser identificadas como víctimas, y menos aún víctimas de una ideología, debido a que el mecanismo de la misma aún no es perceptible y, por lo tanto, es muy difícil de demostrar. Éste es el caso, sin duda, de los padres que en la actualidad se ven privados de sus hijos.

Sin embargo, aunque la tarea sea ardua y no provoque la adhesión de la opinión pública, siempre convencida de que es equitativa e incluso progresista, el deber del sociólogo consiste en dejar al descubierto los hechos del presente, deformados por las ideologías. Ya sé que los medios de comunicación se preocupan muy poco del anhelo de objetividad que puede animar al observador científico. Lectores, oyentes y telespectadores reciben opiniones bien definidas, en especial cuando se trata de juzgar sus propias maneras de vivir, de amar o de educar a los hijos. Esperan principalmente verse reconfortados: no, lo que hacen no está mal; se encuentran dentro de la corriente moderna. Así pues, la mayor parte de los periodistas buscarán hacia qué pro y hacia qué contra me inclino yo para catalogarme, como si todo sociólogo tuviera que ser un militante. Como consto en el registro feminista, es más que probable que pase a engrosar la lista de renegados por haberme mezclado con lo que pasa en el lado de los hombres-padres.

Otros, estoy convencida, entenderán que lo que ha cambiado no es tanto la militancia de la observadora como la ideología dominante que los hechos ponen de manifiesto. Hace treinta años, las víctimas del sistema imperante eran, por millones, las mujeres. Era fácil desprender los hechos y convertirlos en pruebas. Creo que en la actualidad ha llegado el momento de interesarse por los millones de niños separados de su padre, por los centenares de miles de niños que están totalmente privados de padre. ¿Quién puede negar un problema que afecta a un número tan elevado de individuos, un número que crece de forma rápida y continuada?

¿Cuántos padres? Nadie puede decirlo

Por lo tanto, hay que contar. Hay que censar. Hay que seguir, durante los años recientes, la modificación de las cifras que afectan a las familias: matrimonios, uniones libres, nacimientos, reconocimientos por el padre y la madre, separaciones, divorcios, a quién se confían los hijos, quién vive con quién, etc. Nos encontramos en el centro de la demografía, esa ciencia de los grandes números «que trata de penetrar en los secretos de la vida, de la muerte, de la procreación y de las generaciones»*.

* Michel-Louis LÉVY, *Déchiffrer la démographie*, Syros, 1990.

Y las cuentas de la demografía sirven para dar a nuestras sociedades la imagen más precisa posible de la población que las compone. Sin embargo, esas cuentas dependen de lo que se pregunte una sociedad sobre sí misma. En realidad, desde el primer recuento de los hebreos en el desierto del Sinaí o los censos de Augusto en «toda la Tierra», nuestras sociedades no han censado más que a quienes a su modo de ver importaban. Moisés sólo efectuó el recuento de los varones mayores de veinte años. Otros sólo han contado a los soldados, a los propietarios contribuyentes, a los jefes de familia, etc. Durante mucho tiempo, no se contó a las mujeres. En 1986, cuando España entró a formar parte de la Comunidad Económica Europea, sus estadísticas sobre las mujeres que trabajaban estaban tan incompletas que eran insignificantes.

En Francia, los demógrafos efectúan excelentes estudios y seguimientos sobre las mujeres, y particularmente sobre las madres. Sin embargo, no ocurre lo mismo en el caso de los padres. No puede saberse cuántos hombres son padres. ¿Qué edad tienen? ¿Cuántos hijos tienen? ¿Están casados? ¿Son solteros? ¿Viven con sus hijos? En la actualidad no es posible responder a ninguna de estas preguntas. Los genitores no interesan a los demógrafos; en cambio, existen encuestas muy elaboradas, hechas sobre enormes muestras de mujeres, que permiten seguir desde hace años la carrera genésica de las madres, de las que se sabe cuándo se casan, qué edad tienen en el momento en que nace su primer hijo, qué diferencia se llevan sus hijos entre sí e incluso cómo son tutelados los niños*.

Cuando sugerí a los responsables del censo que incluyeran a los hombres en la «Encuesta familiar» para tratar de comprender mejor la carrera genésica de los padres, me respondieron que había cuestiones referentes a la vida privada que no podían ser planteadas en el curso de un censo. Estaba fuera de lugar preguntar a las mujeres: «¿Quién es el padre de los hijos que viven en el hogar?» Así, mientras en la «Encuesta familiar» se preguntaba a 200.000 mujeres el número y la edad de

* Gracias a la «Encuesta familiar» adjunta al censo.

sus hijos, parecía que era inconcebible preguntar a 200.000 hombres cuántos hijos tienen, porque una pregunta de ese tipo podría dar a entender que son padres de hijos que no viven en el hogar visitado. Además, me contestaban los demógrafos con una sonrisa, los varones tienen tan poca importancia en la reproducción... Las mujeres son quienes regulan la fecundidad; por lo tanto, se investigará su edad y su número medio de hijos, ese famoso índice de fecundidad que da décimas de niño detrás de la coma y cuyo aumento o cuyo descenso se anuncia solemnemente. Pero no existe ninguna relación pertinente entre el número de genitores y el número de nacimientos en una población. Como eso no importa, no se recuenta a los padres.

Un ministro francés de la Familia, que era una mujer*, pidió no obstante que, «vistas las evoluciones comprobadas», la «Encuesta familiar» que acompañaba al censo de 1990 estudiara a «la población masculina con el fin de obtener informaciones acerca de los hombres solteros, acerca de su futuro después de un divorcio y acerca de la relación entre estos fenómenos con la fecundidad o la custodia de los hijos». ¿Tendremos pronto una mejor imagen estadística del mundo de los padres? ¿El hecho de que los genitores no cuenten es señal de que los padres cuentan? A falta de precisiones sobre los padres, es preciso ver cómo han evolucionado las parejas y las familias, de las que son un componente.

Antes de 1965, las familias variaban de acuerdo con los determinantes sociales del padre

Los grandes cambios demográficos que afectan realmente a la paternidad empezaron hacia 1965. Hasta entonces, no se habían producido grandes variaciones en la fecundidad media de las parejas: para esquematizar, un largo descenso seguido de un ascenso inesperado (el famoso *baby boom*) después de la

* Petición de M. Barzach al director del INSEE con fecha 1 de marzo de 1988.

Segunda Guerra Mundial. Pero estas variaciones en la fecundidad no reflejaban que el papel del padre en la familia quedara debilitado o reforzado. En ausencia de un anticonceptivo femenino verdaderamente fiable, el padre seguía siendo quien hacía los hijos, más o menos voluntariamente, en función de su condición, de su entorno, del lugar en que vivía y, por supuesto, de la fertilidad de su mujer. Según fuera agricultor o funcionario, obrero o comerciante, hacía más o menos hijos. En efecto, el tamaño de la familia variaba mucho de acuerdo con la categoría socioprofesional del padre. En promedio, el número de hijos de los campesinos era tres o cuatro veces mayor que el de los maestros. Estas diferencias estadísticas, de fácil comprobación, remiten a las formas de vida y las mentalidades propias del mundo profesional del padre.

Aparecen claramente otras diferencias: los padres católicos tenían más hijos que los padres protestantes, los cuales tenían más que los padres librepensadores; se tenían más hijos en las zonas rurales que en la urbanas, en Italia que en Inglaterra, más en el noroeste de Francia que en el sudeste radical-socialista.

Tradicionalmente, los hombres se casaban menos en Irlanda, donde el 30 % permanecían solteros durante toda la vida*. En toda Europa, los hijos de la burguesía se casaban más tarde que los obreros; los habitantes de la ciudad, más tarde que los del campo; los escandinavos y los holandeses, más tarde que los hombres de la Europa meridional u oriental. Sin embargo, esas variaciones étnicas, religiosas o profesionales apenas afectaban al estatuto de los padres.

Europa nunca ha tenido muchas familias amplias, como la *zadruga* yugoslava, y en todo caso no en las zonas del norte y del oeste. Es verdad que en Francia, en los ámbitos rurales, como el hijo sucedía al padre al frente de la explotación agrícola, dos generaciones de padres cohabitaban a menudo, hasta la muerte del abuelo, el patriarca titular que ya había

* Michèle BRAHIMI, «Nuptialité et fécondité des mariages en Irlande», *Population*, 1978, n.º 3, págs. 663-703.

sido sustituido por el amo joven. Sin embargo, después de la Segunda Guerra Mundial, el número de campesinos descendía notablemente tanto en Francia como en Italia o en Alemania, donde eran las mujeres las que conservaban la tierra. Los hombres trabajaban en la industria o en el sector terciario. Las familias jóvenes se instalaban en la ciudad. El Estado se ocupaba cada vez más de los hijos y creaba parvularios para ellos cuando la mujer tenía empleo. La norma ampliamente dominante era la de la familia nuclear, formada por padre y madre casados e hijo(s), que vivían bajo el mismo techo, casi siempre en la ciudad, y cuyo único ingreso procedía del padre, proveedor del hogar.

Desde el fin de la guerra, en 1945, fecha de inicio del gran desbarajuste de la familia, y hasta 1965, se produce un doble fenómeno. En primer lugar, un acercamiento de todos los indicadores que diferenciaban a las familias entre sí. Las características específicas de las regiones y de las profesiones o la influencia de la religión se redujeron en beneficio de una homogeneidad cada vez más evidente, empezando por los países más industrializados y desarrollados, como Suecia.

La Europa de posguerra: nacimiento de la pareja, bodas entre personas muy jóvenes y muchos hijos

La Europa de posguerra, que lloraba a sus decenas de millones de muertos y reconstruía sus infraestructuras y sus casas destruidas, muestra una fuerte y renovada pasión por la familia, lo cual constituye el segundo fenómeno. La exclamación de Gide, «¡Familias, os odio!», no encuentra eco, y el propio Gide se ocupa de sus nietos. Se incrementan las bodas, los contrayentes son cada vez más jóvenes, los más jóvenes tienen hijos y tienen cada vez más hijos.

A principios de este período, y en todo caso desde 1945 hasta 1955, todo el mundo es pobre y se vive en las condiciones más precarias: espantosa escasez de viviendas, penuria total de comodidades, de transportes, de productos manufacturados y de todo lo que hace más fácil la vida. Las mujeres se hallan enfrascadas en tareas domésticas que ni siquiera pueden imaginar las mujeres de hoy en día. Los hombres trabajan un promedio de cuarenta y ocho horas semanales, sábado incluido, y sólo tienen dos semanas de vacaciones pagadas. Tienen que remendar viviendas improvisadas, hacer chapuzas con los muebles y acarrear carbón, madera y patatas. Aún no tienen coche. Su vida profesional y sus diferentes imperativos económicos les dejan poco tiempo para la educación de sus hijos, y esa función pasa rápidamente a ser desempeñada por las madres. Por lo que respecta a la palabra ocio, no conocerán su significado hasta la década de 1960.

Los jóvenes se casaban a los veintidós años cuando sus padres lo habían hecho a los veintinueve.

Toda Europa, sin excepciones, atraviesa una verdadera fiebre matrimonial. Evidentemente, se recupera el déficit de los años de guerra, durante los cuales numerosas uniones no habían podido realizarse o habían quedado rotas por la muerte. Sin embargo, incluso después de 1950 y hasta 1965, los índices de nupcialidad pulverizan todas las marcas en Francia, en Gran Bretaña, en Bélgica, en los Países Bajos, en Suecia, en Alemania, en Dinamarca, en Italia... Incluso en Irlanda los solteros desaparecen como por arte de magia. La gente se casa.

Y cada vez la gente se casa antes. En aquel momento, se hablaba de la modernización de la familia. Duró veinte años. En los Países Bajos, por ejemplo, sobre 10.000 matrimonios, la parte correspondiente a los hombres de menos de 25 años pasa de 2.753 a 5.714*. En Francia aparece un personaje hasta entonces desconocido, el estudiante casado y que pronto se convertirá en padre de familia. Su número se triplicará en tres años. Estos jóvenes pasan a ser padres de familia a los veintidós o veintitrés años. Sus padres están espantados. En las publicaciones especializadas se muestra inquietud por la in-

* Véanse los cuadros de las páginas 356-380 al final de Patrick FESTY, «Evolution de la nuptialité en Europe occidentale depuis la guerre», *Population*, 1971, n.º 2.

madurez de estos jóvenes sin experiencia que tienen un hijo tras otro. Philippe Ariès los califica como «adolescentes casados»*. Sin embargo, estos jóvenes, que ya no creen en los matrimonios de conveniencia y que no han vacilado en marcharse muy pronto del hogar de sus padres, hacen que triunfe una palabra nueva: la pareja. Creen en la pareja. Quieren formar una verdadera pareja.

Antes de la guerra se empleaba esa palabra para las palomas, los canarios o los que bailaban tangos. Para designar a los hombres y las mujeres que deseaban hacer vida en común, casados o no, se hablaba de matrimonios. Había matrimonios jóvenes, matrimonios desiguales y buenos matrimonios. Un matrimonio es una asociación de dos personas, un hombre y una mujer, que «quieren llevar juntos el peso de la vida», como decía poéticamente Portalis. Una pareja es algo totalmente distinto. La raíz latina de la palabra francesa que designa a la pareja, *couple*, está emparentada con el verbo copular, sin ningún género de dudas. Una pareja, un *couple*, son dos enamorados que creen amarse, tanto física como sentimentalmente, como se decía entonces (en la actualidad se diría sexual y afectivamente). Lo demás debía venir por añadidura.

Por otra parte, tuvieron muchos hijos pese a sus esfuerzos por asimilar el método Ogino de anticoncepción mediante la continencia temporal, o el método llamado de las temperaturas, o cualquier otro de los sistemas imperativos para ambos que tanto abundaban en la época.

Si se añade que los divorcios fueron escasos –uno de cada diez aproximadamente– entre estas parejas muy numerosas, casadas muy jóvenes, a menudo sin vivienda, sin dinero, sin equipamientos domésticos, al menos al principio del período, y que tuvieron un promedio de tres hijos, se llega a la conclusión de que esas premisas apenas permitían adivinar lo que vendría a continuación.

* Phillipe ARIÈS, «Le retournement», en *Renouveau des idées sur la famille*, de Robert PRIGENT y otros, PUF, 1954.

1964: primera sacudida sísmica demográfica en toda Europa

En 1964 se produce una ruptura pasmosa: por primera vez en veinte años los índices de natalidad cambian de tendencia e inician una caída, producida en el mismo año en Alemania Federal, Bélgica, Dinamarca, España, Francia, Grecia, Italia, Países Bajos, Portugal, el Reino Unido, Suecia y Suiza. Durante los siguientes tres años, Francia, Inglaterra y Alemania pierden 1,3 nacimientos por cada 1.000 habitantes; los Países Bajos e Italia, 1,8; Bélgica, 2,0.

Ocurre lo mismo en los países católicos y en los países protestantes, en los países en que están autorizados los nuevos anticonceptivos (la píldora) –el noroeste de Europa y Suiza– y en aquellos en los que todavía están prohibidos (los anticonceptivos orales para uso femenino no fueron autorizados en Francia más que a partir de 1967). En las democracias populares, como Hungría o Checoslovaquia, no se tienen más hijos que en las democracias capitalistas. Se produce una convergencia de comportamientos en los diferentes países, regiones y medios socioprofesionales. Y esta convergencia, que paulatinamente erosionaba las especificidades, consiguió, frente a la fecundidad, una turbadora simultaneidad en Europa occidental.

Y esta simultaneidad es tanto más turbadora por cuanto no ha ocurrido nada que pueda explicar una inflexión tan clara. Francia terminaba por fin con sus ruinosas y desmoralizadoras guerras coloniales, Inglaterra salía de su crisis, Alemania, ayudada por el plan Marshall y reconstruida, caminaba decididamente hacia la prosperidad, Italia vivía su milagro económico, los portugueses que iban a Francia y los yugoslavos que iban a Alemania en busca de trabajo, lo encontraban. En todas partes los niveles de vida crecían muy rápidamente. Nada anunciaba un cambio de período. A no ser un curioso pesimismo ambiental no justificado: las personas, que hasta entonces confiaban en el futuro, expresaban en las encuestas de opinión una aprehensión, una falta de entusiasmo y una «siniestrosis» totalmente nueva. ¿Notaban que se preparaban unos cambios que desvencijarían ese edificio básico que es la familia? ¿O lo que ocurre a continuación se explica por su recién estrenada seguridad?

En adelante, los demógrafos llamarán tendencias de fondo a esos comportamientos contagiosos que se difunden y saltan tanto las fronteras de los Estados como las barreras entre las capas sociales. Parecen sacudidas sísmicas que se propagan en ondas sucesivas. El epicentro parece hallarse en Suecia, de donde surge todo, para extenderse a continuación, de norte a sur, afectando primero a Dinamarca, después a Francia e Inglaterra, más tarde a Italia y finalmente a España y Portugal. Cuando llegan a Francia, estas ondas afectan en primer lugar a los jóvenes de las grandes ciudades y de alto nivel de educación, luego progresan rápidamente en las capas medias y en las pequeñas ciudades y acaban por afectar a todo un segmento de edad, independientemente de los ambientes y de los niveles.

La crisis del matrimonio comienza también en Escandinavia

Justo después de la caída de las tasas de fecundidad, el descenso de la nupcialidad también parte de Suecia. En 1966 se celebraron 61.100 matrimonios en Suecia; en 1973, sólo 38.100. En los segmentos de edad más jóvenes, el descenso llegó al 80 %. De ahí que al principio se atribuyera al incremento de la edad nupcial después de veinte años de matrimonios precoces. Muy pronto el mismo fenómeno barrió toda Europa occidental: si se compara el índice de nupcialidad de los hombres en 1975 con el de 1965, se descubre que cae de 1.024 a 622 en Dinamarca; de 1.124 a 767 en los Países Bajos, y de 1.013 a 822 en Francia.

Pero los años pasan y la nupcialidad no crece. Los que no se habían casado a los 25 años tampoco lo hacen a los 30. Se trata sin duda de una nueva forma de rechazo del matrimonio, que se acelera y afecta a todos los países de Europa occidental. La nupcialidad alcanza los niveles más bajos jamás observados. Así, en Dinamarca, en 1981, el índice de nupcialidad de los hombres pasa a 448, lo que significa que, de mantenerse todo igual, la proporción de varones daneses que permanecerán solteros durante toda su vida será del 55,2 %. Más de un varón de cada dos no se llegará a casar nunca a menos de que se produzca un cambio espectacular en la tendencia.

En Francia, durante los mismos años, la edad media en que contraen matrimonio los varones pasa de 26 a 29 años. Por lo que respecta al número anual de matrimonios, cae de 417.000 en 1972 a 265.000 en 1987, lo que significa un descenso del 37,5 %. Sin embargo, las curvas que caen en picado no son lo que expresa de modo más elocuente los cambios en la situación familiar de los varones de las generaciones jóvenes. Los efectos del *stock* –de las reservas– son todavía más explícitos. Año tras año se registraba un déficit cada vez mayor en el número de matrimonios, mientras que se mantenían los efectivos de personas en edad de contraer matrimonio. Esto significa que, cada año, el número de solteros dentro de la población crecía un poco más. Así, durante los años de la década de 1980, el déficit de bodas no celebradas es enorme: 1.103.000; es decir, existen 1.103.000 hombres solteros de más en la población –número que en realidad es mayor, porque parte de la proporción de matrimonios afecta a divorciados que se casan nuevamente–.

¿Quién rechaza el matrimonio?

Todo el mundo estaba convencido de que eran los hombres quienes refunfuñaban ante el matrimonio o quienes lo rechazaban. Hasta entonces, las jóvenes estaban tan interesadas en conseguir el estatuto de mujer casada y tenían tal miedo a quedar para vestir santos que se creyó que eran los jóvenes los que no querían comprometerse con unos vínculos eternos, y menos aún fundar una familia. La libertad sexual ya no ofrecía peligros debido a que los anticonceptivos eran fiables. La vida en común sin matrimonio ya no provocaba escándalo: los padres cerraban los ojos o incluso se enternecían y pagaban el alquiler del apartamento de los enamorados. Los estudios se alargaban cada vez más en el caso de unos y la alternativa chapuza-paro-chapuza-paro afectaba a otros a su vez, por lo que todos no veían más que ventajas en retrasar indefinidamente el momento de convertirse en adultos, casados y padres de familia.

Fueron precisas rigurosas encuestas a parejas que cohabitaban*, así como estudios de opinión con resultados inesperados, para que se tomara conciencia del papel determinante de las jóvenes en el retroceso del número de matrimonios. No, no mantenían esa situación por amor ni se sacrificaban al deseo de independencia del hombre de su vida. La mayoría afirmaba tranquilamente que eran ellas las que preferían evitar las promesas y las alianzas. A fin de cuentas, ¿acaso no eran las que dominaban el juego? También ellas estudiaban o tenían pequeñas chapuzas, también ellas iban a trabajar y a ganarse la vida. También ellas tenían padres indulgentes que comprendían que las cosas ya no eran como antes. Y, sobre todo, eran ellas las que tenían la píldora. El día en que quisieran tener un hijo, ya verían. O bien se casarían o bien le pedirían al padre que reconociera al hijo. Ellas serían las que iban a elegir. Y eligieron.

Cada vez más padres solteros reconocen a sus hijos

Una proporción cada vez mayor de los solteros recalcitrantes se han convertido en padres, en padres solteros. Y no solos y abandonados con el hijo, sino casi siempre cohabitando con la madre. O bien viviendo cada uno por su lado, pero ambos reconociendo al hijo que la mujer había deseado y había querido fuera del matrimonio. En Francia, sin ir más lejos, en 1965, del total de recién nacidos, 50.700, lo que significa el 5,8 %, habían nacido fuera del matrimonio. No obstante, en 1990 fueron 229.100, lo que significa el 30 % de los nacimientos. Año tras año se ha incrementado el número de nacimientos fuera del matrimonio. En Francia, afecta a uno de cada tres nacimientos; en Suecia y Dinamarca, hacia 1983,

* Sabine CHALVON-DEMERSEY, *Concubins, concubines*, Seuil, 1984.

se rondó un nacimiento de cada dos fuera del matrimonio, con un 45 %. Sin embargo, estos nacimientos fuera del matrimonio apenas guardan ninguna relación con los dramas de las antiguas madres solteras.

Las madres de los 50.000 hijos naturales que nacían cada año en Francia a principios de la década de 1960 eran muy jóvenes –muchas de ellas ni siquiera llegaban a los veinte años– o mayores de treinta y cinco años, y todas eran de origen muy modesto. Eran obreras agrícolas, criadas u obreras no especializadas. Habían quedado embarazadas y habían sido abandonadas. En ocho de cada diez casos, sólo ellas reconocían a su hijo, un hijo sin duda no deseado, pero la interrupción del embarazo estaba prohibida en la época. El niño era hijo de padre desconocido, y seguiría siéndolo a menos que, más tarde, un nuevo compañero de la madre legitimara galantemente a ese hijo sin padre. En aquella época, alrededor de 40.000 nacimientos fuera del matrimonio eran de hijos de padre desconocido.

Al cabo de veinte años, la situación ha cambiado totalmente. En Francia, los anticonceptivos femeninos son muy eficaces, legales y corren a cargo de la Seguridad Social, así como la interrupción voluntaria del embarazo. Son muy pocos los casos en los que las mujeres tienen hijos a su pesar. Puede estimarse que los hijos que traen al mundo han sido deseados y a menudo programados por ellas, y que al menos son bien acogidos. Al final de un extenso estudio, Henri Leridon puede escribir: «La anticoncepción tiende a convertirse en un comportamiento médico comparable a otros comportamientos de prevención. En veinte años (1967-1987), su difusión entre las mujeres ha permitido que la reducción del número de nacimientos no deseados se multiplique por tres. Por lo que respecta al aborto, constituye un último recurso.» La disminución de nacimientos observada durante estas dos décadas se refiere a hijos no deseados*.

Sin embargo, durante los mismos veinte años, el número

* Henri LERIDON y Laurent TOULEBON, *Données sociales*, 1990, págs. 293-295.

de hijos nacidos fuera del matrimonio también se ha triplicado. Sus madres ya no son adolescentes atrapadas por el embarazo o pobres obreras abandonadas. Sus madres tienen una edad similar a la de las madres casadas, cuentan con un oficio y un nivel de educación igual o tal vez superior. Debido a eso, los investigadores del INSEE que siguen la evolución de estas madres titularon su estudio: «¿Las institutrices en lugar de las criadas?»* A partir de 1980, siete de cada diez de estos niños fueron reconocidos por el padre antes de cumplir un año. En 1989, el 80 % de los 214.600 hijos naturales franceses fueron reconocidos por su padre soltero. Las madres son profesoras o decoradoras (dos profesiones en las que más rápidamente ha aumentado la proporción de madres solteras) y se asemejan cada vez a las madres casadas. Puede afirmarse que casi todas han deseado y esperado voluntariamente ese hijo, o lo han aceptado sin ningún tipo de reservas.

En cambio, no podría afirmarse lo mismo de los 160.000 padres que durante ese mismo año reconocieron a un hijo nacido fuera del matrimonio. ¿En qué medida desearon o sufrieron la venida de ese hijo? Tampoco podemos saberlo en el caso de los padres casados. Ahora son las mujeres las que deciden acerca de los nacimientos y hacen lo necesario para que se produzcan. Esto ocurre así incluso si consiguen hacer creer a algunos hombres que son ellos quienes lo han pedido, y a los demás que lo han decidido conjuntamente.

¿Quiénes son estos padres no casados cuyo estatuto es inferior?

¿Quiénes son estos nuevos centenares de miles de padres solteros? Lamentablemente, se sabe mucho menos acerca de ellos que acerca de las madres. Sin duda, los analistas se han acostumbrado a considerar que los padres de hijos naturales son desconocidos que se dan a la fuga, pues sigue sin haber

* J.-C. DEVILLE y E. NAULLEAU, «Les enfants naturels et leurs parents», *Économie et statistique*, junio de 1982, págs. 61-81.

ningún estudio sobre ellos. No se sabe su edad ni su profesión, cosas que, por otra parte, serían fáciles de descubrir.

No cabe duda de que, al igual que el caso de las madres solteras, cada vez se parecen más a los padres casados. Son cada vez más numerosos, aumentan cada año; así, su contingente en 1985 fue diez veces mayor que en 1965. Por supuesto, algunos se casan con la madre de su hijo. ¿Y las decenas de miles restantes? Con respecto a los que hasta hace poco tiempo huían de su paternidad, ¿hay menos obreros y más profesores? Por otra parte, todos conocemos a alguno, tanto procedente de buenas familias burguesas y católicas como de familias obreras ex comunistas.

Si nada les distingue, o apenas nada, de los padres casados, ¿en función de qué interesarse particularmente por ellos? Cualquiera puede citar ejemplos de esos «papás-clueca» no casados que cambian los pañales de los bebés y juegan con sus niños además de mantener a la familia. Se les encuentra haciendo la compra, con el niño en bandolera y la niña en el cochecito; son modelos de nuevos padres, de quienes podrían tomar ejemplo los padres absentistas y algunos jóvenes ejecutivos debidamente casados por la Iglesia. Así pues, ¿por qué clasificar aparte a los padres de hijos nacidos fuera del matrimonio e inquietarse por su continuo incremento?

Una parte de la respuesta quedará detallada en el siguiente capítulo: los padres no casados no poseen jurídicamente los mismos derechos que los padres casados sobre los hijos que han reconocido, tanto si los educan como si no. Además, estos derechos de los que no disponen se conceden de oficio a la madre no casada, independientemente de que sea buena o mala madre, sólo por el hecho de ser mujer. La mayor parte de los hombres no casados ignoran estas disposiciones: no son padres completos, aunque vivan con sus hijos. Si se separan de la madre, corren un gran riesgo de perder totalmente el contacto con sus hijos. Si la madre no les permite verlos, necesitarán entablar un largo y costoso proceso para tratar de obtener un derecho de visita que ninguna ley ha previsto para ellos. La ley sólo les concierne en el punto en que dispone que deberán seguir pagando pensiones para sus hijos, cuyo futuro será decidido en exclusiva por la madre. La sociedad no considera en la realidad como verdaderos padres a los padres no casados. Las eventuales ayudas sociales serán pagadas a la madre. (En Suecia, finalmente se ha decidido que las ayudas podrían ser percibidas tanto por las madres como por los padres no casados.)

Tanto si han optado por tener un hijo como si son ajenos a ello, los solteros, que son padres disminuidos aunque vivan con la madre, pueden quedar totalmente eclipsados en caso de separación. Y es mayor el número y la frecuencia de separaciones entre parejas no casadas, incluso con hijo(s), que de divorcios entre parejas casadas. Pero como esas separaciones no son objeto de ningún acto consignado en el registro civil, es imposible establecer su incidencia y su frecuencia, y es imposible seguir su evolución en el tiempo, como se hace con los divorcios. Así pues, desde que apareció el fenómeno, las encuestas sobre muestras representativas de estas parejas jóvenes que viven en régimen de cohabitación ha sido el único medio de investigación científica que ha permitido medirlo y conocerlo mejor. Han sido precisas repetidas encuestas durante un período bastante largo para poder comparar estas parejas con los matrimonios pertenecientes a las mismas generaciones.

Las ilusiones de la ideología liberal sobre la solidez de las parejas

Cómo no recordar el resuelto optimismo que durante la misma época animó a los partidarios del liberalismo sexual, por ejemplo en Suecia, donde se inició el fenómeno «sambo» (la cohabitación sin matrimonio) y donde en 1985 afectaba a más de la mitad de los menores de 35 años, relegando el matrimonio a la situación de opción minoritaria. Al principio se habló de matrimonio a prueba y se contempló como la vía que llevaría a la consolidación de los matrimonios, que indudablemente acabarían produciéndose. Pero los matrimonios no llegaron. Entonces, en Francia, se empezó a considerar que la cohabitación era un matrimonio sin papeles, que tenía por lo tanto todas las garantías de estabilidad del matrimonio, pero que prescindía de la burocracia. En Dinamarca se hizo notar que se trataba ni más ni menos que de la copia de los antiguos matrimonios, de una «toma de estado» en lugar de una unión civil y/o sacramento religioso. Todo se consideraba bueno para minimizar el cambio, e incluso para negarlo.

Tanto desde los medios de comunicación como a través de los especialistas se nos ha explicado que estas parejas en las que sus miembros no querían comprometerse ante la sociedad eran en el fondo más sinceras y menos hipócritas que los esposos consagrados, y que estas uniones más sólidas seguramente serían más duraderas. He conocido a muchos padres de cohabitantes, así como a sacerdotes católicos y pastores protestantes, que estaban convencidos de ello. Todas estas personas mayores creían con sinceridad que esos jóvenes tenían una nueva forma de establecer una familia más pura y más desinteresada, basada únicamente en el amor y en un mayor respeto por la libertad del otro, lo que regeneraría la unión y la parentalidad. Mientras, los cohabitantes con hijo(s) me confesaban ingenuamente que «a causa de los impuestos era mejor tener un hijo sin estar casados, y lo declara quien gana más» y que «en la Seguridad Social, con un certificado de cohabitación, se tienen los mismos derechos que los casados».* No obstante, cualquiera que pusiera en duda la solidez de estas uniones pasaba por moralista y reaccionario.

Hubo que esperar a 1984-1985, en Suecia, para poder comparar con suficiente perspectiva el comportamiento de los jóvenes durante los últimos quince años y comprobar que aumentaba la propensión a separarse y que disminuía la propensión a contraer matrimonio**. Jan Trost, bien conocido por haber pronosticado que la cohabitación llevaría hacia parejas más felices y más estables, confesaba en 1987 que «el

* Evelyne SULLEROT, *Pour le meilleur y dans le pire*, París, Fayard, 1984.

** Thora NILSSON, «Les ménages en Suède», *Population*, 1985, n.º 2, págs. 223-249.

índice de separaciones era sensiblemente más alto entre los cohabitantes»*. Incluso cuando tienen hijos.

Tras la separación, los padres solteros pierden a sus hijos

Los hijos de los cohabitantes separados van a vivir con la madre. Tanto si la madre vive sola como si vive con otro hombre o como si se ha casado con otro que no sea el padre.

Pese a mi deseo de tratar de evaluar tan ajustadamente como fuera posible la proporción de padres solteros que conservan a su(s) hijo(s) con ellos después de separarse de la madre, tengo que conformarme con afirmar que esta cifra es extremadamente pequeña. Largas investigaciones en los anuarios estadísticos de diversos países me han convencido de que nunca hallaría en ellos la situación de los padres. Pero sí se encuentra a menudo la de los hijos, y particularmente la de los hijos de las actualmente llamadas familias monoparentales.

Esta denominación es singularmente abusiva: los niños que pertenecen a esas familias monoparentales o uniparentales suelen tener a sus dos progenitores vivos. Lo que ocurre es que simplemente viven con uno de ellos. Por lo tanto, no es la familia de esos niños la que sólo tiene un progenitor, sino el hogar en el que viven. Por otra parte, es lícito interrogarse acerca de la intención oculta en el empleo de esa palabra: se trata de un curioso modo de borrar al progenitor ausente, al progenitor separado del niño, como si no existiera. Dado que casi siempre es el padre quien no está junto al niño, verbalmente se mata al padre. Las únicas familias realmente monoparentales son las de los viudos o las viudas.

Así pues, se encuentran muchos datos tanto sobre los hijos que viven en hogares monoparentales como sobre los hogares monoparentales compuestos por una madre sin pareja.

* Jan TROST, «Stabilité et transformations de la famille», *La Famille dans les pays développés, permanences et changements*, Seminario de la Unión Internacional para el Estudio Científico de la Población, INED y UISP, 1990.

Las encuestas sobre hijos son difícilmente comparables. Los hijos estadísticamente considerados a veces tienen menos de quince años, a veces menos de dieciséis, de diecisiete, de dieciocho e incluso de veinticinco, como en Suiza. En estos estudios, sobre todo, se mezclan los hijos nacidos fuera del matrimonio cuyos padres se han separado con los hijos nacidos de un matrimonio y cuyos padres se han divorciado. Y las relaciones con el padre no tienen la misma frecuencia en los dos casos.

La condiciones del ejercicio de la paternidad en el caso del soltero que ha reconocido a su hijo dependen esencialmente de la naturaleza y de la calidad de las relaciones que ha establecido con la madre del niño y con las que mantiene con ella a continuación.

Primer caso: en el momento en que nace el niño, el padre que lo ha reconocido no vivía con la madre. Más o menos el 60 % de esos padres nunca verán a su hijo, y aproximadamente el 12 % le verán muy raramente*. ¿Quién es responsable de este alejamiento? ¿No intentan en absoluto, o apenas, ver a su hijo? ¿La madre les mantiene voluntariamente alejados? Ninguna encuesta demográfica puede dar respuesta; sin embargo, ciertas encuestas sociales sobre las madres que viven solas, sobre sus condiciones de vida, sus relaciones con el hijo, etc., reflejan que entre siete y ocho de cada diez mencionan el hecho de que no desean que el niño conozca o vuelva a ver a su padre.

Segundo caso: el joven soltero se convierte en padre mientras cohabita con la madre. Es el caso más frecuente. El futuro de las relaciones que este antiguo cohabitante mantendrá con su hijo o sus hijos dependerá entonces, por una parte, del tiempo que dure su vida en común con la madre, tiempo durante el cual se habrá ocupado del hijo, y, por otra parte, de cómo se ha separado la pareja. «En general, los padres que han vivido poco con sus hijos se convierten más a menudo en extraños para ellos que quienes les han criado por lo menos durante cinco años», escribe Henri Léridon. Por otra parte, las

* Henri LÉRIDON et Catherine VILLENEUVE-GOKALP, «Entre père et mère», *Population et société*, n.º 220, enero de 1988.

rupturas dramáticas que llevan consigo una fuerte hostilidad entre los excohabitantes suelen traducirse en una completa ruptura de relaciones del hijo con el padre, en tanto que las separaciones amistosas mantienen las relaciones continuadas entre el padre y el hijo o los hijos. En el conjunto de los cohabitantes separados que fueron interrogados por el equipo de la INED dirigido por Henri Léridon, el 39 % de los hijos no veía en absoluto a su padre y el 20 % lo veía menos de una vez al mes.

¡Qué diferencia entre la indulgencia mostrada por la sociedad con respecto al concubino y la indiferencia con respecto al padre no casado! El primero queda asimilado a un marido, al menos por lo que se refiere al derecho social. El segundo sólo tiene el derecho a pagar. Apenas existe inquietud acerca de las condiciones concretas de su paternidad. Las madres solteras aún son consideradas como víctimas de los hombres, y existe preocupación por su formación, por su alojamiento y por sus recursos. De los padres separados no se sabe nada, excepto cuando alguna vez se oye el eco del proceso instado por uno de ellos que desea ver a sus hijos y que creía poder obtener este derecho al igual que un divorciado. Pero él no está divorciado.

Incremento de los divorcios y, al tiempo, descenso de los matrimonios

Los divorcios... Todos los datos estadísticos recientes acerca del divorcio parecen burlarse de las previsiones optimistas de los generosos liberales. Éstos esperaban que de la amplia aceptación de las cohabitaciones surgiera una mayor estabilidad de las uniones declaradas, y en absoluto ha sido así. El número de divorcios se ha incrementado exactamente a partir del mismo año en que empezó la caída de los matrimonios: 1967 en Suecia, 1970 en Inglaterra, 1972 en Francia...

Una vez más, se puede apreciar que el contagioso movimiento se inicia en el norte, donde el descenso de los matrimonios es más precoz y más profundo. Comenzando por

Suecia, desde 1975, uno de cada tres matrimonios acaba en ruptura. De 1975 a 1985, en todos los países por los que se extiende la cohabitación, el divorcio gana cada vez más terreno. Los índices de divorcio aumentan y aumentan. En Francia y en la antigua Alemania Federal se pasa del 15,6 % al 30,4 %; en Austria, del 19,7 al 30,8; en los Países Bajos, del 20 al 34,4, etc. En Inglaterra, se alcanza el 43,8 % mientras que en 1960 el índice era del 10,7 %. Así pues, los matrimonios son menos numerosos y más frágiles.

Como podemos observar en el siguiente capítulo, en la mayor parte de los países de Europa occidental se ampliaron los motivos de divorcio y se flexibilizaron los procedimientos requeridos para obtenerlo. Con estas facilidades, algunos esperaban con optimismo que se produjeran numerosos y rápidos nuevos casamientos. Sin embargo, como pone de manifiesto Louis Roussel, «esta interpretación fue errónea: los nuevos matrimonios entre divorciados aumentaron mucho menos rápidamente que los divorcios, y la probabilidad de que un hombre divorciado vuelva a casarse no ha dejado de disminuir*. De ese modo, si en Francia, en 1970, el 35,7 % de los divorciados se volvían a casar antes de los tres años siguientes a la ruptura, en 1975 la proporción había descendido hasta el 33,7 %, en 1980 sólo eran el 25,4 % y para 1985 únicamente el 18 %, lo que a supone menos de la mitad que quince años antes**.

En los países escandinavos, siempre precursores en este terreno, se observa a partir de 1980 una estabilización del índice de divorcios, estabilización que se detecta algunos años después en Europa occidental. Pero es entonces cuando los países de la Europa del sur, donde hasta entonces el divorcio estaba prohibido o era de muy difícil obtención –España, Italia, Portugal–, liberalizan sus legislaciones y ven crecer rápidamente este fenómeno. Aunque arranque desde una posi-

* Louis ROUSSEL, «Deux décennies de mutations démographiques dans les pays industrialisés, 1965-1985», *Population,* 1987, n.º 3, págs. 429-448.

** Dix-huitième rapport sur la situation démographique de la France, 1989, INED.

ción muy baja, el índice de crecimiento del 50 % en un año, en Italia, no deja de ser impresionante.

Divorcios modernos: precoces y con hijos

En todas partes se observa un fuerte incremento de los divorcios precoces, ocurridos antes de los siete años e incluso antes de los cinco años del matrimonio. ¿Quiénes son esas parejas que no pueden soportar la vida en común? El estudio más pertinente ha sido efectuado en Suiza por Jean Kellerhals*, el cual ha seguido durante diez años la evolución de todos los matrimonios celebrados en Ginebra en 1975. Se observa que ni la edad ni la situación económica ni la diferencia de religión desempeñaron ningún papel en las separaciones que se han producido. Por el contrario, se divorciaron en mayor medida quienes habían cohabitado anteriormente y quienes, preguntados en el momento de contraer matrimonio, afirmaron que no pensaban fundar una familia, sino únicamente vivir juntos. Éstos no apostaban por el futuro sino que vivían en la inmediatez, como muchos jóvenes de nuestras sociedades prósperas que, después de cuarenta años de paz, parecen tener mucho más miedo que sus padres a asumir papeles (los de esposo, esposa, padre o madre) que impliquen duración y responsabilidad hacia otros, a pesar de que los padres eran más pobres y vivían en un mundo menos estable.

Aparte de la precocidad de los divorcios, hay que constatar que cada vez se han divorciado más parejas con hijos. Hasta hace poco, las parejas con hijos se frenaban ante la idea de la separación, evidentemente debido a las dificultades materiales que podían aguardar a la mujer que no trabajaba, pero también debido al oprobio que caería no sólo sobre el divorciado

* J. KELLERHALS, N. LANGUIN, J.-F. PERRIN y G. WIRTH, «Statut social, projet familial et divorce: une analyse longitudinale des ruptures d'union dans une promotion de mariages», *Population*, 1985, n.º 6, págs. 811-827; Jean KELLERHALS y J. COENEN-HUTHER, «Familles suisses d'aujour'hui: évolution récente et diversité», *Les Cahiers médico-sociaux*, Ginebra, 1990.

culpable, sino también sobre los hijos inocentes que serían señalados con el dedo como hijos de divorciados. Innumerables parejas permanecieron casadas a causa de los hijos. Ahora, la presencia de hijos no es un obstáculo para el divorcio entre las parejas jóvenes. Aunque la frecuencia de los divorcios sea ligeramente mayor en el caso de las parejas con un hijo que en el de las parejas con dos, se puede observar una mayor y más precoz probabilidad de divorcio en las parejas que han tenido varios hijos muy pronto. Por ejemplo, como destaca Patrick Festy en el caso de Francia, tienen una elevada probabilidad de ruptura las parejas que han tenido tres hijos en menos de siete años.

Ciertos analistas, particularmente en Alemania, habían explicado que la disminución de la natalidad era la causa del espectacular aumento de los divorcios. Sin embargo, todos los estudios demuestran que se mantiene la relación entre ambos fenómenos. En la antigua Alemania Federal, donde los nacimientos han caído de forma drástica, se ha incrementado el número y la proporción de hijos cuyos padres están divorciados: representaban el 10,6 % de los hijos nacidos de parejas casadas en 1965, y pasaron al 18 % diez años después*. Así pues, se observa un incremento de divorciados que son padres de uno o varios hijos.

Las madres piden el divorcio, seguras de conservar a sus hijos

La característica más notable de los divorcios ocurridos entre 1965 y 1985 es que han sido solicitados por las mujeres en una proporción que oscila entre dos tercios y tres cuartos, una proporción que en el caso concreto de Francia fue del 74 %. Hasta hace poco, las mujeres se mostraban atemorizadas ante el estatuto de divorciadas. A partir de 1970, parecen enfrentarlo sin ningún tipo de miedo, a pesar de la

* C. HÖHN, *Der Familienzyklus - zur Netwendigkeit einer Konzepterweiterung*, Schriftenreihe des Bundesinstituts für Bevölkerungsforschung, 12, 1982.

precaria situación en que a menudo quedan tras la ruptura de su matrimonio.

Es verdad que ahora trabajan, pero no parece ser éste el factor más determinante. Todo parece indicar que el límite de tolerancia para la vida en común ha descendido, que el límite de tolerancia para un compromiso a largo plazo ha disminuido a medida que las mujeres eran más conscientes de sus aspiraciones personales: ahora sienten la necesidad de buscar su independencia, mientras que en el pasado se sentían obligadas a ceñirse a lo que se les decía que era la seguridad, una seguridad económica, pero también una seguridad social y afectiva. Sin embargo, las normas sociales han cambiado y las mujeres, que son muy sensibles a la moral explícita e implícita que se desprende de esas normas, han soportado cada vez peor una dependencia conyugal sin felicidad.

La independencia se ha convertido en el valor fundamental de nuestras sociedades individualistas. Toda educación y toda formación deben tender a desarrollar la realización personal y la autonomía de las personas a las que se dirige. La dependencia es sentida como una alienación, y denunciada como tal. Su aceptación ya no es una virtud. Además, la obsesión sexual ambiental y la sobrevaloración de la pareja con respecto a la familia han hecho que una vida conyugal, mediocre desemboque en dramáticos fracasos personales. Las mujeres piensan que se deben a sí mismas, que necesitan, que deben escapar de lo que consideran como un callejón sin salida. En caso contrario, las ideologías modernas, que efectúan reclasificaciones sin cesar, las condenan a ocupar los últimos lugares de la tabla de valores, las condenan casi al oprobio.

Debido a que desde 1973 hemos recibido y ayudado a reciclarse en la vida profesional a miles de mujeres que deseaban divorciarse y que carecían de empleo, mis colaboradoras de los centros *Retravailler* y yo misma hemos sido testigos de una rápida y clara evolución. Hace veinte años, las mujeres que tenían hijos y manifestaban su intención de divorciarse estaban inmersas en la culpabilidad, por muy dura que a veces fuera su situación matrimonial. No se atrevían a comunicar su proyecto a sus suegros, ni siquiera a sus padres, pues temían enfrentarse a sus convicciones. Tergiversaban a causa de los hijos.

Luego, año tras año, hemos visto llegar a mujeres más jóvenes, bastante menos abatidas y bastante más resueltas. Explican sin rodeos su deseo de divorciarse rápidamente «porque aún puedo tener oportunidades de rehacer mi vida». El hecho de que sus hijos sean pequeños tampoco las detiene: los hijos, para ser felices, necesitan que su madre se sienta realizada, ¿no? Al menos, esto es lo que les repiten incansablemente las revistas femeninas, así como los consejeros familiares y conyugales. Para ellas, el divorcio es la ruptura del vínculo que les une a un hombre al que ya no aman o que les ha causado un daño. No se trata en ningún caso de ruptura del vínculo que les une a sus hijos. Por lo demás, lo saben perfectamente: toda la sociedad piensa como ellas y está a su favor: los jueces de familia les confiarán la custodia de los hijos. Se trata, desde su punto de vista, de un derecho natural que no admite discusión. Por otra parte, las escasas madres que se muestran un poco reticentes ante la asunción de esta custodia esperan a ser presionadas. Les parece que es así, que éste es el orden de las cosas: las mujeres deben ser autónomas y sexualmente realizadas, pero buenas madres. Es la moral ambiental.

Familias rotas = padres expulsados

Así, en la actualidad, las familias parecen divagar en busca de autonomía y de felicidad por parte de los individuos adultos que las componen. Su estructura se modifica sin cesar, hasta el punto de que son muchos quienes rechazan el término genérico de «familia» y consideran que debe hablarse de familias diferentes, modulables, de estructura variable. Pero las familias giran alrededor de un eje: el segmento madre/hijo. No son ni matrilineales ni matriarcales, sino matricéntricas. El eslabón débil, el que se rompe, lo constituye el padre. Es al padre a quien se expulsa del sistema familiar que había contribuido a crear. Será él quien entonces deba tratar de integrarse, como una pieza adicional, en otro sistema familiar, convirtiéndose, por ejemplo, en el compañero de una madre que viva sola, a su vez divorciada o cohabitante separada, o bien formando una nueva pareja sexual y creando una nueva familia sin sus primeros hijos. Y ello hasta que su nueva esposa o su nueva compañera decida terminar, quedándose con el hijo, por supuesto.

Así como la dependencia matrimonial sin felicidad afectiva y sexual representa actualmente un fracaso para la mujer, y el divorcio se convierte para ellas en una puerta de escape, en una liberación, para los hombres el divorcio supone precisamente el fracaso. Para los padres, la sanción más grave y más sensible por su fracaso es la atribución de los hijos a la custodia de la madre. La mayor parte de ellos no deseaban divorciarse, o apenas deseaban hacerlo. Aunque su matrimonio no fuera perfecto, no era como para echarlo todo a rodar. Y especialmente, no tenían en absoluto la intención de divorciarse de sus hijos. Ellas han conseguido imponerles el divorcio contra su voluntad, o les han arrancado el consentimiento.Esto ya es en sí un fracaso, pues no son ellos quienes mandan en el juego. Pero además, ellas les quitan a los hijos. Les rechazan como maridos y como amantes, lo que no es fácil de soportar, pero principalmente les niegan como padres y se arrogan la prioridad parental. Incluso se sienten heridos los que no se hubieran sentido capaces de encargarse de sus hijos ellos solos. No se trata únicamente de un fracaso, sino también de una derrota. Han perdido.

Algunos no han cometido ningún error en particular, no han cometido ninguna falta como padres, pero han sido vencidos debido a que eran hombres en una guerra que no habían deseado. Estoy utilizando voluntariamente términos guerreros o deportivos, hablo de ganar o de perder, porque así es como se expresan todos los padres divorciados. Por supuesto, los que reclaman la custodia en exclusiva, pero también los que demandan la custodia conjunta y aquellos que no piden la custodia. Absolutamente todos dicen que al oír la sentencia sintieron que «como padre, estaba K.O.».

Cada vez menos padres tienen la custodia del hijo

Estas derrotas paternas han sido realmente numerosas. De un extremo al otro de Europa, la custodia de los hijos ha sido atribuida a la madre entre el 76 y el 90 % de los casos; además, cuando la custodia es conjunta, el hijo suele residir con la madre. En Francia, durante las dos décadas que consideramos y pese a la introducción en 1975 del divorcio por mutuo consentimiento, sin culpable, se observa una cierta acentuación de la tendencia que otorga a la madre la custodia exclusiva del hijo o de los hijos.

Año	*Custodia a la madre*	*Custodia al padre*	*Compartida*
1965	79,9 %	15,0 %	5,1 %
1968	82,9 %	13,1 %	4,0 %
1970	83,0 %	10,7 %	4,1 %
1975	84,9 %	9,7 %	3,8 %
1982	85,4 %	9,5 %	4,4 %
1985	84,8 %	9,3 %	5,2 %

FUENTES: Hasta 1970, J. Commaille e Y. Dezalay, «Les caractéristiques judiciaires du divorce en France», *Population*, junio de 1971. Después, Ministère de la Justice, Statistique annuelle, Documentation française.

N.B. Las cifras que faltan corresponden a la atribución de la custodia a una tercera persona: abuelo, tía, etc.

Las proporciones de custodia exclusiva a cargo de la madre varían, sin embargo, de un tribunal a otro. Las asociaciones de padres divorciados aconsejan a los padres cuyo divorcio está en trámite que eviten en la medida de lo posible determinados tribunales cuyos jueces tienen fama de ser particularmente antipadres (véase el capítulo 8).

Los porcentajes antes citados corresponden a decisiones judiciales y no permiten evaluar el número de padres divorciados ni su situación. ¿Cuántos hijos tienen? ¿Viven con uno de sus hijos o con todos? ¿Ven a menudo a sus hijos los que no tienen la custodia? ¿Con qué frecuencia? ¿Siguen solos o tienen una nueva pareja? Para contestar a estas preguntas hay que tratar de abordar por una vía indirecta las características del mundo de los padres, un mundo nunca explorado como tal. Existen numerosas estadísticas acerca de los hijos de parejas divorciadas, y de ellas pueden extraerse algunas deducciones. Además, los estudios sobre los hogares monoparentales, aunque siempre efectuados a partir de mujeres, pueden proporcionar informaciones indirectas sobre los padres.

Para empezar, lo primero que sorprende es la semejanza de situaciones entre los diferentes países a pesar de que las disposiciones jurídicas no son iguales. Si comenzamos en la antigua Alemania Federal, los hijos menores de padres divorciados vivían con su padre en el 11,5 % de los casos en 1970, en el 9,6 % en 1975 y en el 12,1 % en 1985. No obstante una comparación entre Francia e Inglaterra acerca de «los niños menores de quince años que viven con sólo uno de sus padres», efectuada a partir de la «Longitudinal Study 1981» en el caso inglés, y del «Recensement 1982» en el francés, muestra que el 12 % vive con el padre en Francia, mientras que en Inglaterra el porcentaje es del 15 %. En los dos países que han sido comparados los hijos de diez a doce años se confían con mayor facilidad al padre; en Inglaterra, además, los chicos de más de diez años viven un poco más a menudo con el padre que las chicas de la misma edad.

Debemos conservar en la memoria el número de niños a partir del cual se expresan estos porcentajes: 761.040 franceses menores de 15 años y 1.112.700 ingleses y galeses menores de 15 años.

¿Ven los padres divorciados a los hijos de los que están separados?

De esas cifras procede la importancia de la pregunta: ¿ven a su padre el 88 % o el 85 % de niños confiados a la madre? En este capítulo voluntariamente cuantitativo no tratamos de juzgar la calidad de esos encuentros, sino únicamente su frecuencia. Una encuesta danesa, dirigida por I. Koch-Nielsen y publicada en 1985, se refería a parejas divorciadas en 1980, por lo que apenas tenía perspectiva temporal. En ella aparece que el 56 % de los padres veían a su(s) hijo(s) al menos una vez cada quince días; el 22 %, con menor frecuencia; el 20 %, raramente o nunca*.

Una encuesta alemana de A. Napp-Peters (1985) establecía que el 60 % de los hijos mantenían contactos más o menos regulares con el progenitor que no tenía la custodia, pero que la frecuencia disminuía a medida que transcurría el tiempo tras el divorcio. Según esta encuesta, para el 40 % de los hijos las relaciones con el padre habían quedado totalmente rotas, casi siempre por iniciativa de la madre, que tenía la custodia**.

En Francia, la gran encuesta del INED, también realizada en 1985, mostró que el 13 % de los hijos de divorciados vivía con su padre. Por lo que respecta a los demás, a los que no les habían sido confiados, el 18 % lo veía frecuentemente, el 27 % lo veía una o dos veces al mes, el 23 % lo veía menos de una vez al mes, el 19 % habían dejado de verlo y había un 8 % de «no contesta».

Aunque los padres divorciados acostumbren a mantener relaciones más continuadas con sus hijos que los padres no casados y separados, es alarmante el pavoroso número de vínculos paterno-filiales mutilados para siempre o terminados debido a la ruptura de la pareja. Al término del período estudiado, en 1985, había en Francia 2.000.000 de niños que vivían separados de su padre, de los cuales 600.000 habían dejado de verlos totalmente. Todo induce a pensar que este número no ha hecho más que aumentar desde que se efectuó el estudio del INED.

Las posibilidades de visita y de estancia en casa del padre dependerán especialmente de la madre. ¿Será un padre episódico del primer fin de semana de cada mes? ¿Un padre al que únicamente los hijos ven durante las vacaciones, que, por tanto, no va a trabajar, un padre lúdico, en pantalón corto, que compra helados y alquila patines, y que carece de entidad

* I. Koch-Nielsen, *Divorces*, The Danish National Institute of Research, 1985.

** A. Napp-Peters, *Ein Eltern Familien*, Soziale Arbeit Verlag, 1985.

social? ¿Será un padre que se ha desvanecido, mítico? ¿Un padre escondido? ¿Un padre que les ha olvidado? ¿Tal vez un padre que trata de recuperarlos y de quien se les ha dicho que deben huir?

La paternidad está determinada hoy por la madre

Por incompleto e ingrato que sea, este enfoque estadístico nos ha llevado al núcleo de la crisis actual de la paternidad, que podría resumirse con una fórmula paradójica: la paternidad, hoy, depende por completo de la madre, de su voluntad y de las relaciones que mantenga con el padre.

Es la madre quien decide si tendrá o no tendrá un hijo. Sólo es padre aquel amante de quien la mujer desea tener un hijo o deja venir a un hijo. Es verdad que el hombre elige ser ese amante, con o sin matrimonio. Sin embargo, a continuación, ¿cómo saber lo que desea y lo que tolera? Nadie puede calcular la proporción de hijos que han sido deseados por su padre, aceptados por su padre o rechazados por su padre. Nadie sabe, sobre el total de interrupciones voluntarias del embarazo, cuántas han sido practicadas sin que el padre del embrión lo haya sabido, cuántas contra su voluntad, cuántas con su consentimiento y cuántas por instigación suya.

Cuando el hijo ha nacido y el amante se ha convertido en padre, el ejercicio de su paternidad dependerá de las relaciones instituidas con la madre, desde el punto de vista jurídico y social, y de las relaciones mantenidas con ella desde el punto de vista afectivo y psicológico. Los padres casados con la madre tienen más derechos propios con respecto a sus hijos, mejores oportunidades de poder vivir su paternidad y de que se desarrolle entre sus hijos y ellos una relación cálida y sólida, que los padres divorciados o los padres solteros que cohabitan o, aún peor, que los cohabitantes separados. De ahí que sea tan preocupante que disminuya con tanta rapidez el número y la proporción de padres casados con las madres de sus hijos. El 31 de diciembre de 1986, los hombres suecos cuyas edades estaban comprendidas entre veinticinco y cuarenta y cinco años –es decir, la edad de ser padres– se dividían entre 1.261.000 casados y 1.146.000 solteros y divorciados.

Hemos visto que la palabra genitor procedía de génesis, u origen. Durante largo tiempo, el padre creyó ser el autor de los días de su hijo. La madre era un instrumento para que accediera a la paternidad. Ahora es la mujer quien decide, la que se ha convertido en autora. El hombre es un instrumento para que ella obtenga la maternidad. Tras el nacimiento del hijo, el ejercicio de la paternidad no dependerá tanto de la calidad de la relación entre el padre y el hijo como de la calidad de la relación entre la madre y el padre. La pareja prima sobre la filiación paterna. Si la madre ya no quiere vivir con ese marido o con ese compañero, el padre sólo muy excepcionalmente podrá seguir viviendo con su hijo. Si ella no lo aprecia como padre, puede privarle por completo de mantener relaciones con el hijo.

Para ser hoy un padre completo hay que complacer a la madre antes, durante y después de haberse convertido en padre. Es la estrategia de los débiles, y las mujeres la conocen bien porque la han practicado durante siglos. Muchos hombres la ignoran o la desprecian y pierden a sus hijos –los cuales pierden a su padre–, sin que ni los unos ni los otros hayan deseado esa ruptura.

5

DOS DÉCADAS DE ECLIPSE DE LOS PADRES: 1965-1985, UNA CONMOCIÓN JURÍDICA

Durante este período decisivo comprendido entre 1965 y 1985 se deshicieron tantos compromisos, se rompieron tantas familias, tantos hijos quedaron separados de sus padres que en la mayor parte de los países de Europa occidental se reformaron en profundidad las leyes sobre el matrimonio, la filiación, la autoridad parental y el divorcio.

Acude así a la mente la famosa pregunta de Horacio: ¿la evolución de las costumbres ha llevado a modificar las leyes, o las posibilidades introducidas por las nuevas leyes han inducido y precipitado los cambios en las costumbres?

Podría responderse que sí a las dos partes de la pregunta, aunque parece más justo resaltar que en realidad existió coincidencia en el sentido estricto de la palabra: los cambios sociológicos que acabamos de narrar y las reformas jurídicas que se tratarán en este capítulo se produjeron realmente al mismo tiempo, por lo que parece imposible averiguar claramente la causa y el efecto.

Las leyes nuevas no han provocado los cambios en las costumbres

Con escasas excepciones, puede excluirse la influencia automática de lo jurídico sobre lo social. Y ello en primer lugar porque, en el momento en que cambiaron las leyes, gran parte de los ciudadados ignoraban sus prescripciones. Y aún hoy gran parte de los ciudadanos, en particular los varones, permanecen en la ignorancia de la nueva legislación.

Así, en Francia, a principios de la década de 1970, se creía conveniente modificar las disposiciones legislativas relacionadas con el divorcio, porque se consideraba que estaban superadas. Pero ¿en qué medida? ¿Qué debía sustituirlas? Se acordó que tres organismos diferentes (el servicio de coordinación de investigaciones del Ministerio de Justicia, el laboratorio de Sociología Jurídica de la Universidad de París II y el departamento de Psicosociología del Instituto Nacional de Estudios Demográficos) emprendieran en común una serie de investigaciones sobre las costumbres; es decir, en este caso, sobre la información, las opiniones y las actitudes de los franceses con respecto al divorcio. ¿Cómo estaban consideradas las leyes vigentes? ¿Deseaban modificarlas los franceses? ¿En qué sentido? ¿Por qué? ¿Cómo? Se efectuó una amplia y minuciosa encuesta sobre 2.142 personas*. Esta encuesta reveló que existía un conocimiento muy imperfecto de la ley: por ejemplo, entre los encuestados, el 57 % de las mujeres y el 52 % de los hombres creían entonces que el divorcio amistoso, o por consentimiento mutuo, era posible, aunque en realidad ese motivo no era admisible en la época. Las leyes que se ignoran no pueden influir sobre las costumbres.

Otra manifestación de indiferencia, o al menos de independencia, que afecta a las costumbres con respecto a las leyes: el aumento repentino y sostenido del número de divorcios en Francia a partir de 1972 –es decir, tres años antes de que fuera votada la nueva ley, más liberal, que entró en vigor el 11 de julio de 1975–. Y esta observación no afecta únicamente a Francia: «En las cuatro o cinco décadas anteriores a las reformas del derecho al divorcio, se observa un fuerte aumento de la proporción de parejas divorciadas en todos los países de Europa occidental a la vez que un notable inmovilis-

* A. Boigeol, J. Commaille, M.-L. Lamy, A. Monnier y L. Roussel, *Le Divorce et les Français*, encuesta de opinión, prólogo de A. Girard, París, PUF, 1974.

mo legislativo.»* Por lo tanto, no puede imputarse a los cambios legislativos el crecimiento sostenido de los divorcios entre 1965 y 1975.

En los Países Bajos se llegó a denominar como «el gran engaño» al período durante el cual, como muchas parejas deseaban divorciarse, los jueces y los abogados se pusieron de acuerdo para interpretar, forzar e incluso pasar por alto una legislación que se consideraba excesivamente rígida e inadaptada. Ocurrió otro tanto en los países que más o menos se habían inspirado en el Código Napoleónico, como en el caso de Francia, Bélgica, Luxemburgo o Suiza. En los países nórdicos, el incremento del número de divorcios se produjo en aproximadamente cuatro años antes que los cambios jurídicos, y a continuación mantuvo su ascenso. En los países de derecho germánico, más flexible, como Austria o la antigua Alemania Federal, la casi totalidad del incremento de los divorcios se produjo antes de que cambiara la ley (1977 y 1978) en un sentido aún más liberal. Estos datos expuestos impiden llegar a la conclusión de que las leyes han tenido una influencia directa sobre las costumbres e impiden que recaiga sobre el legislador una responsabilidad social que no se le puede atribuir.

Sin embargo, las nuevas leyes suscitaron o favorecieron el incremento de los divorcios. En Gran Bretaña, el índice de divorcios también aumentó durante los diez años anteriores a las decisivas reformas jurídicas de 1969. Pero el 1 de enero de 1971, al entrar en vigor la *Divorce Reform Act* de 1969, este índice se dispara: del 16 % en 1970, pasa al 21 % en 1971 y al 33 % en 1972. No obstante, el alza repentina de los divorcios tras una nueva ley, cuando se produjo, fue de corta duración, lo que indica que sin duda se trataba de separaciones proyectadas, o incluso efectivas, que finalmente podían convertirse en divorcios legales.

* P. FESTY, *Le divorce en Europe occidentale, la Loi et le Nombre*, obra colectiva con prólogo del decano J. CARBONNIER, GIRD International, CETEL, Ginebra, INED, París, 1983, pág. 124.

¿Fue el cambio de costumbres lo que llevó a modificar las leyes?

Consiguientemente, ¿debe afirmarse que las costumbres han influido de forma directa y determinante en las leyes? ¿Sólo fue una adaptación a la realidad el profundo cambio jurídico de la década de 1970, que tan claramente debilitó el estatuto y el papel de los padres?

Son muchos quienes lo afirman en la actualidad. En su opinión, el derecho no hizo más que dejar constancia de los cambios que se habían producido en la familia. Ponen el acento en los cambios económicos: la familia ha dejado de ser esa célula de producción que era en la sociedad agrícola tradicional, donde formaba un grupo económicamente unido y solidario. Los ingresos de la familia ya no proceden de una sola persona, del padre, proveedor del hogar, sino también de la madre, que tiene un trabajo y un salario, una autonomía financiera. El derecho civil y el derecho social han tenido que adaptarse a esta nueva realidad.

Insisten con mayor fuerza en el papel desempeñado por los cambios operados en la propia estructura de las familias: son muchos los que consideran que la voluntad de los individuos de vivir de modo diferente ha llevado al debilitamiento del matrimonio, a la revisión de los derechos y de los deberes paternos y maternos y, por consiguiente, a la modificación de las leyes sobre la familia. Dado que los jóvenes ya no buscaban fundar una familia, el matrimonio no podía seguir desempeñando su papel de cimiento para consolidar esta estructura a lo largo del tiempo. La vida de pareja, considerada como una tentativa hacia la felicidad y la realización personal, no necesita tener el mismo apoyo de la ley, puesto que ya no prevé necesariamente la duración y menos aún la indisolubilidad. Ocurre lo mismo con los papeles parentales: desde el momento en que se tiene un hijo por amor y no para continuar un linaje, es legítimo pedir a la ley que conceda mayores atenciones a la pareja que a la filiación. La familia es ahora creada por la pareja, y también disuelta por la pareja al separarse.

Se dará el nombre de familia al pequeño grupo formado

por la madre y sus hijos, pero también a la pareja que pueda formar con otro hombre que no sea el padre de sus hijos. Al multiplicarse, estas familias de estructura variable serían las que habrían obligado al legislador a adaptar la ley a la nueva realidad. En 1986, unos especialistas en derecho de la familia escriben en la revista de la *Caisse national d'allocationes familiales*: «El cambio en el derecho de la familia puede analizarse como un ajuste de la legislación a nuevos modos de uniones conyugales y, generalizando más, a nuevas prácticas familiares que no cesan de desarrollarse.»* Incluso afirman que, para estar en correspondencia con estas situaciones plurales, sería necesario un derecho flexible, un «derecho flexible sin rigor», por citar la conocida expresión forjada por el inspirador y autor de ese nuevo derecho en Francia, el decano Jean Carbonnier**, a quien se le confió en su parte esencial la redacción de las leyes del 13 de julio de 1965 (regímenes matrimoniales), 4 de enero de 1970 (autoridad parental), 3 de enero de 1972 (filiación) y 11 de julio de 1975 (divorcio).

No, el nuevo derecho no se ajusta a las costumbres

Los anteriores son razonamientos a posteriori, razonamientos que demuestran un gran desconocimiento de los hechos sociológicos. Porque la observación de las costumbres anteriores a esas leyes impide considerarlos como realidades que se imponen.

Por ejemplo, cuando se votó la ley sobre regímenes matrimoniales, en 1965, la autonomía económica de la mujer a través del empleo no era nada más que un sueño. La proporción de mujeres activas y el número total de mujeres que trabajaban daban, en Francia, los índices más bajos nunca observados. Si nos remontamos a 1921 en Francia había 8.393.000

* Catherine BLANC y Rémi LENOIR, «Le nouvel espace juridique de la famille», *Droit, Famille et Société*, número especial de *Informations sociales*, n.º 7, 1986.

** Jean CARBONNIER, *Flexible droit, textes pour une sociologie du droit sans rigueur*, LGDJ, 1979.

mujeres activas; en 1931, 7.756.000; en 1946, 7.853.000; en 1954, 6.506.000; en 1962, cuando se efectuó el censo más próximo en el tiempo a la ley, sólo 6.489.000. Lo que viene a representar un índice global de actividad femenina del 27,9 %, frente al 36 % de principios de siglo. Además, estas mujeres que trabajan son en su gran mayoría solteras o viudas. Trabajan menos de una de cada tres esposas de obreros, y apenas un 40 % de las mujeres casadas con empleados, mandos intermedios o comerciantes. Y estas modestas proporciones bajan todavía más si consideramos sólo a las madres de familia. En definitiva, el aumento del número de mujeres casadas que trabajan se produjo más tarde, y la práctica generalización de la pareja de dos asalariados y de la madre trabajando no aparece hasta pasado 1975, cuando el derecho de familia ya había sido modificado.

Por lo que respecta a las situaciones plurales que habrían obligado al legislador a ajustar el derecho, se buscarían en vano en la Francia anterior a 1970, año en que se votó la ley sobre la autoridad parental, esa ley que tan importantes efectos tendría sobre los padres no casados. En 1970 aún no se hablaba de la cohabitación, ni siquiera del matrimonio a prueba. El fenómeno nuevo de la época eran las concepciones prenupciales; es decir, primogénitos que llegaban al mundo menos de nueve meses después de la boda de sus padres porque éstos se habían adelantado, como se decía entonces. En 1965 se contabilizaron 65.000 concepciones prenupciales, y 86.000 en 1972. Lo que significa que, de grado o por la fuerza, las parejas se casaban cuando el hijo anunciaba su presencia.

Las uniones libres son tan escasas que no existe ningún estudio que trate de averiguar su número o sus características: triunfa la familia casada. No se llega a los 60.000 nacimientos fuera del matrimonio al año (230.000 en la actualidad), lo que representaba el 6 % de los nacimientos, y en el 80 % de los casos se trata de madres solteras sorprendidas por un embarazo indeseado y abandonadas por el padre de la criatura. Aún no ha nacido la nueva forma de familia no casada que tiene voluntariamente un hijo fuera del matrimonio y que es reconocido por los dos progenitores. Los divorcios son escasos, pues su índice es del 11,5 % en 1970, lo que apenas representa un incremento del 1 % con respecto a 1950. No hay nada, realmente nada, que permita ni siquiera sospechar el hundimiento del matrimonio, la multiplicación de las uniones libres, el incremento de los divorcios ni, menos aún, la multiplicación por tres del número de hijos fuera del matrimonio.

Por otra parte, todos estos fenómenos sorprendieron a los autores de las leyes, y los sorprendieron de forma tal que durante un tiempo trataron de minimizarlos. Soy testigo de ello: coincidí con estos juristas en debates ante diferentes instancias, a principios de la década de 1980, cuando yo trataba de llamar la atención sobre las grandes mutaciones en la familia que empezaban a mostrar las estadísticas. Ellos minimizaban estos datos, enfrentándolos con otras estadísticas, a veces muy poco significativas, pero que en su opinión tenían la virtud de dar largas al asunto. No, decían, no existe una crisis del matrimonio. No, la familia permanece sólida. Ni por un momento justificaban sus reformas jurídicas proclamando que se adecuaban a las costumbres. Al contrario, se observaba que las costumbres, al modificarse muy rápidamente y no en el sentido que ellos imaginaban, habían desfasado sus leyes, las cuales empezaron a producir efectos perversos –como se califica a las consecuencias desgraciadas que no estaban previstas por el legislador, y que mucho menos eran deseadas–.

Por su parte, ninguno de los juristas que habían preparado estas reformas, y ninguno de los diputados que las votaron, había imaginado que con su aplicación habría en quince o veinte años centenares de miles de padres sin derechos y que separarían aproximadamente a dos millones de hijos de sus padres, seiscientos mil de los cuales no los volverían a ver nunca más. Ni por un instante desearon anticipar, mediante su obra, el desbarajuste de las formas de la familia. No estaban empujados por la necesidad de adecuarse a las costumbres.

Las reformas en el derecho obedecieron a nuevas ideas y nuevos principios

Entonces, ¿cuáles fueron las razones que les impulsaron a efectuar estas reformas y estas innovaciones? La razón fue un sincero y profundo deseo de honrar determinados principios fundamentales cuyo respeto, en su opinión, tenía que caracterizar a la sociedad moderna.

Estamos en 1965, 1970, 1972 y 1975. El principio que cuenta es en primer lugar el principio de igualdad, que a su vez deriva de la búsqueda de la liberación del individuo. Para convertirse en una persona, y ser respetada como tal, el individuo tiene que ser liberado del peso de las alienaciones, de las jerarquías y de las instituciones; en definitiva, del sistema, como decían los situacionistas y más tarde los protagonistas del mayo de 1968 para designar al conjunto de formas sociales y culturales que conferían estatutos, roles, límites y diferentes deberes a los individuos.

El gran movimiento de ideas que agitaba la sociedad no sólo era político. No se trataba únicamente de democracia política, sino también de democracia civil y podría decirse que de democracia psicológica. El ciudadano debe ser liberado de su clase social, pero el individuo tiene que ser liberado aún más de las formas de vida y de los roles que le imponen su categoría, su nivel, su profesión, su edad, su sexo, su estado mental y, por supuesto, su familia. Durante estos años de efervescencia, no se admitía ninguna compartimentación ni ningún signo de jerarquía, desde los títulos y los privilegios hasta el simple trato de usted. Todos los valores que se basaban en la desigualdad o que instauraban desigualdad fueron limpiamente desechados y arrojados al cubo de basura de la historia: el respeto, la autoridad, el compromiso, el honor, la fe, la adoración, etc.

Conviene subrayar la importancia relativa de las virtudes y los valores considerados como viriles durante esta furibunda aniquilación. La imagen paterna se desmoronaba al mismo tiempo. «Mueran los padres» era una de las inscripciones pintadas en una pared durante el 68. Los papeles familiares de los sometidos –mujeres e hijos– se habían hecho tan pesados como yugos. Un inmenso psicodrama hacía que por todas partes cayeran las murallas sociales, de cuyas hendiduras surgían «yos» en busca de sus *alter ego* –o, mejor, de otros iguales– que también proyectaban reconquistar sus cuerpos y deshacerse de toda inhibición psicológica (atribuida al sistema o a la sociedad) y que aspiraban a decirlo todo, a hacerlo todo, a gozar de todo.

Es preciso haber vivido esa década para comprender la oleada de reformas del derecho civil que se desencadenó sobre Europa.

El principio de igualdad ante la autoridad parental

En su fase más activa, la aspiración a la igualdad modifica profundamente el juicio que puede establecerse sobre la alteridad. En toda diferencia manifiesta se tiende a buscar la injusticia. Y se desea corregirla. Por supuesto, se está más atento a las víctimas de la injusticia que a los privilegiados a quienes se les retiran o se les reducen privilegios. En la consolidación de la igualdad y en la extinción de la injusticia subyace un factor que impulsa a actuar sin preocuparse excesivamente por el futuro lejano de aquellos que han sido desposeídos o disminuidos. En el Código Civil se trataba de manera innegablemente desigual a los hombres y a las mujeres, a los padres y a las madres. Los juristas quisieron corregir esta injusticia.

Pero corregir también puede significar castigar. Digamos que la operación efectuada para igualar los estatutos y los derechos de los padres y de las madres fue excesivamente lejos y no se abstuvo de castigar un poco a los padres por los pecados cometidos en el pasado por sus omnipotentes antecesores. No debe olvidarse que fueron hombres y padres de familia quienes votaron aquellas leyes. Y esto recuerda singularmente la abolición de los privilegios realizada la noche del 4 de agosto de 1789 por los propios nobles y el clero, y que significó una hermosa muestra de sacrificio. Porque debemos estar de acuerdo en que las leyes a las que nos estamos refiriendo no fueron en absoluto reformadas en interés de los padres ni en interés de la familia, sino sólo para garantizar a las mujeres una igualdad que a la larga se ha revelado como una supremacía.

Un ejemplo, el voto de la ley de 1970 sobre la autoridad parental. Ya a principios de la década de 1950, Julliot de la Morandière declaraba: «La autoridad de un jefe se justifica si la familia tiene que defenderse mediante las armas, si el hombre es más fuerte o si es el único que puede actuar. Pero ya no es así. La mujer posee la misma instrucción y los mismos derechos políticos. La cualidad de jefe de familia se ha convertido en un contrasentido y una contraverdad.» La comisión de reforma del Código Civil estaba presta a seguirle, a suprimir el excesivamente famoso poder paterno que provenía del Código francés de 1804. Sin embargo, la facultad de Derecho de París se opuso. En junio de 1958, una ley alemana había proclamado la igualdad de los esposos ante la ley. Desde entonces, las asociaciones femeninas y los sociólogos de la familia había reclamado insistentemente una reforma semejante para Francia. Sus argumentos son inatacables y adquieren tanta más fuerza por cuanto las encuestas sociológicas, que empiezan a ser habituales, demuestran que en la realidad de la vida familiar las mujeres son quienes se ocupan de los hijos y toman las decisiones que les afectan. En aquella época, participé en la elaboración de algunas de esas encuestas: la divergencia que descubríamos entre el papel efectivo de las madres y su estatuto jurídico era realmente escandalosa.

Cuando culmina la reforma, en 1970, se concede la mayor importancia a la supresión de la palabra poder paterno. El cambio del término pretende ser un cambio de mentalidad: la autoridad paterna ya no es una «prerrogativa, sino un sistema de derechos y deberes que corresponde a lo que en la actualidad se conoce como una función. Su finalidad ya no es la dominación, sino la protección». Finalmente, es igualitaria, es ejercida «por los dos progenitores, y se entiende que cada uno de los esposos actúa de acuerdo con el otro cuando efectúa sólo un acto usual que concierne a la persona del hijo». Se trata de una buena aplicación de los principios de igualdad entre padre y madre y de individualización de las funciones.

Un proceso «antipadres» hace que se supere el punto de equidad

Sin embargo, cuando se leen las actas de los debates que se desarrollaron en la Asamblea Nacional Francesa, se tiene la sensación de que la búsqueda de la igualdad se transformó enseguida en un acto de desquite contra los padres. Parece como si el péndulo, que desde hacía siglos se encontraba en el campo de los padres, volviera pesadamente, superara el punto de equilibrio y favoreciera a las madres por compasión y como compensación por un largo pasado, y todo ello sin que importara la desigualdad así instaurada.

En el momento en que se hizo referencia a los hijos naturales –«en una época en la que la idea de una maternidad natural parece menos espantosa»–, fue cuando se reflejó con mayor claridad que se había tomado partido contra los padres. De las madres naturales no se dicen y se piensan más que cosas buenas: están unidas al hijo y son siempre las víctimas. Tendrán toda la autoridad parental (la patria potestad) cuando el padre, cobardemente, las haya abandonado y no haya reconocido al hijo. Sin embargo, ¿qué hacer en los casos en que el padre natural reconoce al hijo, y por lo tanto se compremete a pagarle la manutención y a darle su apellido, o que incluso se compromete a educarlo? Conceder la autoridad parental o la patria potestad al padre natural equivaldría a «contradecir la realidad sociológica, ya que sólo la madre educa al hijo». El ministro de Justicia (9 de abril de 1970) exclama que «la experiencia demuestra que la madre natural debe ser protegida de los chantajes a través del hijo, practicados con excesiva frecuencia por compañeros efímeros que no se acuerdan de su paternidad y de los derechos que los antiguos textos les concedían más que para amenazar a las madres con retirarles el hijo si no se someten a su voluntad».

De modo que los padres naturales que reconocen a sus hijos esconden oscuras intenciones, son compañeros efímeros, lo que da a entender que sus compañeras no lo son y que ellos imponen esta situación experimental de no matrimonio de la madre, situación que, a decir verdad, es menos espantosa que antes. Si se les concede el reparto igualitario de la patria potestad, serán incapaces de compartirla, amenazarán e impondrán su voluntad, y las madres no sabrán defenderse aunque la ley les conceda las mismas prerrogativas. El interés que para el hijo pueda tener el hecho de establecer un verdadero vínculo filial con quien le ha reconocido parece olvidado. ¿Acaso se prefiere la ausencia de tal vínculo debido a que no se cree en la existencia del sentimiento paterno en los padres no casados?

No cabe duda de que se hacía referencia a los compañeros efímeros. Y, alguien pregunta, ¿no sería posible conceder la patria potestad al padre y a la madre naturales cuando ambos viven juntos y su cohabitación se parece mucho a un matrimonio? La Asamblea se niega a considerar estos casos, tan frecuentes en nuestros días, y la intervención que se produce en su favor es percibida como un intento de hacer un último favor al padre, maniobra que conviene impedir. ¿Cómo? Deshonrando esas uniones libres o, con mayor exactitud, al hombre que no se casa, el cual no tiene verdadero derecho a acceder al estatuto de padre. Hay que desconfiar ya que, en la euforia de los inicios de una cohabitación, las parejas pueden pedir que sea compartida la patria potestad, «pero como los concubinos se separan con harta rapidez, la madre no siempre tendría el recurso de dirigirse a su compañero, que a veces desaparece sin dejar rastro»*.

Se nota que existe una prevención contra los padres solteros, cuyo papel parental no debe ser favorecido para unirlos a la madre y al hijo. Se marcharán de improviso, como los cobardes. La madre tendrá la autoridad parental en solitario, y ello en función de su sexo, pues es ella quien reina en el terreno de la educación, independientemente de sus defectos y de sus cualidades, independientemente de su grado de unión con el hijo.

* *Cf.* Claude COLOMBET, *L'Autorité parentale*, Dalloz, 1971.

Las mujeres se convierten en el «primer sexo parental» ante la ley

Despojado de su *potestas*, el padre puede compartir con la madre la función parental que define la nueva autoridad parental sólo cuando está casado con ella. Y ni siquiera así. Durante los debates se nota hasta qué punto es fuerte la desconfianza hacia cualquier padre, aunque esté casado. Se trata de «limitar la función paterna, si es preciso, para garantizar la seguridad del hijo». Sociólogos y magistrados expresan sus sospechas: muchos padres son incapaces de dar amor, son brutales, inconstantes, tiránicos y egoístas. En ningún momento, ni siquiera una vez, se evocarán los beneficios que para el hijo pueden derivarse de la existencia de un padre presente, responsable, implicado en su educación y tierno. Ni siquiera una vez se evocará el sentimiento paterno o el amor paterno. ¿Dónde quedó la misericordia inagotable que, en el siglo XVIII, surgía del corazón de los padres?

Se ha pasado de un extremo al otro en la consideración de los dos sexos y de sus papeles en la sociedad. En 1970, obnubilados por la idea de reformar las leyes únicamente en beneficio de los hijos, los juristas y los legisladores no son conscientes de que han cambiado por completo de óptica con respecto a los sexos, lo cual, como todas las generalizaciones, comporta una parte de cegazón y, a largo plazo, de injusticia. Se oponen a la generalización efectuada en el pasado, una generalización que es considerada como tonta e injusta: los autores del Código Civil habían concedido únicamente a los padres los papeles nobles de cabezas de familia, de educadores y de gestores de los bienes de los hijos porque consideraban a las mujeres, a todas las mujeres, inferiores por naturaleza. Por lo tanto, habían convertido al conjunto de las mujeres en una especie de segundo sexo parental que iba a remolque de los padres. Así, los reformadores de 1970, convencidos de la inanidad de la doctrina de la superioridad masculina producida por el patriarcado, no están lejos de operar la generalización inversa. No, la verdad es que no llegan hasta el punto de considerar a todos los hombres como seres inferiores, pero establecen claramente que todas las mujeres, el conjunto de madres legítimas o naturales, conforman el primer sexo parental y son más responsables, más amantes y más capaces de asegurar el cuidado y la educación de los hijos que los padres. Porque son mujeres.

Evidentemente, no es el momento adecuado para justificarse alegando a la naturaleza femenina, pues precisamente las feministas se quejan de las limitaciones que esa pretendida naturaleza ha comportado. Por lo tanto, se partirá de la necesidad de proteger la seguridad, la salud y la moralidad del niño, y se invocará la realidad sociológica observada. En 1988, dieciocho años más tarde, Françoise Dekeuwer-Défossez, directora del Laboratorio de Estudios e Investigaciones sobre el Derecho Privado, declaraba: «Esta legislación no es el resultado de la reflexión perversa de un tecnócrata delirante; es el fruto de la necesidad social como consecuencia del desinterés mostrado durante siglos por los padres hacia sus hijos ilegítimos e incluso a veces hacia los legítimos, de las dificultades de las madres solteras o divorciadas y del rencor de los hijos abandonados. [...] La vía para la futura mejora de los derechos de los padres queda así claramente trazada: los padres no lograrán nuevos derechos más que asumiendo voluntariamente nuevas cargas.»* Lo que equivale a confesar que los padres naturales que, a partir de la revisión jurídica de la década de 1970, han cumplido con sus obligaciones también han quedado privados de sus derechos por pertenecer al género masculino, ya que la ley no ha optado a favor de quien cumple con sus obligaciones contra quien las descuida, sino que ha generalizado en el caso de los padres solteros.

Puede aducirse que estas disposiciones han sido modificadas por la ley del 22 de julio de 1987, llamada ley Malhuret (pues fue votada a instancias del primer secretario de Estado para los derechos del hombre que tuvo Francia), como consecuencia de numerosas reclamaciones presentadas por los pa-

* Françoise DEKEUWER-DÉFOSSEZ, «Les problèmes de la paternité sous les aspects du droit civil», *Pères et paternité*, número especial de *Revue française des affaires sociales*, noviembre de 1988, págs. 109-119.

dres. Esta ley, que autoriza a los dos progenitores no casados a presentar una demanda conjunta de patria potestad ante el juez de tutelas, ¿ha normalizado la situación de los padres naturales y ha borrado la injusticia que se cometía con ellos por el hecho de ser hombres?

En absoluto. En interés del niño, esta ley se planteó el objetivo de favorecer los vínculos padre/madre/hijo(s) en las familias naturales unidas, en las familias naturales en las que el padre y la madre se llevaban bien, pero en ningún caso restableció la igualdad de derechos entre hombre y mujer, entre padre y madre. En efecto, todas las madres naturales, buenas o malas, atentas o indiferentes, con o sin recursos, tienen concedida automáticamente la patria potestad, la cual nunca se atribuye automáticamente a los padres, aunque reconozcan al hijo desde el momento en que nace, lo mantengan y velen por él; sólo pueden tenerla cuando la madre consienta en compartir las prerrogativas de las que goza únicamente por causa de su sexo.

El nuevo derecho queda inmediatamente superado por las ideas y por los hechos

Es curioso que el derecho contemple esa dicotomía sexual padres/madres en el mismo momento en que todo el mundo (feministas, psicólogos, sociólogos, educadores, etc.) repite hasta la saciedad que hombres y mujeres, padres y madres, no son distintos ni complementarios, sino que ambos pueden y deben desempeñar las mismas tareas y los mismos papeles. Poner los pañales, pagar el seguro, lavar los platos, ir a ver a los maestros, llevar a los hijos al colegio, acariciarlos o jugar con ellos son tareas que realizan indistintamente el padre o la madre; se trata de la famosa intercambiabilidad de los papeles parentales de la que trataremos en el siguiente capítulo.

También es curioso observar que, mediante esta nueva dicotomía sexual preferencial, el nuevo derecho trata de mostrar, finalmente, comprensión e incluso generosidad hacia las mujeres que durante tanto tiempo habían sido víctimas de seductores olvidadizos y cobardes, y hacia las madres, que durante tanto tiempo se habían visto obligadas a criar solas a unos hijos que no habían hecho solas, que ni siquiera habían querido, y todo ello ocurre cuando ha caído en manos de las mujeres el arma de una anticoncepción eficaz, cuando empieza para ellas el desquite, una nueva era, la de su responsabilidad y su poder. En adelante, no volverán a ser víctimas involuntarias. En adelante, ellas serán las que decidan y opten.

¡Qué singular paradoja! Al fortalecer el estatuto y el poder de las madres para que la realidad jurídica estuviera en sintonía con la realidad cotidiana de las madres educadoras, el derecho creía que también corregiría un tanto la desigualdad de la naturaleza. Pero, en el mismo momento, la anticoncepción permite que las mujeres superen su vulnerabilidad natural, las convierte en reguladoras de su propia fecundidad –ningún hombre podrá hacerlas madres contra su voluntad– y además les da poder de decisión sobre la paternidad de sus parejas. Sólo le darán un hijo a un hombre en el caso de que les parezca bien: la báscula se inclina pues hacia el lado contrario...

Y el derecho añade aún más: no reconocerán la patria potestad al padre natural más que si les parece bien. Pueden negarle la patria potestad al hombre que han elegido como padre de su hijo, pero obligándole a pagar. Es verdad que este cambio radical no se ha producido en un día: muchas mujeres aún conservan la mentalidad de víctimas y viven como víctimas, y muchos hombres aún son padres irresponsables y sin remordimientos. En cualquier caso, y tomando como medida la muy larga historia de las relaciones entre hombres y mujeres, la muy larga historia de la familia y de la paternidad, el cambio ha sido brutal. Tan brutal que muchos y muchas no saben dónde estamos y no creen en ningún tipo de eclipse de los padres.

Situación jurídica de los padres en Europa después de veinte años de reformas

Recapitulemos su posición después de dos décadas de reformas jurídicas del derecho de familia. Para hacerlo, debemos comparar la situación jurídica de los hombres y de las mujeres con respecto: 1) a la procreación; 2) al establecimiento de su parentesco con el hijo; 3) al ejercicio de sus derechos parentales, en particular de la autoridad parental o patria potestad*.

1) Derechos de los hombres con respecto a la procreación:

La evolución reciente podría resumirse así: las mujeres se han convertido, de hecho y de derecho, en dueñas de la decisión de procreación, un derecho cuya propiedad había sido de los hombres, de hecho y de derecho, durante siglos. En las sociedades patriarcales, la procreación es decidida por el hombre, el cual puede exigir a su mujer el deber conyugal y repudiarla si es estéril. La mujer no tiene el derecho a abortar: en el derecho romano la mujer no era culpable de haber atentado contra una vida ya concebida, sino de haber privado a su marido de la progenitura. El hombre era, de alguna forma, el único propietario de sus hijos, tanto antes como después de que nacieran.

Desde el origen de los tiempos hasta 1960, las mujeres que mantenían relaciones con un hombre no podían actuar ni eficaz ni lícitamente sobre su procreación. Si optaban por no procrear, carecían del derecho y de los medios prácticos para hacer efectiva su decisión. Por el contrario, los hombres podían tomar la iniciativa de mantener relaciones incompletas, ya evocadas en el Antiguo Testamento, pues el verdadero

* Me he inspirado ampliamente en los conocimientos y los conceptos de Marie-Thérèse Meulders, profesora de la universidad de Lovaina (Bélgica) y presidenta de la Asociación Internacional del Derecho de Familia, por lo que deseo rendir homenaje a sus escritos. *Cf.* «La place du père dans les législations européennes», Pères et paternité, número especial de *Revue française des affaires sociales*, 1988, págs. 189-219, y «Vers la coresponsabilité parentale dans la famille européenne», *Familles d'Europe sans Frontières*, Actas del coloquio de 4-5 abril-mayo de 1989, págs. 125-145.

pecado de Onán consistió en derramar voluntariamente su semen por el suelo a fin de no concebir. A partir del momento en que la técnica permitió fabricar preservativos masculinos, éstos fueron considerados lícitos y pudieron ser vendidos en todas partes bajo el pretexto de que poseían una finalidad profiláctica, mientras que los preservativos de uso femenino del mismo tipo (como los diafragmas) permanecieron prohibidos en muchos países.

Las costumbres y las mentalidades estaban profundamente influidas por esta distribución de los papeles, una distribución en la que el hombre era quien decidía la procreación o quien trataba de evitarla. Si no era propietario de esa decisión, al menos era responsable de la misma. Y en pocos años este reparto secular se invirtió. La mayor parte de los hombres no fueron conscientes de todas sus consecuencias a largo plazo. Fueron hombres quienes investigaron y finalmente descubrieron métodos anticonceptivos de uso femenino que por fin fueron eficaces. Así, se encontraban liberados de la molestia de tomar precauciones durante sus relaciones sexuales y se sentían exonerados de su pesada responsabilidad con respecto a la procreación. A fin cuentas, las mujeres son quienes hacen los niños: era justo que fueran ellas quienes pudieran rechazar los embarazos indeseados.

La mujer puede disponer del embrión contra la voluntad del padre

Pocos años después de que se produjera el descubrimiento y la legalización de la píldora anticonceptiva, la interrupción voluntaria del embarazo fue autorizada en casi todos los países europeos y se convirtió en un nuevo derecho de la mujer. El derecho sobre el propio cuerpo, pero también el derecho sobre la vida y la muerte del embrión. Quienes se oponían al aborto, muchos de los cuales siguen en la brecha, se basaban y siguen basándose en el respeto a la vida humana desde el momento de la concepción. Fueron muy pocos los hombres que argumentaron que se concedía a las mujeres un privilegio exorbitante, si se comparaba con los masculinos, al permitirles que dispusieran *in utero* de su progenitura común. En realidad, los cambios en las costumbres han sido tan rápidos que las conciencias masculinas no se han ilustrado profundamente y son muchos los hombres que siguen más o menos convencidos de que son dueños de su procreación.

Y eso no es cierto. El padre de un embrión no puede impedir que la madre lo destruya. En 1980, un marido francés apeló al Consejo de Estado por no haber participado en la consulta previa a la interrupción del embarazo de su esposa, cuando el artículo L-162-4 del Código de la Salud Pública prevé la participación de la pareja en esta entrevista siempre que sea posible. Se le contestó que la asociación del marido era puramente facultativa y que, a pesar de todo, sólo la mujer posee el derecho de interrumpir voluntariamente su embarazo. La Convención Europea de los Derechos Humanos, invocada por este padre para proteger la vida del embrión que llevaba su esposa, no podía prevalecer sobre una ley francesa posterior*.

El mismo año, un marido británico cuya esposa había abortado contra su voluntad se dirigió a la Comisión Europea de los Derechos Humanos invocando no sólo el artículo 2 de la Convención Europea de los Derechos Humanos (protección del derecho a la vida), sino también el artículo 8, que garantiza el derecho al respeto de la vida familiar. Se le respondió que el derecho del padre potencial con respecto a su vida familiar tenía que ceder ante el derecho de la esposa a recurrir a la interrupción del embarazo basado en la Abortion Act de 1967**.

Podríamos multiplicar los ejemplos extraídos de la jurisprudencia europea (y norteamericana en ciertos estados) que ilustran este vuelco total de los poderes y de los derechos de los hombres y de las mujeres con respecto a la procreación.

* Consejo de Estado, 31 de octubre de 1980, conclusión de M. Genevois, Comisario de gobernación, Recueil Dalloz-Sirey, 1981, pág. 38 sq.

** X contra el Reino Unido, demanda n.º 8416/78, opinión de la comisión del 13 de mayo de 1980.

Ahora la mujer es la única dueña de la negativa a procrear, ya que posee a la vez medios anticonceptivos eficaces y el derecho a interrumpir su embarazo, y puede utilizar los unos y el otro sin autorización de su pareja e incluso sin informarle.

La mujer puede tener un hijo sin padre

Simultáneamente, la mujer ha adquirido, a la vez que el derecho de no procrear y los medios para no hacerlo, la posibilidad práctica de procrear contra la voluntad del padre o ignorándolo éste, sin que el derecho se oponga a dicho proyecto. Le basta a la mujer con dejar de tomar medidas anticonceptivas mientras asegura lo contrario a su pareja, con lo cual tiene muchas probabilidades de quedar embarazada; mientras, su pareja, *nolens volens*, queda obligada a aceptar la situación y a asumir una paternidad que le ha sido impuesta mediante engaño.

El dominio práctico de la procreación ha llevado también a que determinadas mujeres deseen borrar al padre. Son mujeres que no buscan en su compañero sexual, a quien no informan sobre su proyecto, más que a un potencial genitor. Una vez encinta, disimulan su embarazo, desaparecen y van a otra parte a dar a luz a un hijo que han deseado que no tenga padre. Bajo la reivindicación radical del derecho al hijo para la mujer sola o lesbiana, algunas buscan evitar la intervención de la pareja progenitora haciéndose inseminar artificialmente mediante el esperma de un donante que permanecerá para siempre en el anonimato. Este acto médico, que desemboca en la eliminación del padre en la procreación de un hijo, de momento no está prohibido por la ley en Francia. No obstante, los equipos médicos franceses que practican la inseminación artificial con donante, reunidos en el seno del CECOS (Centro de Estudios y de Conservación del Esperma), se han impuesto un código ético por el cual se niegan a inseminar a una mujer sola con el argumento de que nacer sin padre no es beneficioso para el hijo.

Así como en Francia existen sospechas de que ciertos

equipos médicos han inseminado a mujeres solas, en Bélgica o en los Países Bajos hay clínicas y equipos universitarios que lo realizan abiertamente. Un equipo belga ha declarado que en 1986 aceptó 21 de las 26 demandas de inseminación presentadas por lesbianas. En los Países Bajos, la erradicación de todo derecho y de todo papel del hombre en la procreación ha llegado al absurdo, pues a una mujer lesbiana cuya compañera fue inseminada artificialmente durante su vida en común se le reconoció, tras la separación de ambas, el derecho de visita al niño, como si se tratara de un padre divorciado*.

En pocos años, la suma de la anticoncepción eficaz y el aborto autorizado ha proporcionado a las mujeres una libertad y un poder sobre la procreación muy superiores a los que pueden disponer los hombres. A ello se añade, en Francia, la supervivencia de prácticas que se remontan a las épocas, muy duras para las mujeres, en las que no podían impedir la concepción ni interrumpir el embarazo, como es la posibilidad que se abre ante la madre, en el momento en que nace un hijo no deseado, de abandonarlo sin temor a persecuciones ni a condenas. Le basta con no revelar su identidad en la maternidad. Se la inscribe como «X» y el hijo es confiado inmediatamente a la Ayuda Social a la Infancia, la cual lo dará en adopción.

No existe ninguna posibilidad equivalente para que el hombre reconocido como padre pueda liberarse de su paternidad. Bajo la amenaza de persecuciones, está obligado a asumir a todo hijo que haya procreado, incluso cuando ha procedido involuntariamente o con ignorancia. No parece que sea posible modificar esta obligación del padre con respecto al hijo del que es genitor. Sin embargo, es comprensible que el sentimiento paternal se desarrolle difícilmente cuando el hombre ha caído en la trampa y cuando su compañera, o una mujer con la que apenas se ha relacionado, le impone un hijo a su pesar.

* Hoge RAAD, 5 de diciembre de 1986, Nederlands Juristenblad, 1987, pág. 12.

La donación de esperma: ¿generosidad o «cosificación» del padre?

Se podría preguntar: ¿qué papel desempeña el sentimiento paterno ante la procreación en la época del esperma congelado que espera a su usuaria? ¿No parece digno de alabanza que un hombre done su esperma a un equipo médico para ayudar a un pareja en la que el hombre es estéril a tener un hijo? ¿Significa este acto abandonar la posible progenie sin la esperanza de conocer alguna vez a los potenciales hijos que pueden nacer de ese esperma congelado? Al menos por tres razones, este acto no es considerado como un abandono, sino que es apreciado por su generosidad:

1) Porque se trata de una donación gratuita (quien vendiera su semen sería despreciado).

2) Porque así puede remediarse una dolorosa carencia y un vivo deseo de una mujer.

3) Porque puede permitir que se consolide una pareja injustamente puesta a prueba por la naturaleza.

Estas razones se integran perfectamente en la ética dominante en este fin de siglo. Sin embargo, es comprensible que esta «procreática» sea recusada por algunas mentes religiosas, que rechazan este tipo de manipulaciones de la vida.

Algunas voces masculinas, muy escasas, es verdad, han intentado hacerse oír oponiéndose a la inseminación con donante por motivos no religiosos. Estos hombres consideran que se trata de una «cosificación» del genitor, a quien se le retira toda dignidad y se le priva de la dimensión sagrada del (pro)creador y del sentimiento que ennoblece la función paterna. Uno de ellos escribe: «No creemos que el hombre pueda aceptar que se le reduzca a un poco de líquido blanco depositado en el fondo de unas probetas intercambiables, en tanto que la mujer cría y educa sola a los hijos. Nuestros sentimientos masculinos y paternos nos invitan a desempeñar un papel más ambicioso ante las generaciones venideras.»*

* Didier PETIT, «Papa CECOS, maman FIVETE», *Condition masculine*, n.º 52, 1988.

Sus inquietudes podían estar justificadas por la extraña sentencia que dictó el 17 de abril de 1989 el tribunal de la juventud de Utrecht, en los Países Bajos. Un hombre accedió a la petición de una pareja de lesbianas que vivían en la vecindad y donó su esperma para que una de ellas fuera inseminada. Se produjo el nacimiento y el hombre frecuentó a menudo a sus vecinas para ver al niño. Al cabo de un año, éstas le impidieron la entrada en casa y le prohibieron ver al bebé. El hombre recurrió a la justicia y su petición fue denegada porque «carecía de relaciones familiares con el niño»*. Según la ley holandesa más reciente, sólo habría podido visitar a su hijo si la madre lo autorizaba, lo que evidentemente no ocurría en este caso. Pero la paradoja se halla en que este mismo hombre, de acuerdo con el artículo 405 del Código Civil holandés, podría haber sido condenado a pagar una pensión alimenticia al niño.

La paternidad sólo puede ser establecida mediante la referencia a la madre

2) Derecho de los hombres a establecer su parentesco con el hijo:

Porque procrear no basta para ser padre, aunque el hombre reconozca ser el genitor de un niño. Además, tiene que poder probar su paternidad. Una mujer, desde el momento en que cita su nombre y apellido, es reconocida como la madre del niño. Su parentesco con el hijo reviste el carácter de evidencia fisiológica. Pero no ocurre otro tanto con el padre, cuyo parentesco ha poseído hasta ahora un carácter social y sólo puede ser establecido mediante la referencia a la madre.

Así, cuando el hijo nace de madre desconocida, como en el caso citado anteriormente de inscripción como «X» en la maternidad, que también sería posible en Luxemburgo o en Italia, el padre se encuentra asimismo privado de su paternidad, pues no puede establecerla, y el hijo, debido al anonimato

* M.-Th. MEULDERS, *op. cit.*, pág. 132.

de su madre, también se encuentra privado para siempre de su filiación paterna. Esta posibilidad de que la madre pueda impedir el establecimiento de cualquier filiación para su hijo cada vez es más criticada en Europa. Así, el Tribunal Europeo de Derechos Humanos falló contra Irlanda evocando «la obligación positiva de los Estados miembros de permitir el establecimiento de la doble filiación de los hijos habidos fuera del matrimonio», lo que significa que la madre está obligada no sólo a identificarse, sino también a dar el nombre del padre, como siempre se ha exigido en los países nórdicos*.

Aun en el caso de que sea conocida la identidad de la madre, el establecimiento de la filiación paterna sigue siendo un problema jurídico complejo. En el Código Napoleónico, la solución era a la vez sencilla e injusta. 1. El marido era el padre de todos los hijos nacidos de su esposa. 2. Jamás era el padre de los hijos nacidos de su adulterio. 3. Si no estaba casado, sólo era padre de los hijos que reconocía (hemos visto con qué carácter machista había sido excluida por los autores del Código la investigación sobre la paternidad, a pesar de era reclamada por las mujeres a partir de Olympia de Gouges, en 1791), situación que se mantuvo hasta 1912, cuando se autorizó la investigación sobre la paternidad.

En 1972, una nueva ley sobre la filiación destruyó totalmente ese simplismo patriarcal, refundió todo un título del Código Civil y, sutilmente, intentó instaurar a la vez más justicia entre los hijos (legítimos, naturales y adulterinos) y más igualdad entre el padre y la madre. Esta ley alcanzó el primer objetivo, pero no el segundo. Ciertamente satisfizo plenamente a las madres, pero fue rápidamente superada en lo referente al establecimiento de la filiación paterna. Como prueba, puede observarse lo sinuosa que es la jurisprudencia en materia de filiación paterna; parece que los magistrados no hayan logrado interpretar la ley y se hayan aferrado a los hechos, tanto a las situaciones familiares cada vez más diferentes y más imprevistas con las que tenían que enfrentarse

* Sentencia Johnston y otros contra la República de Irlanda, 18 de diciembre de 1986.

como a los hechos biológicos, lo que significa recurrir a laboratorios que efectúan pruebas cada vez más refinadas y fiables para establecer una filiación paterna irrefutable.

A veces, los juristas se rebelan o se afligen ante este recurso a la prueba genética, pues les parece una desviación del derecho en la medida en que se reduce o desaparece el «elemento moral», como dice Catherine Labrusse-Riou*, que significaba el reconocimiento de un vínculo social entre quien se encuentra en posición social de padre –en «posesión de estado», como dice crudamente el lenguaje jurídico– y el hijo que es o no es genéticamente suyo. Por lo tanto, son muchas las denuncias contra la interpretación «biologizante» de la ley de filiación. ¿Podemos, en nuestra cultura, construir la paternidad en ausencia de la alianza del padre y de la madre, y destruir la presunción de paternidad que identificaba al marido con el padre y creaba entre él y el hijo unos vínculos afectivos y civiles (el apellido, la relación con los antepasados, la vida en común, etc.)? Así, dos sentencias del Tribunal Supremo francés, en 1985, fueron muy discutidas, ya que interpretaban que la ley de 1972 tenía como objetivo atribuir a cada persona su verdadera filiación, lo que significa establecer y respetar la filiación biológica, la única verdadera (véase el capítulo 9).

Una discriminación ilegal considerada como legítima

Dado que por naturaleza la madre tiene derecho a la certidumbre de la filiación biológica que le une al hijo, ¿por qué el padre no puede tener el mismo derecho a una certidumbre que en la actualidad ya no es de imposible obtención? Al hombre casado no se le proporcionan condiciones realmente equitativas para establecer su paternidad y para, en su caso, emprender un proceso de denegación de paternidad si se comprueba que el hijo de su esposa no es suyo.

«Resígnese», parece aconsejar el Tribunal Europeo de De-

* Catherine LABRUSSE-RIOU, «Les problèmes de la paternité sous les aspects du droit civil», *Pères et paternité, op. cit.*, págs. 109-118.

rechos Humanos a un marido danés que, al final de un proceso que iba de un tribunal a otro, recurrió a esta instancia para pedir justicia. Denunciaba la discriminación que se ejercía contra él (prohibida por el artículo 14 de la Convención Europea de Derechos Humanos) y reclamaba su «derecho a un proceso equitativo» (artículo 6 de la misma Convención). Se le respondió que, efectivamente, había sido discriminado y que no había tenido un juicio equitativo, pero que esta desigualdad se justificaba «debido a que los intereses de la madre se unen a los del hijo, cuya custodia se le atribuye a ella en la mayor parte de los casos de divorcio y de separación». Así, en nombre de los derechos humanos, se justificaba la falta de equidad mediante la desigualdad*.

En Escandinavia, todo niño debe tener un padre

Siguen siendo escasas las denegaciones y negaciones de paternidad entre personas casadas. Por el contrario, son cada vez más frecuentes los problemas planteados por el establecimiento de la filiación paterna de los numerosos hijos nacidos fuera del matrimonio.

Existe una notable excepción sobre la que conviene meditar: los países escandinavos. En ellos, la ley exige que en el acta de nacimiento de todo niño, nacido en el matrimonio o fuera del matrimonio, figure el nombre del padre. Después de un nacimiento fuera del matrimonio, si ningún hombre reconoce espontáneamente al niño, se interroga a la madre, la cual debe designar al padre. En caso necesario, se efectuará una investigación para hallarlo. Los tests biológicos permitirán comprobar si es realmente el genitor del niño. Si el hombre designado por la madre no es el genitor, siguen los interrogatorios y las investigaciones hasta que se encuentra y se identifica al verdadero padre.

Ya me parece escuchar voces indignadas: ¡coacción, obligación, presión sobre la madre para que entregue a su amante!,

* Sentencia Rasmussen, 28 de noviembre de 1984.

¡qué control de la vida privada!, ¡qué hipocresía!, ¡qué falta de libertad!, ¡qué mal principio para formar una familia! Antes de condenar, sería bueno considerar por una parte el contexto social y, por otra, los resultados de esta dura exigencia.

No existe país en el mundo en el que la libertad de costumbres de los adultos sea más respetada o en el que la mujer tenga mayor grado de igualdad y esté más protegida que en Suecia o en Dinamarca. En estos países se aceptan las uniones libres, las separaciones y las parejas homosexuales, y a todos llegan las ayudas sociales. El número de hijos nacidos fuera del matrimonio bate todas las marcas: casi uno de cada dos nacimientos. Sin embargo, esta libertad de costumbres para los adultos no ha ahogado la convicción, compartida por todos, de que un niño necesita conocer a sus dos progenitores. Esta adhesión a la idea de que la biparentalidad va a favor de los intereses del niño no anima a las mujeres a querer hijos para ellas solas y confiere dignidad al padre que reconoce a su hijo. De ahí que casi todos los hijos naturales sean reconocidos voluntariamente por su padre, sin coacciones.

El padre no puede reconocer a su hijo más que si la madre lo autoriza

Frente a esto, qué extraña y chocante aparece la manera inglesa de tratar la paternidad fuera del matrimonio. Para inscribir a su hijo en el registro civil, el padre no casado necesita nada más y nada menos que una autorización firmada por la madre. Puede ser una declaración común firmada por los dos progenitores o puede ser un acuerdo escrito y firmado por la madre que le permite inscribir a su hijo. Así pues, una mujer puede impedir que un hombre reconozca a su propio hijo, a un hijo que tiene la intención de criar y de educar...

También en Holanda la madre debe dar su consentimiento por escrito para que el padre pueda reconocer a su hijo. El padre a quien ella vete no tiene, en principio, ninguna posibilidad de recurrir. El Tribunal de Amsterdam dictaminó, en 1985, que si la madre no aportaba alguna razón válida para su negativa, el padre debería poder recurrir a la justicia. Esta jurisprudencia fue ratificada por el Tribunal Supremo en 1988 y se propuso una reforma del derecho de filiación: el reconocimiento por el padre seguiría sometido a la autorización de la madre; sin embargo, en caso de negativa no justificada o mal justificada, el padre podría recurrir.

En Bélgica –donde durante mucho tiempo se aplicó un derecho muy semejante al francés–, en 1987, bajo la influencia de grupos femeninos flamencos, la ley de filiaciones fue modificada de forma radical: el padre perdió la autonomía del reconocimiento y también quedó sometido a la autorización de la madre. Si la madre le recusa, el tribunal hará comprobar mediante pruebas biológicas si es o no es el genitor; sin embargo, aunque sea el verdadero padre, la autorización para reconocer al hijo quedará supeditada a que el tribunal considere que ello es bueno para los intereses del niño. Esto implica que puede ser bueno para el niño no tener padre y también prescindir del verdadero padre dispuesto a reconocer a su hijo.

Hemos presentado muchos casos de discriminaciones manifiestas: la madre puede reconocer a su hijo sin pruebas, sin autorizaciones y por su propia voluntad; el padre debe presentar una autorización firmada por la madre y corre el riesgo de ser recusado incluso contra la evidencia biológica. La madre es un progenitor mayor, y el padre, un progenitor menor, mantenido bajo sospecha. «Se observa claramente que, en determinados países, pesa sobre el padre no casado una presunción de desconfianza que nunca alcanza a la madre.»*

En lo que afecta al padre natural, las leyes de la década de 1970 ya deben ser revisadas

3) Derechos de los hombres a la autoridad parental o patria potestad y ejercicio de sus derechos parentales:

Las revisiones legislativas de estas décadas decisivas siem-

* M.-Th. MEULDERS, *op. cit.*, pág. 206.

pre se han efectuado en el mismo sentido cuando afectaban a los derechos de los padres casados: con un loable deseo de igualdad, se ha pasado de la preponderancia paterna más o menos afirmada –o de lo que quedaba de ella– a la autoridad parental conjunta, donde las resposabilidades son verdaderamente compartidas por el padre y la madre, lo cual cimenta la pareja conyugal y representa los intereses del hijo.

Este hermoso equilibrio no existe en la pareja no casada. Ya hemos visto (véanse las págs. 121-124), al tratar de la aprobación de la ley francesa sobre la patria potestad, en 1970, que en la familia natural esta autoridad corresponde siempre a la madre y nunca al padre, aunque éste haya reconocido al hijo en el momento de nacer, aunque le eduque y aunque sea el único que se ocupa realmente de él. Sin embargo, como consecuencia de numerosas críticas, la ley de 1987 autorizaba a que las parejas no casadas presentaran una demanda conjunta para obtener la patria potestad compartida, lo cual, en cualquier caso, no merma la posición clave de la madre, puesto que la posibilidad de compartir este derecho que posee está sometido a su buena voluntad. De todos modos, a la ley de 1987 no se le puede negar el mérito insigne de haber cerrado el capítulo de la década de 1970, que consagraba la imagen del padre natural como un seductor cobarde, que huía de sus resposabilidades, que estaba ausente cuando se le necesitaba y que no volvía más que para importunar a la madre y hacer que se plegara a sus turbias exigencias. Como dice J. Rubellin-Devichi, directora del Centro del Derecho de la Familia, esta ley correctora ha intervenido en un campo en el que «el derecho se había hecho injusto a fuerza de estar inadaptado».

Entre 1965 y 1975, diez años de fuerte ascenso feminista, la mayor parte de los países europeos optaron también por confiar el hijo natural a la única responsabilidad de la madre y por marginar al padre; no obstante, en la década de 1980 se intentó buscar atenuaciones y correciones a esta opción anterior, ya fuera para hallar un reequilibrio que no discriminara a un sexo con respecto al otro, ya fuera para adaptarse mejor a las nuevas familias que, en número creciente, se formaban al margen del matrimonio, y para no dividirlas desde el comienzo.

En Suecia, donde como ya hemos visto todo hijo natural tiene obligatoriamente un padre reconocido, la multiplicación y la actitud militante de las parejas no casadas desempeñaron el papel de motor. En 1969, una comisión gubernamental recibió el encargo de revisar el derecho de familia y tuvo que enfrentarse a un espinoso problema: ¿podía haber patria potestad conjunta en el caso de parejas no casadas? Algunos consideraban que el padre podía compartir la responsabilidad legal si la pareja cohabitaba, mientras que otros se oponían resueltamente. El resultado fue un proyecto ambiguo que se votó en 1972. El Ministerio de Justicia eligió una comisión que debía reflexionar sobre el tema, la cual, mientras se multiplicaban los hijos nacidos fuera del matrimonio, necesitó varios años para llegar a una posición clara. En 1977, una ley decidió que las parejas no casadas podían obtener la patria potestad conjunta si la solicitaban ante un tribunal (más tarde, en 1983, el trámite se redujo a una simple notificación). A partir de ahí, la pareja debe «tomar conjuntamente las decisiones importantes para el hijo», y debe hacerlo incluso cuando sus componentes ya no vivan juntos.

En los Países Bajos, en el caso de que la madre no consienta, el padre no puede compartir la patria potestad; sin embargo, se halla en curso una revisión que permitirá que las parejas no casadas, cuando la madre se muestre de acuerdo, obtengan la patria potestad conjunta más fácilmente, aunque estén separadas.

En la antigua Alemania Federal, en virtud de una ley de 1969, sólo la madre posee la autoridad parental. Cuando el padre reconoce al hijo, tiene que pagar y se convierte en un *Zahlvater* (un padre que paga), como muchos de sus congéneres, pero no podrá ver a su hijo más que si la madre lo autoriza y de acuerdo con las modalidades que ella elija. No podrá legitimar o adoptar a su propio hijo más que si la madre da su consentimiento, y generalmente no lo da, porque en ese caso perdería sus derechos. En 1979, estas disposiciones draconianas sufrieron pequeñas correcciones, y los padres a quienes las madres no permiten ningún contacto con su hijo pueden recurrir al tribunal de tutelas, el cual juzga si es bueno para el hijo recibir visitas de su padre. Es insuficiente afirmar que tales medidas no estimulan a las familias naturales, pues les impiden constituirse al excluir al padre desde el comienzo. Parece ser que la decisión adoptada en 1969 de dejar el hijo a la madre, la cual juzgará si puede ver al padre, fue adoptada por consejo de los psicólogos, los cuales consideraban que, en cierto modo, por una predisposición natural, la madre tenía vocación por la maternidad y la educación. Ésta era la verdad de los psicólogos de la década de 1960, verdad que fue sustituida por la que proclamaban los psicólogos de la década de 1970, según los cuales tanto los padres como las madres estaban condicionados por la sociedad a desempeñar papeles diferentes cuando, en realidad, estos papeles son parcialmente intercambiables y únicamente la coparentalidad puede garantizar la igualdad entre hombres y mujeres, entre padres y madres. En la actualidad, la mayor parte de las leyes que rigen los derechos de patria potestad de los padres no casados han sido reformadas o se reformarán, ya que se ha demostrado que se adaptan mal a las innumerables situaciones que se dan. Sin embargo, siguen siendo poco conocidas por la gran mayoría o totalmente desconocidas por los hombres a quienes afectan.

En cambio, todo el mundo sabe que existe un fuerte contencioso entre hombres y mujeres divorciados, entre padres y madres separados que se disputan la custodia de los hijos.

Es una crisis que se agrava de año en año y que está jalonada por críticas, enfrentamientos, rebeliones violentas, sufrimientos privados y dramas sobrevenidos; así, por considerar perjudicados sus derechos y dolorosamente puestos a prueba sus sentimientos, han surgido asociaciones de padres que intentan alertar a la población. En la actualidad, hay asociaciones de este tipo en todos los países de Europa occidental. ¿Significa esto que la revisión de las leyes sobre el divorcio se ha hecho a expensas de los padres?

En toda Europa occidental se reformó de forma paralela la legislación sobre el divorcio

En pocos años, toda Europa efectuó una reforma o una transformación radical de la legislación sobre el divorcio. En 1969, lo hicieron Dinamarca e Inglaterra; en 1970, Italia (introducción del divorcio, prohibido hasta entonces); en 1971, los Países Bajos; en 1972, Bélgica; en 1973, Suecia; en 1974, otra vez Bélgica, con nuevas modificaciones; en 1975, Francia, Luxemburgo, Italia (modificaciones); en 1976, Escocia y la República Federal de Alemania; en 1977, Portugal; en 1978, Austria y Luxemburgo (modificaciones); en 1981, España (reintroducción del divorcio, prohibido desde la Guerra Civil de 1936-1939); en 1982, Bélgica (nuevos ajustes). Tal simultaneidad no es fortuita: los belgas exponen su deseo de «alinearse con las legislaciones europeas» y los españoles, al presentar su ley, subrayan «su profunda analogía con las reformas efectuadas en Europa occidental durante los últimos diez años».

¿Qué tienen en común todos estos cambios simultáneos?

1. El desarrollo del divorcio por mutuo acuerdo en todas sus formas: trece países lo introdujeron o lo reformaron.

2. El ocaso del divorcio-sanción o divorcio por falta; las faltas a menudo son relativizadas, revisadas o eliminadas de la lista de causas.

3. Se toman en consideración las situaciones de hecho, como la separación de los esposos, por lo que, en definitiva, el divorcio pasa a dar fe de un fracaso. (Ninguna de estas disposiciones, bastante liberales, es sistemáticamente desfavorable a los hombres.)

4. Con respecto a los efectos del divorcio, se observa una tendencia convergente a subrayar las necesidades del cónyuge más desfavorecido (la mujer) y a tratar de aliviarlas, y ello por una cuestión de simple justicia. El matrimonio era para muchas mujeres un estatuto y una protección, y durante su unión matrimonial no han podido adquirir la cualificación o la experiencia profesional del marido. Si se facilita la disolución del matrimonio, es preciso atenuar las consecuencias desestabilizadoras que tendrá la separación sobre las mujeres, cuya

situación económica será más vulnerable. Estas disposiciones concuerdan con la nueva filosofía del divorcio: queda desculpabilizado, se exonera a los antiguos cónyuges de las faltas pasadas cometidas contra el matrimonio, las cuales les condujeron a la separación; sin embargo, se les responsabiliza de las consecuencias tras la disolución de la alianza. Sobre los hombres recaerá la responsabilidad económica, mucho más a menudo que sobre las mujeres, pero por un verdadero anhelo de equidad.

Los estereotipos parentales triunfan: ¿es el espíritu de las leyes o el espíritu de los jueces?

Puede observarse una última convergencia que parece neutra, pero que quizá desempeñó un importante papel en el injusto desequilibrio entre los derechos parentales de los antiguos esposos: se trata del reforzamiento del poder y de la ampliación del espacio de autonomía de los jueces*. En todas partes se observa que se tiene menos en cuenta la ley y se tiende a valorar la realidad tal como la percibe el juez. Éste no aplicará simplemente la ley, como en la época en la que la custodia de los hijos recaía en quien no había cometido la falta, en el inocente, que había ganado el divorcio, y no en quien era culpable. El juez sopesará los pros y los contras de las situaciones individuales sin culpable y decidirá lo que estime equitativo y conveniente.

Al principio de este capítulo creí poder adelantar que no eran las costumbres las que habían cambiado las leyes sobre la familia, sino que las reformas legislativas se habían emprendido con el fin de obedecer a grandes principios que adquirían una nueva y determinante importancia en la sociedad democrática de la Europa en paz y próspera. Y el primero de estos principios es el de igualdad, el cual, a su vez, es corolario del

* J.-F. PERRIN, «Tendances des changements législatifs en matière de divorce en Europe occidentale», *Le Divorce en Europe occidentale, op. cit.*, págs. 207-221.

principio de liberación del individuo. El divorcio libre de culpa y mutuamente convenido forma parte de la realización de estos principios. En una sociedad en la que cada individuo independiente posee derechos propios y equivalentes, es lógico que no puedan existir imperativos supraindividuales que emanen de una institución (como el matrimonio) o de una estructura (como la familia); no pueden existir papeles estereotipados durante el matrimonio ni tras la disolución del mismo. Por lo tanto, la ley no define ningún estereotipo parental del tipo la madre hace esto, el padre hace aquello... Sin embargo, todo parece indicar que estos estereotipos siguen vivos en el espíritu de los jueces, ya que no en el espíritu de las leyes.

Los jueces se enfrentan a unas personas que están de acuerdo en separarse, pero que no están de acuerdo en lo referente a la custodia de los hijos. Los jueces no pueden distribuir a los hijos por mitades. Con grandes dificultades logran, y en algunos países aún no lo consiguen, fallar en estos casos una guardia y custodia conjunta. Destinados a tener en cuenta de forma pragmática las situaciones concretas, los jueces (y las jueces, porque cada vez hay más mujeres jueces de asuntos matrimoniales, y en Francia son más numerosas que los hombres las que se dedican a este cometido) apenas se han resistido ante el estereotipo de la madre como mejor guardiana de los hijos, un estereotipo que tenía en su favor muchos siglos de historia y el apoyo de numerosos psicólogos. Todo lo demás, que será tratado en un capítulo posterior, es jurisprudencia: entre ocho y nueve de cada diez niños son confiados a la madre; la custodia alternada y la custodia conjunta apenas progresan.

Y de esto no puede hacerse responsable a ley, porque la ley no lo menciona. La ley sólo habla de los intereses del hijo, unos intereses que no siempre son fáciles de determinar cuando nos hallamos en un período de mutación de los papeles parentales.

6

DOS DÉCADAS DE ECLIPSE DE LOS PADRES: 1965-1985, INCERTIDUMBRE SOBRE SUS PAPELES

Entre 1965 y 1985, no sólo los estatutos sociales de los padres sufrieron variaciones y se confundieron, no sólo las libertades y las prerrogativas de los padres fueron reducidas por el derecho, sino que, además, sus papeles ante los hijos y las formas de ejercer su función paterna fueron puestas en tela de juicio desde sus fundamentos, fueron objeto de críticas acerbas, y causaron una total conmoción.

Las tres fases de la impugnación fundamental del papel del padre

Esta impugnación se produjo en todos los niveles. En primer lugar, en el de la finalidad asignada a sus roles: ¿para qué sirve un padre?, ¿es verdaderamente fundamental?, ¿es útil?, ¿para qué? A continuación, en el de los modelos de comportamiento paterno: en el caso de que este actor familiar desempeñe un papel, ¿cuáles son las palabras que debe decir? ¿qué actitudes debe tomar y qué tareas debe asumir? ¿Cuáles son las normas a las que debe ajustarse, en la vida cotidiana y a lo largo de los años, para ser un buen padre actual o, mejor, para emplear la fórmula ya consagrada y muy reveladora, un nuevo padre? Finalmente, el de la justificación de su papel paterno: ¿en función de qué se hace llamar papá y se comporta como un padre? ¿Porque es el genitor del niño? ¿Porque vive con el niño? ¿Porque se acuesta con la madre del niño?

¿Cuáles serán esos papeles si el padre no cumple con las tres condiciones, sino sólo con dos, o únicamente con una? ¿Y si en cierto modo debe competir con otro hombre que también desempeña los papeles de padre ante el mismo niño? Un alud de preguntas desestabilizó a los padres: ¿Cómo ser padre? ¿Por qué y de quién ser padre? ¿Cuándo se es un buen, verdadero y nuevo padre que no puede ser desvalorizado ni desposeído? Esta desestabilización se operó en tres fases.

La primera, que fue in crescendo hasta 1968, está ocupada por un debate de ideas en torno a la figura paterna. Se trata de ideas lanzadas por los teóricos desde hacía tiempo, pero que entonces se extienden a los campos de la psicología social y de la reflexión política, pues en dicha época todo tendía a politizarse. Es una crítica a los valores vinculados al personaje del padre y a los papeles que se le asignaban. No obstante, al mismo tiempo, las madres pretenden que los hombres no desempeñan sus papeles y deploran, cada vez más, las carencias paternas.

La segunda fase, que ocupa la década de 1970, está dominada por la formidable evolución económica y social experimentada por las mujeres, incluidas las madres, y, consiguientemente, por las repercusiones directas –casi podría decirse automáticas– de esta evolución sobre el reparto de papeles entre el padre y la madre en el seno de la familia. Las mujeres disponen de menos tiempo para dedicarlo a sus roles maternos tradicionales pero, en cambio, se apoderan muy rápidamente de papeles hasta entonces reservados a los padres. Además, durante esta fase, las mujeres están animadas por un verdadero ímpetu revolucionario: desean cambiar la vida –y consiguientemente también la vida familiar– y tratan de instaurar nuevos valores e incluso de decretar nuevas normas que distribuyan de modo diferente los poderes y los roles.

La tercera fase abarca la década de 1980 y aún no ha terminado, especialmente en los países del sur de Europa. Las normas femeninas se difunden ampliamente en el vasto campo de la psicología aplicada a la educación, la formación, la animación cultural y los medios de comunicación. Se ponen en práctica las nuevas teorías, entre ellas aquélla según la cual son intercambiables los papeles paterno y materno. ¿Se debe a los fracasos? Ya empieza a hablarse de coparentalidad. Los nuevos padres parecen seguros de sí mismos. Los padres separados, cada vez más numerosos, se encuentran, uno tras otro, anonadados por su marginación; unos quedan postrados y los otros se rebelan. No entienden lo que les pasa. Casi nadie se interesa por ellos. La sociedad los trata como a culpables y los considera culpables. Sin embargo, algunos de ellos actuaban como nuevos padres.

El padre encarnaba la función de sublimación

Al principio de estas décadas desestabilizadoras, todo contribuyó a confundir la imagen paterna y, como se comprobó en 1968, a malquistar a los hijos con sus padres.

Al iniciarse la década de 1960, la divulgación del psicoanálisis alcanza su apogeo en Europa occidental. Esta divulgación se lleva a cabo mediante la enseñanza y a través de psicólogos, educadores y consejeros de todo tipo que adquieren cada día mayor importancia. Son ellos quienes determinan no tanto el bien y el mal, como hacían hasta poco antes los religiosos y los moralistas, sino como mínimo las normas, las normas sociales y psicológicas. Son ellos los que plantean las preguntas a los medios de comunicación, y son ellos quienes se dirigen al público a través de estos mismos medios. Es el momento en que la televisión, que ya lo invade todo pero que aún no está trivializada, ejerce su influencia máxima sobre las formas de vida y de pensamiento.

Y lo menos que puede decirse es que el psicoanálisis no convierte al padre en un ser familiar anodino ni en un tierno refugio. Un perfume mortecino envuelve la figura del padre, la fatal víctima del drama edípico. Conocemos en ese momento que todas nuestras pulsiones están basadas en la sexualidad, y que todos hemos querido matar o castrar al padre. Sin embargo, al mismo tiempo, el psicoanálisis confía al padre la más alta misión espiritual y civilizadora. Le designa como la persona que «da a la función de sublimación su forma más eminente debido a que es la más pura», según Lacan, el cual relaciona con el patriarcado «las exigencias de la persona y la universalización de los ideales, el progreso de las normas jurídicas».* Esta transmisión del ideal se opera de padre a hijo.

El padre era el nexo de unión del hogar con la «gran sociedad»

Según unos, el padre ejerce esta función de sublimación mediante la represión, y por ello la fuerza paterna es uno de los mayores agentes de las neurosis. En absoluto, replican otros, precisamente cuando el padre no ejerce como tal se producen neurosis en la familia, grupo que no admite quedar incompleto y privado de la función paterna. Presente y activo o ausente y pasivo, ¿es el padre el núcleo de ese nido de avispas? No, es el intermediario entre el hogar y el mundo. Su oficio, el oficio del padre, es el de educador: «Hace comprender los mecanismos de la ciudad, el juego de la civilización»**, trae al mundo –al mundo social– a sus hijos. A través del padre cada persona queda enlazada; se es el retoño del padre, pero como es él quien enlaza con el linaje anterior, enlaza también con el mundo de hoy.

Muy seguro de sí mismo y en pleno éxito, el sociólogo norteamericano Talcott Parsons permite que la madre reine en el pequeño mundo del hogar y confiere al padre la misión de representar el gran mundo que se extiende más allá de la familia. El padre es «el instrumento de la transmisión cultural y de la orientación general que debe permitir que el niño se ajuste a las normas sociales y que desempeñe papeles sociales

* Jacques LACAN, *Les Complexes familiaux*, Navarin, 1984, págs. 64 y siguientes.

** Roger PONS, *Le Métier du père,* Feu Nouveau, 1955.

fuera de la esfera familiar»*. Como destaca Louis Roussel**, se trata de una visión muy optimista en la que la familia garantizaría, gracias al padre, «felicidad individual y eficacia social», una visión en la que el líder, que es el padre, no puede aliarse con los demás miembros de la familia contra la madre. Está excesivamente diferenciado y es excesivamente complementario. La madre hace al hijo físicamente; el padre, mediante la represión y la educación, lo convierte en un ser social.

Pero el padre está ausente, está desfasado y ha sido sustituido

Lamentablemente, todos podemos comprobar que existe un completo divorcio entre estas visiones teóricas y la realidad. Después de Marx, Tonnies, Weber y tantos otros, Parsons sabe perfectamente que la civilización industrial se ha desarrollado fuera de la familia y, además, a sus expensas.

En primer lugar, a expensas del papel del padre, que en el mundo del trabajo se ha convertido más en un instrumento que en un actor. Sin embargo, es precisamente en la segunda mitad del siglo XX y a principios de la década de 1960 cuando la aceleración sin precedentes del desarrollo económico deteriora más al padre. El crecimiento urbano adquiere un ritmo intenso y rápido. El padre trabaja afuera, a menudo lejos del hogar. No vuelve a comer. No sólo ya no puede transmitir sus conocimientos prácticos, sino que además sus hijos ya no le ven trabajar, no saben bien qué es lo que hace, han dejado de definirse como pertenecientes a la casta o al gremio de su padre por filiación, a menudo no conocen ni su lugar de trabajo ni a sus compañeros, a quienes no ven más que una vez al año, en la fiesta navideña de la empresa. El padre es prisionero de su trabajo durante tantas horas al día que su

* Talcott PARSONS, *Family, Socialization and Interaction process*, Glencoe, Free Press, 1955; y *Structure and progress in Modern Society*, 1959.

** Louis ROUSSEL, *La Famille incertaine*, Odile Jacob, 1989, págs. 62-63.

mujer y sus hijos se acostumbran a vivir sin él. Él nunca está en casa.

Por supuesto, para la transmisión de la cultura ahí está la escuela, que es la que define simultáneamente qué temas deben ser tratados y cómo deben serlo. A principios de la década de 1960, la igualdad de oportunidades se convierte en la vocación y casi la obsesión de la escuela, la cual pretende reducir las desigualdades desde las primeras frases y conseguir un aprendizaje igualitario en todos los niños de la misma edad en el mismo año. No es excesivamente apreciada la concurrencia de los padres que desearían distinguirse. Antiguamente, los maestros fueron los criados diplomados de los padres de familia; ahora, los padres de familia son casi unos indeseables en la escuela y, en todo caso, están obligados a ser poco menos que desconocidos en ella.

Además, irrumpe directamente en el hogar una «escuela paralela», según la ansiosa expresión del sociólogo Georges Friedmann en 1963, a través de la pequeña pantalla. La televisión aporta el viento del exterior y el tono de moda. Generaciones de niños se hallarán simultáneamente influidos por los mismos mensajes. Las referencias acerca de los comportamientos adultos masculinos ya no proceden de los padres, sino de los héroes de las series y de las películas, de los dibujos animados y de los cantantes. El padre es quien está superado, pues vuelve tarde a casa y no sigue suficientemente de cerca la evolución de la cultura de masas.

En sus viviendas urbanas, las madres, que aún no trabajan fuera del hogar, leen en sus revistas y oyen por radio y por televisión las recomendaciones de los diferentes consejeros sobre la manera de educar a los hijos, especialmente a los adolescentes que empiezan a plantear problemas muy específicos (es la época del desarrollo ultrarrápido del mercado de productos para adolescentes; es la época de lo que entonces se llamaban las bandas). Se les dice que deben recurrir al padre. Pero ese recurso acaba en una evidencia irritada que cada año se carga más de resentimiento: carencia; carencia paterna. El padre no está. «No presta atención cuando le hablo de su hijo. No le habla cuando le pido que lo haga. No le sigue. No le comprende. No sabe nada. Es preciso que vaya yo a ver a los profesores (o al médico, o al psiquiatra) porque él no irá jamás.»

«Hacia una sociedad sin padres»

Los hijos, especialmente los adolescentes, corroboran estas quejas. Recuerdo los pasmosos resultados publicados un mes antes de la explosión de mayo de 1968 por una publicación católica que había encargado un sondeo entre jóvenes de quince a dieciocho años. Entre otras cosas, se les pedía que calificaran, mediante una nota de 0 a 5, sus relaciones con cada uno de sus progenitores en diferentes campos. Una minoría de madres, aunque se trataba de una minoría relativamente importante, recibía la nota máxima de 5. La mayoría de madres eran calificadas con un 4 por sus hijos e hijas por igual, en especial en la mayor parte de los apartados referentes a las relaciones entre padres e hijos. En cambio, ninguno, absolutamente ninguno de los encuestados, ni varones ni hembras, gratificaron con un 5 ninguno de los aspectos de sus relaciones con el padre. Los comentarios anejos a esas notas cortantes eran elocuentes: «Apenas le veo», «Hablamos poco», «A eso no se le puede dar el nombre de relaciones»...

Consideré estadísticamente imposible que un desgraciado azar hubiera apartado de la muestra a los únicos adolescentes que se entendían muy bien con su padre o se entendían mejor con su padre que con su madre. Más bien se trataba de un fenómeno constatable, de una ola de denuncia del padre que recorría la sociedad y que era repetida a coro por las madres, las cuales se sentían a la vez abandonadas y frustradas. En suma, una moda, un fenómeno social indiferente a las particularidades familiares o el signo precursor de un fenómeno social más amplio. Hijos o hijas de ejecutivos, de campesinos o de obreros, ricos o pobres, todos esos adolescentes habían respondido de igual modo. Ese fenómeno social se reía de las clases sociales y anunciaba, con su unanimidad antipaterna, una novedad: la clase de la edad. Un fenómeno generacional.

De una generación que no carece de herencia, sino de una generación «que rechaza la herencia»*. Un mes después estallaba el movimiento de mayo de 1968.

Alexander Mitscherlich, director del Instituto Sigmund Freud de Frankfurt, expresando la problemática de esta generación, había publicado cinco años antes un libro de título provocador: *Hacia la sociedad sin padres***. El padre, decía, se ha hecho invisible. No porque haya muerto en la guerra o esté alejado debido al divorcio, sino en virtud de «una desaparición progresiva del padre, relacionada con la propia esencia de nuestra civilización». «Cada vez más, los procesos sociales han privado al padre de su importancia funcional» (pág. 162). Su trabajo son «migajas», como decía Friedmann, y la rapidez de la evolución tecnológica le arrebata su papel de mediador.

Los hijos sólo pueden ser individualistas, tal como Tocqueville describía a los estadounidenses: «Nuevas familias surgen sin cesar de la nada, otras vuelven a la nada sin cesar, y todas las que permanecen cambian de rostro; la trama de los tiempos se rompe en cada instante y se eclipsa el vestigio de las generaciones. Se olvida a quienes les han precedido y no se tiene la menor idea de los que les seguirán».*** O, como expresaba un siglo más tarde Gorer: «Independientemente del número de generaciones que separe a un norteamericano de sus antepasados inmigrantes, rechaza a su padre como modelo y poseedor de autoridad, y espera que sus hijos le rechacen a él.»

A su vez, los europeos, abocados a la carrera hacia el desarrollo tecnológico, se ven separados de sus hijos, los cuales ya no aceptan la herencia, ni siquiera la noción de herencia. La esperanza de los jóvenes está relacionada con la progresión del hombre, que debe salir del sentimiento nacio-

* Michel FIZE, *La Démocratie familiale, évolution des relations parents-adolescents*, Presse de la Renaissance, 1990, pág. 139.

** Alexander MITSCHERLICH, *Auf dem Weg zur vaterlosen Gesellschaft*, Frankfurt, 1963

*** Alexis de TOCQUEVILLE *De la démocratie en Amérique, oeuvres complètes*, París, Laffont, 1986, pág. 497.

nal, racial y/o religioso en el que le inscribían sus padres. Tienen que zarandear la pasividad que reproduce la tradición y, para ser libres, rechazar la obediencia y la educación «que a menudo es más un terrorismo que una vía hacia la autonomía»*. La glorificación del padre y de la patria ha sido sustituida por un rechazo del padre, y ello no a título íntimo y personal, sino a título social. «Un odio social hacia el padre», decía Karl Bednarik.

«¡Abajo la autoridad! ¡Abajo los padres!»

Toda la escuela de Frankfurt –Adorno, Horkheimer, Fromm y especialmente Marcuse– se dedicó a reinterpretar la figura paterna no sólo como si fuera la mediadora de la autoridad familiar, sino igualmente, lo que la hace acreedora de toda clase de sospechas y anatemas, como mediadora de la autoridad en el sentido amplio del término, de la autoridad política. Sobre la base de las investigaciones de Adorno y de sus colaboradores, el padre está en el centro del debate sobre la autoridad, como el elemento que funde entre sí dos formas de poder, la que se ejerce mediante el consenso y la que se ejerce mediante la amenaza o el uso de la fuerza y de la coacción. La autoridad del padre legítimo refuerza de hecho el poder político. Ahí está. Ahí está expresado el pensamiento del 68 que unirá a la juventud en la lucha contra la opresión**.

La sociedad sin padres, *la vaterlose Gesellschaft*, que se va a crear, debe ser una sociedad de libertad –libertad sexual entre otras; ¿acaso no acaba de legalizarse la anticoncepción?– en la que los adolescentes, que representan el mañana que se está haciendo, tomen la palabra e impongan silencio a los ancianos, a los que pretenden saber, enseñar, mandar y gobernar, a

* Geoffrey GORER, *Les Américains*, 1949, pág. 30.

** Véase Giorgio CAMPANINI, cap. III, «La famiglia come nuovo soggetto politico; da Freud alla Scuola di Francoforte», *Potere politico e immagine paterna*, Milán, Vita e Pensiero, 1985.

los padres, a los profesores, a los ministros y al anciano por excelencia, al general De Gaulle. ¡Qué paradoja! Se acusaba a los padres de ser mediadores del poder y opresores, cuando eran en realidad los más frágiles, los más evanescentes, los menos capaces de reacciones autoritarias. Porque los padres de 1968, al igual que los CRS, no eran SS*. Eran padres colchón. Se hundían con los golpes y ahogaban los gritos. Golpearlos no era peligroso y no hacía daño en los puños.

A posteriori, es lícito preguntarse si no era todo un malentendido en esta formidable inflación imaginaria que fue el mayo de 1968. Edgar Morin escribía que la explosión fue «el resultado del encuentro de las aspiraciones adolescentes que habían fermentado en la década de 1960 con las ideas revolucionarias que prometían la realización de esas aspiraciones libertarias y comunitarias». Tal vez, pero la contradicción está en cada persona. La gente se cree maoísta y se identifica como maoísta, colectivista, *communard* (no podía faltar la referencia a la Comuna de París), quiere estar fundida en un grupo, cualquier grupo excepto la familia. Pero no se aspira más que a la libertad más individualizada posible, al derecho de decirlo todo, a la prohibición de prohibir. En medio de agotadoras noches de manifestaciones, se va a casa de mamá a buscar un bocadillo, un café y una tapa de cubo de basura para usarla como escudo. En el pasillo se cruza con papá, en pijama, aterrorizado. Con papá, que no tiene el bachillerato mientras que, quien más quien menos, está en la facultad y grita contra los burgueses. Papá masculla entre dientes y sacude la cabeza, aunque a veces murmura: «Ten cuidado.» Su consigna «casa, metro, trabajo», está patas arriba. En su trabajo hacen huelga. Y se sale de nuevo a gritar contra el Estado-Papá y contra las jerarquías, contra las tradiciones y los castigos, por deseo de libertad y por la libertad del deseo.

* Las C.R.S, o Compañías Republicanas de Seguridad, fueron las fuerzas antidisturbios empleadas por el Gobierno francés durante el mayo de 1968. Una de las consignas que en la época se coreaba en la calle, y especialmente durante los enfrentamientos, era «CRS=SS» (N. del T.).

Una generación educada por las mujeres

Yo entonces vivía en pleno Barrio Latino de París. Mientras mi marido y yo mirábamos por la ventana y veíamos la masa de miles de jóvenes entre los que se encontraban nuestros hijos mayores, recuerdo haberle dicho: «Ésta es la primera generación educada sin vosotros, los padres. Educada únicamente por mujeres: por las madres, en casa, donde vosotros no estáis nunca, y por las mujeres maestras y profesoras en las escuelas y los institutos, porque los hombres han desertado de los oficios relacionados con la educación...» Me parece que estaba bastante orgullosa de ello. No habíamos oprimido a nuestros hijos ni les habíamos obligado a sublimarse. Como prueba, ahí estaban, haciendo un mundo nuevo...

A fin de cuentas, era verdad. En el hogar, los hombres habían dimitido de sus papeles tradicionales. Ya no significaban la articulación del pequeño mundo doméstico con la «gran sociedad». Y en esta «gran sociedad», habían desertado de los oficios de la educación, desde los cuales habían ejercido durante largo tiempo la labor policiaca del control social, ya fueran jesuitas o húsares laicos. La sociedad, al igual que la naturaleza, siente horror ante el vacío. Las mujeres habían tomado el relevo y habían ocupado los puestos abandonados por los hombres. Al principio silenciosamente, empezando por las tareas no remuneradas de educadoras en el hogar y por los modestos oficios de puericultoras, institutrices y monitoras de jardín de infancia. Progresivamente, adquirieron un barniz con la psicología y la pedagogía que se divulgaba a través de los periódicos y que ejercían en solitario en la casa. También invadieron la enseñanza secundaria, y lo menos que puede decirse es que lo consiguieron sin encontrar ninguna dura resistencia masculina. Así, en Francia, en 1970, una amplia proporción de los chicos y chicas que terminaban el bachillerato solamente habían tenido mujeres como profesoras durante toda su etapa escolar. Ningún hombre, ninguna figura masculina en la transmisión del saber, ningún sustituto de la imagen paterna en la escuela, y ello en el mismo momento en el que los padres se escondían detrás de su trabajo para no intervenir en la educación en el hogar.

Conozco el tema porque en aquella época participé en la realización de una película que, para el Centro Nacional de Investigaciones y Documentación Pedagógica, intentaba suscitar vocaciones masculinas para «los oficios cuyo objetivo es ocuparse de los niños», oficios que ya no practicaban más que las mujeres, tanto si se trataba de medicina como de psicología, de educación especializada o de enseñanza en general.

Parece indispensable que, antes de tener en cuenta las conquistas femeninas y feministas, se hubiera recordado el desinterés progresivo manifestado por los hombres hacia el proyecto educativo y su patente alejamiento del mismo. Las madres no habían pedido tanto... Estaban cansadas, agotadas, superadas por los adolescentes y las adolescentes (que, sobre todo, no querían imitarlas) y se sentían estafadas.

La lucha de las mujeres por la igualdad: las madres trabajan

Las tesis de Parsons ya no resultan admisibles y son vivamente rebatidas y combatidas por los estudiantes a los que se les enseñan: ¿en función de qué los hombres y las mujeres deben desempeñar papeles tan diferentes? En Francia, la tradición del trabajo profesional femenino es más antigua y está más enraizada que en Estados Unidos, por lo que los escritos feministas franceses son anteriores a los norteamericanos. En Francia se denuncia la dicotomía interior/exterior, en la que interior equivale a mujeres, y exterior, a hombres, pues se comprueba que esta dicotomía ha pasado a significar realmente la superior/inferior. Para las mujeres, menos libertad, menos dinero y menos poder, porque son las reinas de la casa, donde están con sus hijos:

«Jenofonte justificaba este estado de cosas mediante la voluntad divina y el argumento de la naturaleza: "Los dioses han creado a la mujer para realizar las funciones interiores; al hombre, para todas las demás. Los dioses la han situado en el interior porque soporta peor el frío, el calor y la guerra. Para las mujeres, es honesto permanecer en el interior y deshonesto salir al exterior; para los hombres, sería deshonroso permanecer encerrados en su casa sin ocuparse del exterior." Esta dicotomía no ha desaparecido. El "fuera de su casa", espacio abierto a las actividades más diversificadas y, por lo tanto, más nobles, se reservará al hombre, en tanto que el "dentro de casa" se reservará a la mujer. [...] La pareja "dentro/fuera" se traduce en "inferior/superior". Así, el filósofo Alain considera que "es natural que el carpintero de obra trabaje en el tejado y que la mujer esté debajo", y que es natural que sea ella quien instruya a los pequeños, pero que los mayores y los adolescentes deben estar al cuidado de profesores varones.»*

Es fácilmente comprensible que el paso masivo de mujeres a la actividad profesional fuera de su casa ha podido repercutir profundamente en los roles masculinos y, en particular, que el mantenimiento de su actividad profesional por parte de las madres jóvenes después del nacimiento de sus hijos ha podido modificar los papeles de los padres.

A partir de 1968 se produce una revolución que cambiará la vida de las madres. En Francia, sólo el 29 % de las mujeres entre treinta y cinco y cuarenta años que eran madres de dos hijos estaban activas en 1962 (y debe tenerse en cuenta que buena parte de estas mujeres activas eran granjeras o campesinas cuya actividad profesional se desarrollaba en torno al hogar). Al cabo de veinte años, en 1982, el 64 % de las mujeres de la misma edad que eran madres de dos hijos estaban activas, y ya casi todas eran asalariadas y trabajaban lejos del hogar. Cinco años después, en 1987, trabajaba el 70 % de estas mujeres. «Desempeñar el papel materno ya no exige el abandono del papel profesional»**, observa François de Singly.

* Evelyne SULLEROT, *Histoire et Sociologie du travail féminin*, Denoël-Gonthier, 1968, pág. 33. El texto de Jenofonte procede de *Económica*, y el de Alain, de *Propos sur l'homme*.

** François DE SINGLY, «Activité professionnelle de la femme et rapports sociaux entre conjoints», *L'Enfance et la Famille: questions en suspens*, SIR-ACTIF, n.º 142-143, febrero-marzo de 1988. Institut de l'enfance et la famille, pág. 51.

Tanto el padre como la madre son proveedores del hogar

¿Qué significa desempeñar el papel de padre en el caso del marido de una mujer que trabaja? Tradicionalmente, el hecho de convertirse en padre hacía que el hombre acentuara su papel profesional. Sabe que va a ser padre... ¡Ya es padre! Se siente otro hombre, tiene personas a su cargo, es responsable, es un padre de familia, razones todas ellas para dedicarse con más tesón y mayor seriedad a su trabajo. Porque se cuenta con él para que provea las necesidades de la casa y para que asegure el futuro de su hijo. «El valor monetario, o estatutario, del trabajo masculino ya no puede representar únicamente su valor personal, sino también el de su grupo doméstico.»*

Si su mujer trabaja, el padre todavía reacciona de igual modo: acentúa su dedicación profesional puesto que es la expresión lógica de lo que considera su papel más importante, el de proveedor. Ahora que es padre ni se le ocurrirá pedir una flexibilización de sus horarios de trabajo para estar más presente en el hogar. Los empresarios conocen bien la diferencia entre ambos sexos: temen las maternidades de sus empleadas porque el permiso que deben conceder tras el nacimiento del hijo desbarata las planificaciones, pero sobre todo por los imaginarios efectos de la maternidad sobre la trabajadora: desconcentración, desinterés relativo y menor ambición en muchos casos. Aunque siga siendo una empleada perfecta, ¿no tendrá la cabeza en otra parte? Mirará su reloj, pedirá arreglos en sus horarios y se ausentará con mayor frecuencia. De ahí que una madre con dos o tres hijos, aunque esté muy cualificada, tenga menores oportunidades de conseguir un empleo que una soltera sin hijos. Se tiene la impresión de que la madre predomina sobre la trabajadora. Por el contrario, los empresarios y los jefes de personal ven con simpatía las paternidades de sus asalariados. Se puede confiar en un padre con dos o tres hijos, pues desea complacer, desea progresar y desea ganar más. Se le puede pedir que haga horas extras, que realice misiones en lugares alejados, e incluso, que acuda a cursillos

* *Ibid.*, pág. 53.

de perfeccionamiento tan agotadores como prometedores. Esta serie de tópicos aún permanece.

Sin embargo, aunque para la madre el trabajo tenga menor importancia –lo cual no es así o al menos no puede asegurarse tajantemente debido al rápido cambio que afecta a las normas de comportamiento femenino–, se mantiene el hecho, que casi nunca se destaca, de que la madre que trabaja ha invadido y ocupa una pequeña parte del territorio, o incluso mucho, que el padre creía reservado para sí. La madre se ha convertido en proveedora con los mismos derechos que él. El padre ya no posee en exclusiva ese papel. Debe compartirlo. Ya no es el único que debe esforzarse para garantizar la seguridad financiera y para mantener el nivel familiar. Por lo tanto, ya no posee aquel poder de quienes decían: «¿Y quién paga aquí, eh?» Por supuesto, eso no lo cambia todo, pero sí muchas cosas que afectan a la autoridad del padre, a la imagen que de él se hacen los hijos, al modo en que éstos consideran su trabajo, sus logros o sus fracasos, su carrera y sus avatares profesionales.

La relación de las madres con el dinero ha cambiado

La relación con el dinero de cada uno de los miembros de la pareja ya no es la misma. Hasta hace poco, los hijos sabían o adivinaban que su padre era el banquero de la familia. Sabían o adivinaban que su madre recibía de sus manos el dinero para pasar el mes, o la semana, junto con las recomendaciones para su uso. El papel de ella, del ama de casa, consistía en distribuir ese dinero.

«Hacer durar y usar lo mínimo. Ésta es la tarea principal, y enormemente desgastadora, a la que están condenadas millones de mujeres: no producen, sino que usan. Llenan cada día el tonel de las Danaides. Sísifo arrastra su piedra, que vuelve a caer, y todo vuelve a empezar cada día. El sentimiento del absurdo se apodera de él; sin embargo, mantiene con todo vigor su esfuerzo y sabe perfectamente que lo importante no es la piedra, sino esa lucha a la que está condenado. Nosotras somos Danaides que llenamos toneles agujereados: la materia se nos escapa de entre las manos. Somos usuarias»*, escribía yo abogando por mis contemporáneas. Hasta hace poco, cuando los hijos querían dinero para sus gastos, debían hallar el valor necesario para pedírselo a su padre o debían convencer a su madre para que intercediera en su favor. El padre era quien distribuía el dinero, y la madre a menudo era una pedigüeña. Tenía que pasar cuentas de sus gastos.

¡Qué cambio se ha producido en los papeles de los progenitores en los hogares de doble salario, donde tanto el padre como la madre trabajan! A los hijos no les preocupa que las cuentas corrientes sean o no conjuntas. Lo que saben, lo que ven, es que la madre espera su paga al igual que el padre, que tiene un talonario de cheques y que también va al banco.

En Francia, la mujer siempre ha llevado las cuentas del hogar puesto que, aunque no ganara nada, siempre ha sido, excepto en la alta burguesía, la administradora del presupuesto. Siempre ha sido la que gasta y la que decide los gastos, sólo ha consultado con el marido para los desembolsos importantes y únicamente ha dejado en sus manos algunas partidas del presupuesto, como los impuestos, los seguros, el alquiler (aunque frecuentemente también era ella quien se encargaba de este apartado) y el sacrosanto coche.

El hecho de trabajar y de aportar dinero al hogar apenas ha modificado el papel de ministro de Finanzas desempeñado desde siempre por la mujer. Pero sí lo ha hecho en dos aspectos, ambos sensibles para los hijos de la pareja con doble salario: ahora es la madre la que les da el dinero para sus gastos, lo que antes era monopolio del padre; por otra parte, es frecuente que el padre y la madre vayan juntos de compras. Juntos hacen la lista, van juntos en coche al supermercado el sábado por la mañana, juntos empujan el carrito, pagan, cargan el coche y, luego, en la casa, guardan lo comprado en la nevera y el congelador. En la época no muy lejana en que las familias contaban con un único salario, eran muy escasos los padres que salían de compras. El hecho de que la madre

* Evelyne SULLEROT, *La Vie des Femmes*, Gonthier, 1964, pág. 64.

proporcione el dinero para los gastos de los hijos y de que el padre vaya de compras con ella es también un signo de la evolución de los papeles en la economía familiar.

Se tiene en cuenta el tiempo pasado en el hogar y las tareas domésticas de los padres

Un léxico muy revelador sigue oponiendo a la mujer que está en casa con la mujer que trabaja. Por lo tanto, siete de cada diez madres de dos hijos y casi nueve de cada diez madres de un hijo han dejado de estar en casa, pues el empleo afecta al espacio y al tiempo de sus papeles maternos. No están en casa durante la jornada laboral, al igual que el padre. Ya no son más que madres a tiempo muy parcial.

Este considerable cambio aún provoca lamentaciones de quienes hablan de abandono y felicitaciones de quienes hablan de liberación. Afecta indirectamente, pero de modo muy profundo, a los papeles de los padres. Hasta hace poco, el padre estaba ausente del hogar –estaba en los campos, estaba en la guerra, estaba en el mar o, después, simplemente estaba en la oficina– y seguía siendo un padre. No era puesto en tela de juicio como padre porque desempeñaba su papel de hombre en otra parte. E incluso era admirado y se le compadecía si el total de sus horas de trabajo superaba las normas. Por la noche, se le acogía en el hogar, tal vez no con los zuecos entibiados y el vaso de vino caliente, como al padre de Rétif de la Bretonne, pero al menos con consideración por su cansancio y con su lugar de honor en la mesa ya puesta.

Ahora, como la madre trabaja, debe defenderse porque se le formulan procesos y acusaciones en tanto que padre. La ausencia del hogar prolongada en exceso es considerada como una especie de huida, aunque su éxito profesional sea fulgurante. Se contabiliza el tiempo que pasa en el hogar, lo cual nunca se había hecho antes de la década de 1970, y en especial se contabiliza el tiempo que dedica a las tareas domésticas y al cuidado de los hijos, tiempo este último que cada vez con mayor frecuencia es considerado como el único en el que ejerce su papel paterno, su único tiempo paterno. En este terreno, su derrota es completa. Así, en Francia*, se contabilizan dos horas de presencia activa del padre en el hogar, por tres y media de su laboriosa mujer. Además, durante esas dos horas no actúa realmente: ayuda a la madre, la secunda. No cuenta el hecho de que por término medio trabaje fuera más que su esposa; dentro trabaja mucho menos.

Ellos se consideran diferentes y no aceptan la simetría de los papeles

Es evidente que las madres, en pocos años, han sabido ocuparse de papeles que hasta entonces habían sido masculinos y que estaban reservados a los padres. Sin embargo, no se ha producido el efecto recíproco y, en caso de producirse, ha sido de forma incompleta o mal realizado.

Los padres apenas se han adueñado de los papeles hasta hace poco reservados a las madres. Han continuado con su inercia. Debido a que son hombres, y por lo tanto diferentes, consideran que no deben ser como ellas. Ellos se preocupan de la existencia social de su familia; ellas, que físicamente crían, pueden perfectamente alimentar y cuidar a los hijos. Los hombres no les disputan a las mujeres su terreno ni los papeles que ellas asumen en virtud de su naturaleza física y de esa afectividad que les es propia, a pesar de que esos papeles las sitúen más cerca de los hijos y les proporcionen una considerable ventaja psicológica y sentimental. Ellas son diferentes, lo cual no constituye una razón para que las imiten, las suplanten o hagan las mismas cosas en el hogar.

En nombre de su diferencia, lo mínimo que puede decirse es que los hombres no se apresuran a compartir las tareas propias del hogar, que siempre incumben a las agotadas madres. Igualmente en nombre de su diferencia, no se apresuran a compartir los cuidados que necesitan los bebés. Es ver-

* Según los datos del INSEE para 1985, último año de las dos décadas cuyas transformaciones estudiamos aquí.

dad que la madre naturaleza sólo ha dotado a las mujeres de mamas para alimentar a sus pequeños mamíferos hambrientos. El papel de ellos, de los machos, incluso cuando son padres, es el de proveedores, no el de nodrizas; es el de lanzar en la caverna familiar su botín de caza, no el de cocinar las piezas ni el de amamantar al hijo. No obstante, desde hace más de cien años, ellos mismos, como científicos y técnicos, han permitido que las mujeres ya no tengan que alimentar a sus hijos o puedan ser alimentados por otra mujer. Ahí están las leches esterilizadas y maternizadas, los biberones, o las tetinas. Pero todo indica que para los hombres ha sido más fácil cambiar la naturaleza inventando sustitutivos para las mamas maternas que cambiar la cultura dando ellos mismos el biberón al bebé.

Al aferrarse a su diferencia, los padres ponen en entredicho la igualdad –o, para ser más precisos, la simetría– entre los papeles de los progenitores que se preconizaba a principios de la década de 1970. En efecto, la presión igualitaria llevaba a alejarse de la antigua idea de los papeles complementarios del hombre y de la mujer, idea basada en sus diferencias irreductibles. En la sociedad postindustrial que está naciendo, no sólo se encuentran miles de productos totalmente preparados y cientos de aparatos electrodomésticos que simplifican las tareas del hogar, sino que millones de mujeres encuentran su puesto en el mundo del trabajo, especialmente en el sector terciario. Así, se forman millones de «familias de doble carrera», como las llaman R. y R. M. Rapoport*. ¿Por qué los papeles del padre y de la madre, que son ahora tan semejantes en el mundo del trabajo, fuera del hogar, deberían seguir siendo desiguales en inversión de tiempo y esfuerzo en el hogar y en el cuidado de los hijos? Aparece así la hipótesis de una creciente intercambiabilidad de las tareas, lo cual llevaría consigo la de una intercambiabilidad de los papeles.

* R. Rapoport y R. M. Rapoport, *The Dual Career Family*, Londres, Penguin Books, 1971, y *The Dual Career Family Reexamined*, Londres, Robertson and Co., 1976.

Sin embargo, la «familia simétrica»* en ningún país conducirá a una verdadera igualdad de los roles en el interior del hogar. Es verdad que en todas partes los padres jóvenes comparten mucho más que de lo que compartían sus propios padres. Es verdad que se aprecian diferencias entre los ingleses, los italianos, los franceses, los portugueses, etc., por lo que respecta a su participación en determinadas tareas domésticas. Sin embargo, es seguro que no puede afirmarse que los padres han ocupado los papeles maternos en una proporción comparable a la invasora presencia de las madres en papeles hasta hace poco principal o únicamente masculinos y paternos. La responsabilidad de las tareas domésticas cotidianas incumbe especialmente a las mujeres. Asimismo, siguen manteniendo una presencia, una preeminencia y una relación privilegiada con los hijos menores. No se observa una simetría en los comportamientos cotidianos de padres y madres. «Como máximo, esta simetría se manifiesta en las actitudes y refleja que se comparten las responsabilidades y las decisiones, y éste es el modelo de referencia adulto que los hijos reciben de los dos sexos.»**

Aceptemos esta visión optimista. Pero las feministas y el conjunto de partidarios de la igualdad entre los sexos no tienen el mismo modelo de referencia, y la asimetría en la parte que corresponde a padres y madres en las tareas domésticas y educativas no deja de alimentar sus reivindicaciones. Además, los jueces que dictaminan en casos de divorcio y atribuyen la custodia de los hijos se refieren constantemente, de manera explícita o implícita, a este estereotipo: desde su punto de vista, la madre se ha convertido en un progenitor completo que desempeña todos los papeles; el padre es aún un progenitor insuficiente que no sabría enfrentarse a los problemas cotidianos derivados de la presencia de hijos (especialmente de hijos pequeños) ni podría dar satisfac-

* P. WILMOTT y M. YOUNG, *The Symmetrical Family*, Londres, Routledge & Kegal Paul, 1973.

** Bianca Barbero AVANZINI, «Giovani, nuove coppie e immagine paterna», *L'Immagine paterna nelle nouve dinamiche familiari*, Milán, Vita e Pensiero, 1985, págs. 52-77.

ción a sus problemas afectivos con tantas garantías como la madre.

«Mi mujer espera un hijo»

La asimetría de los papeles del padre y de la madre desde las conquistas femeninas no es únicamente consecuencia de una falta de dedicación por parte de los padres. Nace también de la imposibilidad de copiar o de compartir el papel materno.

Antes de la revolución de los anticonceptivos, se decía de un marido cuya mujer había quedado embarazada que era torpe o que lo había hecho bien. Si la llegada del hijo era considerada una carga, el padre quedaba descalificado. Si el acontecimiento era realmente esperado y feliz, se le felicitaba y él se sentía orgulloso de ser hombre. Actualmente, en el mejor de los casos, sólo se le asocia a la decisión de tener un hijo tomada por su mujer. No se le concederá un certificado de virilidad por hacer ese hijo que ella desea. Su paternidad se consume en la insignificancia inmediatamente después de la generación, cuando empieza el embarazo de la madre.

Hasta hace poco, el embarazo (la palabra y el hecho) era tabú y se disimulaba bajo amplios vestidos. Sólo era aludido indirectamente. Actualmente se trata de una aventura notoria que se ofrece a la simpatía de todo el mundo. Pronto la futura madre no podrá disimular su estado y se encontrará rodeada de consejos, de miradas y de recomendaciones que serán otros tantos condicionantes para su futuro papel. El futuro padre no queda prendido en esta red de expectativas. En la empresa en que trabaja, puede decirlo o no decirlo, según prefiera. Si opta por decirlo, no puede implicarse directamente, pues en nuestras sociedades el lenguaje se lo impide. Dirá: «Mi mujer espera un hijo» o, como máximo, «Vamos a tener un hijo». Si proclama «¡Voy a ser padre!», introducirá una nota de humor en su anuncio. Jamás se atreverá a decir «Espero un hijo», pues en nuestros países aún se considera como una aventura femenina.

No obstante, al padre cada vez se le pide en mayor medida que se vincule con el embarazo, que aporte una atención intelectual, afectiva y carnal, e incluso que adquiera los conocimientos médicos necesarios para compartirlo. ¿Cómo vive el padre el hecho de compartir este papel? Es muy abundante la literatura psicoanalítica sobre los *expectant fathers**, los padres a la espera de un hijo. Sus narraciones, sus conductas y sus patologías siempre enlazan con su propia historia, consciente o inconsciente, y son descifradas con la ayuda de las claves del psicoanálisis. Yo me refiero a algo que se encuentra en otro orden de cosas: se trata del cambio de papel, en nuestra sociedad, del hombre cuya mujer está embarazada, independientemente de su historia personal y debido a que se han modificado las normas sociales.

Hasta hace poco, ese hombre, según las normas, tenía que preocuparse por acondicionar el entorno del hijo que iba a venir, garantizando la seguridad material del hogar y suscribiendo un seguro de vida. Además tenía que cuidar a su mujer llevando todas las cargas pesadas en su lugar y no agobiándola con sus acosos sexuales. Actualmente, tiene que vivir al máximo en simbiosis carnal con ella, tiene que ir a las visitas médicas con ella, mirar las ecografías, seguir el desarrollo del feto y ayudar a su mujer a preparar físicamente el parto, al que evidentemente asistirá e incluso participará en casi todas las fases del alumbramiento, tal y como le han enseñado a hacer durante los cursillos de preparación. El clima emocional del embarazo hace que ese papel sea particularmente gratificante para algunos y agotador para otros.

Nuevos padres entusiastas inventan el nacimiento entre dos

Sigue siendo ambigua la utilidad de ese papel. Los entusiastas proclaman que hace que los hombres sean mejores padres. Están convencidos de haber vivido ese embarazo trans-

* Véase la bibliografía sobre los «*expectant fathers*» y sus avatares citada por Geneviève Delaisi DE PARSEVAL, *La Part du père*, Seuil, 1985.

parente, ese embarazo entre dos, mil veces mejor que lo habían hecho sus propios padres, los cuales pasaban a menudo esos meses sumidos en la angustia y el remordimiento por ser uno de esos hombres, brutos inconscientes, de quienes una sátira del siglo XVII decía: «No se preocupan por nada», mientras que «sus débiles mujeres, para complacerles, pierden sus cuerpos y sus almas».*

La ecografía, en particular, parece liberar al hombre de sus posibles celos de fecundidad y le confiere una nueva seguridad en su difícil papel, un papel en el que buscaba sus huellas. El hijo ya no es un misterio opaco encerrado en la madre, propiedad de la madre. Juntos y a la vez, ambos contemplan desde el exterior a ese hijo que va a venir, al que han hecho conjuntamente y al que ven patalear en la pantalla.

Este hijo objetivado justificará el papel de asistente de la parturienta que otorga al padre la sociedad moderna. Este papel hace que por una parte le parezca que fortalece su pareja y, por otra, le prepara mejor para la paternidad. Han sido dos en el placer cuando han hecho al hijo, dos para esperarlo y preparar no sólo su hogar, sino también su nacimiento físico, los gestos que habrá que hacer y las actitudes útiles, dos para sufrir de forma distinta pero juntos durante el parto, dos cuyas manos se estrechan mientras esperan el grito de su hijo, dos que se dan las gracias mutuamente por su común obra viva. El hecho de que el padre ayude a cortar el cordón umbilical y a bañar al recién nacido parece que le haga entrar por derecho propio en la paternidad carnal y protectora. Se trata de una relación totalmente distinta a ese alejamiento instintivo que sentían a menudo los padres mejor dispuestos ante ese pequeño bulto que chillaba y se meaba y que hacía caer en éxtasis a todas las mujeres. Ya no es el extraño para el otro sexo, el que molesta, el incompetente, el ridículo que debe dejar a las mujeres solas o que debe dejar el papel protagonista al tocólogo.

* Angot de LESPEYRONNIÈRE, *Lucine ou la femme en couches*, séptima sátira, 1610.

«Renunciar a ser otra madre...»

Sin embargo, no todos los hombres viven ese nuevo papel como si fuera bellamente creativo. Muchos se sienten molestos por lo que tiene de artificial y forzoso. ¿Es natural para el hombre ese aprendizaje y ese acompañamiento de los mecanismos del embarazo? ¿Por qué se ha convertido en lo necesario, si no lo suficiente, para dar muestras de que el hombre quiere a su mujer y querrá a su hijo? ¿Por qué se quiere feminizar al hombre a cualquier precio? ¿No existe otra vía hacia la paternidad que la identificación más o menos lograda con la mujer? «Dicho de otro modo, para convertirse en padre, la condición primera e indispensable consiste en renunciar a ser madre, en renunciar a ser "otra madre"», escribe claramente el doctor Aldo Naouri, el cual denuncia «las nuevas modas de las mochilas ventrales en las que los padres lucen orgullosamente su progenie, el placer proclamado de cambiar los pañales, lavar y cuidar a los hijos, un placer que acaban de descubrir y del que se han adueñado los medios de comunicación para forjar una categoría ejemplar y desconocida hasta el momento: los nuevos padres»*.

Esta imitación ha sido, si no deseada, sí al menos animada por las mujeres, que se sentían halagadas, durante los años de gran exaltación de la feminidad. Es verdad que, en todo lo que respecta a la procreación, la mujer goza de una total superioridad biológica. Durante milenios, esta aptitud para la fecundidad la ha hecho vulnerable y ha sido causa de su debilitamiento social. Como justa contrapartida, las sociedades modernas, que han enseñado a las mujeres a controlar su fecundidad, pueden permitirse el lujo de admirar tanto más la aventura del nacimiento cuanto que interviene con menor frecuencia en la vida de cada persona.

No por ello esta admirable y adorable fecundidad puede supeditarse a los caprichos de la moda, o ser imitada o compartida de una forma que no sea metafórica. Muchos padres no podrán imitar la maternidad carnal, empezando por aque-

* Dr. Aldo NAOURI, *Une place pour le père*, Seuil, 1985, págs. 182-183.

llos de quienes nunca se habla: los que no deseaban el hijo, los que tienen al hijo contra su voluntad, por decisión de la madre. Muchos otros se mantendrán «mirando de reojo la posición de la madre de su hijo, sin saber cómo situarse, envidiándola y odiándola a la vez»*.

Entonces, ¿qué hacer? ¿Cómo comportarse para ser un buen padre? ¿Existe una norma nueva? Es preciso convenir en que estos veinte años de conmociones de la condición femenina (1965-1985) han desequilibrado los papeles de los progenitores sin aportar una definición evidente y consensuada de la condición paterna. En cualquier caso, no es inútil el intento de desenredar este embrollo.

En esta indefinición, ¿qué papeles nacen del exceso de iniciativas de la moda feminista y carecen de futuro? ¿Cuáles son, aunque sean muy nuevos, los que parecen destinados a tener una larga vida y afrontarán el siglo XXI? Estos veinte años durante los cuales se ha puesto en tela de juicio la estructura familiar se alejan en el pasado, pero se mantienen las dudas sobre el papel del padre. ¿Por qué? Entre las múltiples causas de este desconcierto persistente, querría destacar tres: las reticencias de las mujeres a ceder en lo que respecta a sus prerrogativas maternas; los singulares puntos de vista de los consejeros de todo tipo que han pretendido hablar de la familia cuando en realidad pensaban en la pareja; finalmente, la resistencia pasiva del mundo masculino en el trabajo, que frena la intercambiabilidad de los papeles.

Pocas mujeres desean verdaderamente al padre que «cría»

Es evidente que las mujeres, gracias a las transformaciones operadas en sus relaciones con la fecundidad y en sus relaciones con la actividad profesional remunerada, han conseguido rechazar en lo que las afecta las normas tradicionales del reparto de tareas. Han logrado esconder victoriosamente en el

* *Ibid.*

baúl de los recuerdos la norma de las tres K, *Kinder*, *Küche*, *Kirche* (hijos, cocina e iglesia), que las tenía confinadas, y se han introducido, afirmo que de forma sólida e irreversible, en la Gran Sociedad, en el trabajo profesional y en la vida de la comunidad.

No cabe duda de que las mujeres desean que los hombres compartan con ellas la *Küche*, las tareas domésticas en el hogar, y seguirán presionando en este sentido a sus compañeros, sean padres o no. Sin embargo, sus intenciones son menos claras por lo que respecta a los *Kinder*, los hijos. Tal vez ciertas feministas cometieron un error de apreciación sobre la maternidad. ¿Las que encabezaron los movimientos feministas de la década de 1970 se consideraban relativamente poco maternales? En cualquier caso, creyeron que podían expresar el cansancio e incluso la rebelión de las mujeres ante el hecho de que siempre se les confiaran los hijos: «No porque paramos solas a un hijo hecho entre dos tenemos que estar solas a la hora de lavar pañales, corregir los deberes o llevar los niños al pediatra.»

Es verdad que las mujeres que trabajan han seguido este razonamiento y se han sumado a la crítica anteriormente citada. Sin embargo, les ha sido mucho más difícil traducir su rechazo a seguir así, en una definición clara del papel que debería corresponder a los padres de sus hijos. Aunque no siempre lo hayan proclamado –debido a que durante algunos años la moda feminista lo prohibía–, las mujeres sentían que los hombres no sabrían qué hacer con los hijos, mientras que ellas serían mil veces mejores que ellos en este campo. Las mujeres sienten las necesidades de los hijos, miden sus posibilidades, van por delante de sus deseos y adivinan sus penas. Saben hacer y saben amar. Ellos, los padres, serían torpes, ignorarían toda una serie de detalles, los hijos no se sentirían confiados, etc. Así, las madres han preferido reclamar guarderías y parvularios antes que nuevos papeles del padre con respecto a los hijos.

Las guarderías y los parvularios están llevados por mujeres, por unas asalariadas que no son más competidoras de la madre que las antiguas nodrizas. No se comparte la maternidad con ellas. ¿Qué podría ocurrir con el padre si realizara las mismas tareas que la madre, si llegara a criar al hijo? ¿Seguiría siendo ella la indispensable, la irremplazable, la más amada, la única? «Hay miles de estrellas en el cielo y miles de peces en el mar, pero madre no hay más que una...»

Padre porque es la pareja de la madre

¿Se me perdonará si, a riesgo de molestarlos, considero conjuntamente a los psiquiatras, los psicoanalistas, los psicólogos, los consejeros conyugales, los consejeros familiares que reciben a los padres y se expresan en seminarios y coloquios sobre los roles en las familias y los periodistas especializados que divulgan sus ideas en las secciones de sociedad de las revistas femeninas y familiares y en las emisiones de radio y de televisión? Ellos y ellas entenderán, a buen seguro, esta amalgama. Sin embargo, el hecho de que se trate de especialidades distintas, justificadas por conocimientos y prácticas diferentes y que buscan fines distintos, no impide que durante un tiempo hayan formado el bloque heterogéneo de los creadores de normas privadas. Algunos se niegan a dar consejos, otros hacen de ello su profesión, pero todos han contribuido a forjar tal vez no la moral, pero sí al menos el espíritu de la época.

Durante los años que nos ocupan, el coro de los analistas o de los autores de normas, fascinado por la evolución espectacular de las mujeres y por la liberación de las costumbres que por fin permitía situar el discurso sobre la sexualidad en un primer lugar, bien merecido desde su punto de vista, ese coro de analistas se preocupó mucho más de la madre que del padre, y mucho más del papel del hombre como pareja de la mujer que del hombre como padre del hijo. La preponderancia de la pareja sobre la familia se encuentra en su apogeo. El «parejismo» se vive con tanta fuerza como el feminismo. Sexualidad, bisexualidad, intercambios, placer mutuo, amor y odio, entendimiento y falta de acuerdo, proyecto común pero sin dominio del uno sobre el otro, experiencias conjuntas pero respetando la autonomía de cada cual, etc.; sería preciso citar bibliotecas enteras para dar cuenta del aumento de las reflexiones sobre la pareja, casada o no, pues lo importante era la pareja y no su traducción social. Y esta reflexión parece que haya fagocitado toda reflexión sobre la paternidad, en la medida en que el padre ya no recibe más que el nombre de pareja de la madre. La conclusión explícita o implícita es que el buen padre es en primer lugar un buen esposo o, mejor, un buen compañero de la madre. «Es la pareja la que hace al hijo; ya no es el hijo el que ata o incluso mantiene la pareja.»* Por lo tanto, el papel del padre consistirá en primer lugar en ser la pareja de quien decide la concepción del hijo y lleva al hijo.

Hasta entonces, el padre era el tercer personaje que se introducía en el seno del dúo madre-hijo. No tenía un papel fácil, pero era independiente de la madre, no procedía de ella. Se situaba al lado de la madre y proponía al hijo una identificación sexual diferente. A partir de la década de 1970, el papel paterno parece nacer del papel conyugal. «Dolorosamente, surge por fin un papel paterno que no es un modelo abstracto y aislado en el contexto de las relaciones interfamiliares, sino un papel surgido de la relación de la pareja: se es padre –podría decirse paradójicamente–, no por las relaciones directas que se mantienen con los hijos, sino por el hecho de ser propuesto como tal a través de las relaciones con la madre.»**

El problema consiste en que si bien las madres asumen muchos de los papeles paternos porque no los consideran extraños a su naturaleza, los padres que asumen a través de la madre su papel paterno apenas logran vivirlo de una forma que no sea la imitación. O la prórroga. Porque si el padre debe su papel al hecho de acostarse con la madre, contentar a la madre, ayudar a la madre, imitar y completar a la madre, ¿qué

* Philippe BATAILLE, «Les anciennes féministes et les nouveaux pères: le nouveau désir d'enfant dans le couple», *Cherche père désespérément, Dialogue*, n.º 104, 2.º trimestre de 1989.

** Gian Paolo MEUCCI, «Padri Pallidi o...?», *L'Immagine paterna, op. cit.*, pág. 17.

será de su papel cuando la pareja se separe? ¿Qué será de ese papel si otro hombre pasa a acostarse con la madre de sus hijos, a ayudar a la madre de sus hijos, etc.? ¿Qué papel le quedará al padre-progenitor alejado?

El compañero de la madre en el papel del padre

Una cosa es profetizar que el excelente compañero de la madre será un padre excelente y otra es prever el futuro de la pareja. Y resulta que el joven esposo o el joven compañero que ha vivido conjuntamente el embarazo de su mujer, que le ha hablado a su hijo que todavía estaba en el vientre de la madre, que ha asistido a su mujer durante el parto, que ha bañado, acunado y alimentado a su bebé, ese hombre se verá separado de su hijo si se divorcia y tendrá derecho a dos domingos mensuales de visita, a menudo conflictiva. Ésta será la tristísima consecuencia de la doctrina implícita según la cual, para el padre, la relación de pareja es primera y fundadora, y tiene preponderancia sobre la relación de filiación.

En esta concepción, que se ha extendido entre los psicólogos y que igualmente aplican algunos jueces de familia, el papel paterno es secundario y deriva del papel conyugal. Se es padre porque se es el compañero de la madre; el padre procede de la madre, con la que forma pareja. Por lo tanto, si la pareja se deshace, si la madre se separa del padre del niño, el padre pierde en cierto modo tal vez no el fundamento de su paternidad legal, pero sí su papel de padre en el día a día. Por muy establecida que esté, la relación de filiación biológica entre él y su hijo apenas pesa en la balanza para todos los que defienden el «parejismo» desde la dominación materna.

¿Qué es la filiación biológica al lado de la ausencia del padre de la cama de la madre? Todo parece indicar que, en lugar de un triángulo padre-madre-hijo cuyos tres vértices se interrelacionan (padre ↔ madre; padre ↔ hijo; madre ↔ hijo), no se tiene más que una única construcción de dos lados cuya única cúspide ocupa la madre. Un lado sería la pareja, el segmento padre ↔ madre; el otro, el segmento madre ↔ hijo.

Así, el padre no está unido al hijo más que a través de la madre, en tanto que está ligado a la madre, en tanto que vive con la madre.

En caso de divorcio o de separación, el padre puede ser sustituido, al lado del hijo, por un personaje que, pese a no escasear en absoluto, sigue sin tener nombre en la mayor parte de las lenguas europeas y al que prudentemente llamaré la nueva pareja de la madre. Que quede bien claro que no aplico ninguna condena moral en esta denominación, ni con respecto a la madre ni con respecto a la nueva pareja. Por lo demás, si se casa con la madre, se convertirá en lo que antes se llamaba el padrastro *(step father)* del niño. Pero son más numerosas las parejas de la madre, efímeras o duraderas, que viven con ella –y con los hijos– sin casarse. En Francia, en 1985, se calculaba que había alrededor de 700.000 niños menores de dieciséis años que vivían con su madre y un hombre que no era su padre. Con respecto al niño, este otro hombre puede ser muy agradable u odioso, atento o indiferente, afectuoso o duro. Su papel, siempre muy difícil, puede ser beneficioso o nefasto. No es ésa la cuestión. Lo que importa, lo novedoso, es la manera en que la nueva pareja de la madre suplanta al padre. Antes –cuántas novelas y cuántos dramas se han escrito sobre el tema, empezando por *Hamlet*– el otro hombre era descrito y era sentido como si tratara de ocupar el lugar del padre, pero sin poder pretenderlo ni conseguirlo. En la actualidad, dentro de la literatura psicológica sobre la familia, se ha convertido bien en quien cumple la función de padre o bien, más directamente y con mayor frecuencia, en el padre de sustitución.

En esta expresión algo rebuscada, tomada del inglés, la palabra «sustitución» no posee ningún matiz peyorativo. No evoca ninguna operación de prestidigitación que parta de la malvada idea de hacer desaparecer al verdadero padre para sustituirlo por uno falso. No, lo notable de esta expresión que pretende reflejar un hecho, que pretende ser un simple testimonio, es el empleo de la palabra padre. Porque se ha producido la sustitución de un hombre por otro hombre, de una pareja de la madre por otra pareja, pero no ha habido en absoluto una sustitución de un padre por otro padre. Excepto si se pretende que el padre procede del lecho de la madre. Se puede borrar o doblar al padre biológico o legal. La prueba está en que cada vez es más habitual denominar hogares recompuestos a aquellos en los que viven la madre, sus hijos y su amante. Cuando el padre ha partido o ha sido alejado, la familia se ha descompuesto. Cuando aparece otro hombre junto a la madre, la familia se recompone.

Esto sólo puede significar dos cosas: 1) que el hombre que realmente forma parte de la familia, que es un componente de la familia, es el que forma pareja con la madre; 2) que el otro, el que engendró al hijo, le dio su nombre, le confirió su identidad y vivió junto a su hijo, ha sido apartado de la familia porque ya no forma pareja con la madre. Y esto dice muchísimo acerca de la la manera en que se ha difuminado el papel del padre. El padre, que hasta hace poco aseguraba la relación con la historia, la estabilidad y la identidad de la casa, su código moral, es sustituido por un hombre a quien el niño suele llamar por su nombre de pila, que no tiene en común con él ninguna genealogía ni ningún estatuto y que, por encantador que pueda ser, es probable que no permanezca, pues su continuidad sólo depende de su buen entendimiento con su amante.

He empleado por dos veces la palabra amante, referida a ambos sexos, simplemente porque se trata del término más adecuado para describir una situación, y no pretendo efectuar ninguna condena moral. No obstante, estoy segura de que no gustará esta palabra sencilla y verdadera. No porque describa situaciones antiguas, sino porque las nuevas situaciones reclaman hipócritamente que se recubra la sexualidad con oropeles familiares. Lo que me sorprende de esas familias recompuestas no es en absoluto que una madre encuentre placer y felicidad con un hombre que no es padre de sus hijos. Lo que me sorprende es que sea llamado padre de sustitución quien contribuye a la usurpación y a la muerte del padre. Es la trampa del léxico, que reduce el papel del padre a ser únicamente quien vive con la madre.

Primacía del deseo (de la madre) en la recomposición familiar

¡Cuidado!, dirán los numerosos adeptos y glosadores de las familias recompuestas (o reconstituidas, según otros autores). No se nos debe acusar de sexismo antimasculino o antipaterno: no dirigimos nuestros tiros únicamente sobre el padre, su imagen y su papel. También llamamos familia recompuesta o reconstituida al grupo formado por el padre que vive con sus hijos y con su compañera, que se convierte en madre de sustitución. Lo que tratamos de establecer es que los verdaderos padres son los adultos que viven con el niño y que duermen en la misma cama, independientemente de que sea el padre biológico o la madre biológica quienes hayan formado una nueva pareja. Lo que dinamitamos con una sonrisa en los labios es la idea según la cual el padre biológico es el padre real, pues son las instituciones las que confieren a los vínculos de sangre esas prerrogativas.

Es verdad. Si los defensores de las nuevas formas de la familia están convencidos de un principio, éste es el de la intercambiabilidad entre el padre biológico, que ya no está en el hogar, y la pareja sexual del progenitor que sigue en el hogar. El vínculo sexual que funda la pareja, en tanto que expresa una libertad individual ajena a toda institución, les parece que prima sobre el vínculo de filiación que instaura la paternidad. Sin embargo, en la realidad diaria, saben perfectamente que nueve de cada diez familias recompuestas son hogares que cuentan con una madre, su hijo o sus hijos y su amante o su nuevo marido. En las discusiones, reconocen a la mujer una especie de vocación, o de derecho superior, para ser casi siempre el eje y quien ordena esas recomposiciones. ¿Por qué? Porque, alegan, ella manifiesta con fuerza ese deseo, lo reivindica y cuenta con que no será separada de su hijo. Con ello, no obedece a la institución, sino a su deseo individual. El padre genético, por su parte, aunque haya provocado la ruptura de su pareja, se encuentra primero marginado, más tarde en competencia y finalmente sustituido. Sabía perfectamente que corría ese peligro. Y les parece que no lucha excesivamente. En resumen, en la sociedad de los deseos legitimados, es el perdedor. Hasta ahora, no existe la intercambiabilidad del deseo de tener la custodia del hijo, aunque esto puede cambiar, apuntan nuestros modernos partidarios de las familias de geometría variable.

La organización del trabajo contra la intercambiabilidad de los papeles

¿Quién no estaría de acuerdo en asegurar que el principal freno a la intercambiabilidad de los papeles paterno y materno preconizada en la década de 1970 ha sido la inercia de la sociedad masculina? Por sociedad masculina entiendo, evidentemente, a los hombres que no tienen excesivos deseos de asumir ante sus hijos las tareas materiales y educativas que sus propias madres efectuaron con ellos cuando eran niños. Son una legión. Arrastran los pies, digan lo que digan los nuevos padres entusiastas o los neofeministas que les presentan este cambio como la vía real hacia la igualdad parental.

Pero por sociedad masculina entiendo sobre todo los Estados y las empresas, la organización de la producción y del trabajo humano. La sociedad moderna está basada en el trabajo de los hombres y apenas piensa en frenar su actividad, en concederles horarios adaptados para que puedan cumplir con su papel de padres. Gracias a que se ha incrementado el trabajo femenino, nuestras sociedades han descubierto paulatinamente la necesidad de efectuar cambios estructurales profundos, de realizar una política social nueva y de efectuar un nuevo acondicionamiento del trabajo que permita conciliar la vida familiar y la vida profesional. Todo ello se ha hecho pensando en las mujeres. Ni siquiera se pensó, al menos durante un primer período, en los hombres. Sin embargo, si la vida de un progenitor está devorada por el trabajo, esta vida es la de los padres. Pero a ellos no se les da cuartel.

En ningún país del mundo el porcentaje de hombres que trabajan es igualado por el de mujeres. En los países desarrollados, el índice de actividad masculino oscila en torno al 90 o el 95 % de los hombres que se encuentran en edad laboral. En Europa occidental, los índices de actividad femenina van del 35 al 55 %, con las tasas más altas en Escandinavia, que se sitúan alrededor del 70 %. Sin embargo, en este último caso, que afecta a Dinamarca y Suecia, más del 40 % de las mujeres activas sólo trabajan a tiempo parcial. En cambio, en todos los países, la proporción de hombres que trabajan a tiempo parcial es muy baja. Además, son los hombres quienes trabajan además horas suplementarias. De este modo, la duración semanal media del trabajo profesional masculino supera ampliamente la duración semanal media del trabajo profesional de las mujeres activas. En Francia, si sólo se considera a los asalariados, los hombres trabajan un promedio de siete horas más por semana que las mujeres, y esta diferencia es aún más notable en el caso de los mandos intermedios o superiores o de los trabajadores por cuenta propia. Aún es más notable, entre nueve y diez horas semanales de diferencia, en aquellos países en los que está muy extendido el trabajo femenino a tiempo parcial, como Suecia, Dinamarca, los Países Bajos, Gran Bretaña o Noruega.

Todas las encuestas efectuadas para establecer el presupuesto temporal de los hombres y las mujeres muestran que los hombres permanecen más tiempo en su lugar de trabajo y emplean más tiempo en transporte para llegar hasta él. Los hombres se levantan más temprano que las mujeres, casi una hora antes como promedio. Para convencerse, basta con tomar un autobús, un metro o un avión a primera hora de la mañana. Suele ocurrir que se encuentra una mujer por cada diez hombres. Además, los hombres regresan más tarde al hogar y se acuestan igualmente más tarde.

Extender también a los hombres las medidas adoptadas para las mujeres que trabajan

Estos datos incontrovertibles (que son fruto de observaciones metódicas y en ningún caso de opiniones) no pretenden hacer pasar a las mujeres por perezosas. Todos sabemos que la mayor parte añaden a su actividad profesional su actividad doméstica y materna.

Como madre de familia y como trabajadora, me sensibilicé ante este problema y he luchado durante más de veinte años para conseguir que las mujeres tengan realmente una igualdad de oportunidades en la vida profesional, lo que significa favorecer las innovaciones sociales que puedan permitirles conciliar mejor la vida familiar y la vida profesional, además de progresar profesionalmente como los hombres. Durante los últimos veinte años he estado presente en las organizaciones internacionales (Comunidad Económica Europea, ONU, Oficina Internacional del Trabajo) y ante los poderes públicos franceses integrada en numerosos grupos, comisiones, consejos, etc., que han estudiado la organización del trabajo y la política social que debe acompañarla. Con estos diferentes grupos de trabajo y con los grupos que he dirigido, hemos formulado reivindicaciones, redactado recomendaciones y elaborado planes de acción. Y nunca he oído que los hombres que representaban a las administraciones de los Estados o a las empresas hayan pedido medidas específicas para los padres de familia, como horarios reducidos o guarderías en los lugares de trabajo. Los sindicatos han luchado con mucha constancia por una reducción de los horarios de trabajo recordando la necesidad de que los trabajadores tuvieran vida familiar, así como vida social y cultural. Pero nunca las obligaciones surgidas del nuevo papel paterno han sido enarboladas como tales. Sólo se descubría lentamente el argumento de la intercambiabilidad de los papeles, a principios de la década de 1970, para extender «también a los hombres» los análisis efectuados en el caso de las mujeres y también a los padres los beneficios o las libertades que se pedían para las madres.

Fueron las mujeres –y yo entre ellas– quienes adelantaron el principio de intercambiabilidad de los papeles. Los hombres, impresionados y seguidores feministas, o incrédulos y hastiados y esperando a que pasara la fiebre, únicamente trataban de repetir después que nosotras esa palabra que en cualquier idioma no puede pronunciarse sin tropezar: intercambiabilidad, *interchangeabilité*, *interchangeability*, *intercam-*

biabilità, etc. «¿Qué entienden por papel?», se atrevió a preguntar uno de ellos. «El conjunto de comportamientos concretos que la sociedad espera de un progenitor, sea el padre o la madre», se le respondió. Asintió con la cabeza, con aire burlón.

Muchos hombres se mostraron escépticos, pero se acomodaron en tanto que no se modificaba el sistema. Con bastante rapidez, casi todos los Estados añadieron a las legislaciones sociales previstas alguna fórmula para ayudar a que las madres pudieran conciliar su vida profesional con su vida familiar y, según la cual, también era aplicable esa legislación a los hombres y a los padres. En casi todos los casos se ha tratado de una cláusula formal sin aplicación práctica. En Francia, la importante lesgislación social de ayuda a la familia es escrupulosamente neutra y puede beneficiar tanto a los padres como a las madres. Nada impide que los padres tomen el permiso de educación. O el que se concede por enfermedad del hijo. Lo que ocurre es simplemente que no se han llevado a cabo acciones específicas fuertes y sostenidas para animar a los padres a enfrentarse con las coacciones a que les somete la sociedad profesional.

Si el papel, el rol, es el conjunto de conductas concretas que la sociedad espera de un individuo, los hombres saben lo que la sociedad industrial espera de ellos, e incluso podría decirse que les exige: tienen que trabajar, y a través del trabajo profesional deben tratar de adquirir un estatus. Se trata de un duro imperativo que hipoteca su tiempo, pesa sobre sus opciones y les impide cambiar de mentalidad; de punto de vista y de papel. ¿Cómo experimentar otro papel, el de padre en el hogar, cuando se tiene miedo de perder el empleo o de destrozar la propia carrera?

No obstante, es evidente que son muchos los que se acomodan ante este imperativo o se escudan en él para no cambiar un papel por otro. Las obligaciones profesionales (expresión sagrada) son una excelente coartada para no preparar el desayuno de los hijos y no llevarlos a la escuela, para no ser quien les acompañe al médico y para no dedicarles tiempo suficiente para seguir sus evoluciones y comprender sus inquietudes. A todo ello se añade el miedo al ridículo y la certidumbre de no saber hacerlo. ¿Cómo cambiar de papel cuando se es un drogadicto del trabajo y este papel profesional moviliza y resume toda la personalidad?

¿Qué se ha hecho para dar igualdad de oportunidades al padre? El ejemplo sueco.

Parece que ha sido en Suecia donde se ha llevado a cabo, con más honestidad y convicción, el intento de dar igualdad de oportunidades al padre. Este intento no consistió únicamente en extender a los padres los beneficios sociales concedidos a la madre, sino también en conseguir el acuerdo de las administraciones y de ciertas empresas para aliviar los imperativos profesionales que pesan sobre el padre para así permitirle cumplir con su papel de progenitor de una forma nueva. Este intento consiguió algunos éxitos, pero también tuvo sus limitaciones.

En Suecia se había planteado crudamente el principio de intercambiabilidad de papeles en la década de 1970; ¿cómo se puso en práctica? Este estudio es muy interesante ya que, como hemos visto (véase el capítulo 4), todos los modelos nuevos surgieron de Suecia y se extendieron a continuación a toda Europa, de norte a sur. ¿Nos alcanzará este modelo? Algunos piensan que, en materia de costumbres y de mentalidades, todo procede de Estados Unidos, y también la igualdad de oportunidades y la intercambiabilidad de los papeles de los padres y de las madres. Tal vez sea así, pero en lo que se refiere a la realización práctica de estos principios, el Estado sueco puede desempeñar un papel de acicate y de regulador imposible en Estados Unidos. Lo más interesante del caso sueco han sido las iniciativas públicas que, sin presionar en absoluto al sector privado, lograron mediante la negociación el descenso de la tensión profesional que las empresas hacen recaer sobre los padres.

También es interesante la historia de este intento y las justificaciones ideológicas que se invocaron sucesivamente.

Porque estas justificaciones variaron, como lo hizo el énfasis puesto en las investigaciones y los debates sobre uno u otro aspecto del problema*.

En la década de 1950, la investigación sueca se dirigía hacia la función educativa y los estilos de vida de las familias, consideradas como unidades. La reflexión no se centraba entonces sobre el papel paterno. Durante la década de 1960, los cambios que afectaban a la vida de las mujeres –la revolución de los anticonceptivos y la entrada masiva de la mujer en el mundo del trabajo (entre 1960 y 1965, la proporción de mujeres casadas que trabajan fuera de casa pasa del 15 al 37 %)– acapararon la atención. ¿Cómo conciliar la vida familiar y la vida profesional de la madre? ¿Cómo integrar la libertad sexual derivada de la presencia de anticonceptivos eficaces en una sociedad hedonista? Las investigaciones, las discusiones y las decisiones jurídicas y sociales quedan sometidas a la fuerte influencia de los movimientos de emancipación femenina y de movimientos sociales que desbordan por la izquierda al partido socialdemócrata. Su contrato social de reparto de los *gender roles* es denunciado violentamente porque se le considera superado. Por su parte, las mujeres rechazan la pretendida libertad de elección y, en su programa de 1970, «Futuro de la familia: una política familiar socialista», plantean sus condiciones. «No sólo piden un puesto igual en la sociedad, sino que también quieren que los hombres compartan sus tareas y se muestren igualmente responsables en lo que respecta a los hijos.»**

La década de 1970 se sitúa bajo dos signos: 1) el de la independencia de los individuos: casamiento o cohabitación, e hijos en el seno o fuera del matrimonio son considerados como los proyectos comunes de dos individuos independien-

* Lena Nilsson SCHONNNESSON, «Her, His and Their Marriage», en *Interdependance between women and men*, Instituto de estudios de Salzburgo, Austria, 1987, págs. 51-63.

** Yvonne HIRDAM, profesora de historia de las mujeres en la universidad de Göteborg, «The Swedish social democrats and the importance of gender, an other approach to the history of the Swedish welfare state», *New Sweden Seminar 1988, Women and Power.*

tes; 2) el del respeto a la igualdad entre los sexos, que se hace muy exigente. El partido socialdemócrata y el Primer ministro toman este tema como caballo de batalla. Hasta 1974, los subsidios para cuidados de los niños pequeños sólo se entregaban a la madre, y este dirigismo estatal fue denunciado como «una intrusión en los modelos de vida familiar»*. Cambió el sistema fiscal, que hasta entonces se basaba en el cabeza de familia como proveedor del hogar. El cuidado de los hijos pasa a ser una responsabilidad pública. La década termina con el Acta sobre la igualdad de estatutos de 1979.

Hasta aquí, nada es excesivamente diferente de lo que ocurre en Francia, e incluso puede hablarse de un cierto retraso. Sin embargo, a partir de 1981, cuando las tendencias feministas y socializantes se acentúan en Francia, en Suecia las investigaciones se dirigen hacia la parentalidad *(parenthood)* y se interesan por la custodia conjunta de los hijos de parejas separadas y por el nuevo papel del padre. «Los problemas de los padres ya no son descritos en términos de conflictos entre los sexos, sino como el conflicto de cada uno entre las exigencias de su profesión y su papel de padre.» Se considera que el amor entre padre e hijo podrá desarrollarse mejor si se logra resolver el conflicto entre trabajo y paternidad. En las familias deshechas, incompletas o recompuestas, el papel del padre deja de estar claramente definido. Los padres se están convirtiendo en víctimas. Muchos de ellos sufren porque una justicia obsoleta les ha separado de sus hijos. Se adquiere consciencia de la desazón masculina después de quince años de feminismo, y se crean lugares a los que los hombres pueden acudir libremente para hablar de sus propios problemas con psicólogos. Estos lugares son llamados centros para hombres (*Manscentrum, Mansjouren*) o centros de crisis para hombres (*Kriscentrum für män, Krisjouren*), y en 1989 existen 26 centros de este tipo, repartidos por las principales ciudades.

* Agneta NILSSON, *The Changing Parental Function*, dirección nacional de Previsión Social, Estocolmo, 1986.

La moral social permanece impregnada de un femenismo perentorio, omnipresente y tabú. Pero se es consciente de la desazón masculina y se observa con atención la dificultad de ser padre o abuelo. Así, en 1983, el ministro para la Igualdad de Oportunidades crea a este efecto un grupo de trabajo cuya función consiste en ayudarles a desempeñar sus nuevos papeles*.

Un concepto que abre el futuro: la coparentalidad

Así pues, ya apenas se habla de la intercambiabilidad de los papeles. Se extiende un concepto más rico y menos normativo: la coparentalidad. Si la parentalidad designa la relación padre/hijo, la coparentalidad requiere el acuerdo de los dos progenitores para compartir, como entiendan ellos, los cuidados prácticos, la educación y el cariño. El hecho de que en Suecia tanto las investigaciones de las ciencias sociales como las medidas sociales se esfuercen en promover la coparentalidad se debe a que la moda de la pareja como única finalidad y único valor se difumina.

Hemos visto hasta qué punto el «parejismo» ha ocultado todos los demás vínculos familiares, incluidos los vínculos padre/hijo. Hemos visto que la sociedad de la pareja reina ponía a los padres en constante peligro de perder su papel de padre si dejaban de ser amados por la madre. Así pues, ha sido una revolución de las mentalidades lo que ha permitido el ascenso del concepto de la coparentalidad. La coparentalidad preserva la parte correspondiente al padre, aún en el caso de que la pareja fracase. Lleva implícita la idea de que el padre y la madre son iguales e igualmente responsables de su hijo. Cada uno de ellos tiene que poder responder a las múltiples expectativas de los hijos, pues pueden actuar individualmente o conjuntamente. Cada uno es un progenitor completo, capaz

* *Mannen i förändring. Ideprogram från arbetsgruppen om mansrollen*, El hombre en el cambio, informe del grupo de trabajo sobre los papeles del hombre, Ministerio de Trabajo, Estocolmo, 1986.

de ejercer los papeles del otro y los propios, pero cada uno conserva su personalidad.

Para convertirse en ese padre completo que puede sustituir a la madre (y viceversa), según los acuerdos a los que ambos habrán llegado, es altamente deseable que el padre se acostumbre, desde el momento en que nace el hijo, a ocuparse de él alternándose con la madre. De ahí la extraordinaria importancia que conceden los suecos (tanto los individuos como el Estado) a su invento del permiso parental. Se trata de un permiso de un año, ampliado a dieciocho meses en 1992. Sin embargo, en la realidad, el progenitor que se ausenta del trabajo para ocuparse de su hijo recibirá durante nueve meses el 100 % de su salario si es funcionario y el 90 % si trabaja en el sector privado. Durante los meses siguientes, el progenitor que se ocupa del hijo sólo recibe un subsidio social nada despreciable, pero no obstante insuficiente para vivir. La originalidad del sistema consiste en que el padre y la madre pueden dividirse los nueve meses del permiso parental de la forma que quieran –y según las posibilidades concedidas por sus respectivos patronos–.

En el momento en que fue creado, en 1974, se anunció que este permiso podía ser disfrutado por la madre o por el padre; es decir, se instauraba una pretendida igualdad mediante la neutralidad –que es como aún se presentan las disposiciones sociales abiertas a los padres tanto en Francia como en Inglaterra, Alemania, etc.–. El resultado consistió en que sólo las madres lo pedían. El descuento del número de días de permiso parental pagado a los suecos en 1974 permitió comprobar que los padres sólo habían disfrutado del 0,5 % del total de días pagados. Sin embargo, durante la década de 1980 cambió la manera de presentar el permiso parental, al igual que cambió la concepción de la igualdad de los progenitores en la familia y, especialmente, el modo de concebir la parte correspondiente a cada progenitor en la educación de los hijos.

Ya no se decía que el permiso parental podía ser disfrutado por la madre o por el padre; sino que se concebía este permiso de forma que permitía a los dos progenitores permanecer alternativamente en el hogar con su hijo después del nacimiento de éste. Se pasaba así de la neutralidad a la coparentalidad*. Año tras año, los permisos pedidos por los padres aumentaron y, en 1988, su proporción con respecto al total de días de permiso parental pagados fue del 7,1 %. Tal vez no sea mucho en términos de tiempo paterno pasado en el hogar; sin embargo, representa que más de un padre de cada cinco (el 22 % en 1989) toma un período de permiso parental. La media de presencia paterna en el hogar junto al recién nacido es de seis semanas.

La Oficina para la Igualdad de Oportunidades de la Comunidad Europea, para la que he trabajado desde 1984, envió a mi colega Peter Moss, de la universidad de Londres, responsable comunitario de los problemas de custodia de los hijos menores, a estudiar cómo están planteados y resueltos estos problemas en Suecia. En el marco de esta misión, se interesó por el permiso parental sueco y efectuó numerosas entrevistas sobre este tema a responsables sindicales y a jefes de personal de empresas industriales y del sector terciario, y también a padres y madres que habían disfrutado de este permiso. Conocedor de mi interés por la evolución del papel de los padres, Peter Moss tuvo la extraordinaria amabilidad de mostrarme esas entrevistas. Reiterándole mi agradecimiento, me permito resumir aquí los datos más significativos relacionados con el tema que me ocupa y añadirlos a las observaciones que yo misma efectué durante mi último viaje a Suecia, en el que recorrí siete ciudades, en 1990.

Actitudes del público con respecto al disfrute del permiso parental por parte de los varones asalariados

La acogida es muy favorable por parte de los sectores jóvenes de la población, que adoptan la coparentalidad como

* El proyecto de ley 1987/1988 sobre la igualdad entre hombres y mujeres dice, en su traducción inglesa: «To enable *both* men and women to remain at home with their children when they are young or when they are ill». En el texto, la palabra *both* (que significa ambos) está subrayada.

un valor y que aceptan compartir las tareas y los papeles desde el momento en que los dos progenitores pueden adaptarlas a su modo. El movimiento feminista brinda abiertamente su apoyo. Sin embargo, existen numerosas reservas: la llamada a los dos progenitores para que se ocupen del recién nacido no sería más que un paliativo para la cruel y constante falta de guarderías. En efecto, los municipios que gestionan las guarderías se enfrentan con las mayores dificultades para contratar al personal adecuado, ya que los trabajos relacionados con el cuidado de los niños están muy devaluados y atraen a pocos candidatos.

Por el contrario, sorprende un gran cambio: hasta hace poco, en Suecia, al igual que en Francia, se afirmaba rotundamente que la custodia de los niños era una responsabilidad pública, que la permanencia en guarderías colectivas era excelente, mejor para los niños de más de 18 meses que quedarse en el hogar, y que esa permanencia tenía incomparables ventajas por lo que respecta a la igualdad de oportunidades entre los niños procedentes de sectores sociales diferentes. Sin embargo, en Suecia, desde finales de la década de 1980, los niños se han convertido en tema que preocupa y que es objeto de un gran debate público. De ese debate surge que se debe pedir a los adultos en general, y a los progenitores en particular, que dediquen a los niños más tiempo y mayor atención. Incluso se osa decir que tener juntos a niños de entre 18 meses y tres años durante siete u ocho horas diarias no puede ser considerado como un progreso social*. De ahí que se reintroduzca vigorosamente el papel de los padres en la educación, lo cual coincide con un aumento de la natalidad en el país.

* ¿Cómo podría olvidar la forma en que fui tratada por la opinión llamada de izquierdas porque me había atrevido a afirmar eso mismo en el informe *«Les modes de garde des enfants de moins de 6 ans»*, que presenté ante el Consejo económico y social en 1981? El parvulario es la mejor creación francesa, pero el parvulario (o escuela maternal) a los dos años es un triste contrasentido que nada tiene de progresista.

Actitudes de los ministerios implicados

El Ministerio de Trabajo rige la concesión de esos permisos; el Ministerio de Sanidad y Asuntos Sociales paga las subvenciones correspondientes. La acción es impulsada y coordinada por una comisión, la cual opina que cuanto más largo sea el permiso parental (se desea ampliarlo primero a dieciocho meses y, más tarde, a veinte) más necesario será implicar en él a los padres, pues en caso contrario se ensancharían las diferencias entre hombres y mujeres en el mercado laboral. Se ha abandonado la idea de imponer una cuota hombres/mujeres en el disfrute del permiso, y se opta más bien por financiar campañas destinadas a cambiar las actitudes masculina y femenina con respecto a los papeles de los progenitores. Por otra parte, se considera que sería bueno que no se tomara la totalidad del permiso tras el nacimiento del hijo (se sigue esperando que pueda mejorarse el sistema de guarderías), sino que se fraccionara en varios períodos, a elección de los padres. Algunos desearían que el permiso parental pudiera fraccionarse hasta que los hijos llegaran a los ocho años de edad, para disfrutarlo en determinados períodos, como la época de inicio del curso escolar.

Actitudes en el mundo del trabajo

No debe considerarse que Suecia sea un paraíso para los padres, ni tampoco un paraíso para las feministas. La dicotomía hombres/mujeres en el mundo del trabajo es mayor que en Francia. No sólo menos mujeres hacen carrera en ese país y menos mujeres ocupan puestos de responsabilidad, sino que todos parecen aceptar que las mujeres puedan recurrir al trabajo a tiempo parcial en determinados períodos de su vida, especialmente cuando tienen hijos pequeños. Se acepta tácitamente que las mujeres no tengan las mismas ambiciones ni las mismas posibilidades de promoción, aunque se proclame lo contrario. En contrapartida, los imperativos profesionales presionan duramente a los hombres, y la introducción del permiso parental no ha hecho disminuir esta presión.

No obstante, las mentalidades han cambiado: no se volverá a repetir que el hombre que permanece en el hogar para cuidar de su hijo no es un hombre de verdad, y no se volverá a poner en duda su capacidad para ocuparse de los hijos. Pero es evidente que los hombres no tienen, y no tendrán en un futuro próximo, la misma libertad que las mujeres para disfrutar ese permiso, por mucho que esté establecido en una ley. Y algunos hombres tendrán menos libertad que otros. Un hombre podrá ser en mayor o menor medida un nuevo padre, según el oficio que desempeñe, el cargo que ocupe y el nivel que espere alcanzar.

Entre los obreros que participan directamente en la producción, son las mujeres quienes de forma masiva toman el año de permiso parental, y ello ocurre con más frecuencia en tanto las condiciones de trabajo se endurecen. Los hombres de este sector son generalmente extranjeros que no desean perder el 10 % de su sueldo y que no están preparados para quedarse en casa con el niño.

Los artesanos o comerciantes autónomos no toman el permiso parental, y tampoco lo hacen los pequeños empresarios. Estos últimos, que no pueden recurrir a trabajadores temporales para sustituir a los ausentes, no permitirán el disfrute del permiso parental a sus trabajadores varones. El representante de la SAF (organización patronal de la pequeña empresa) considera que «para contratar a un hombre que vaya a disfrutar del permiso parental, éste debe poseer un nivel educativo alto». Por tanto, sería un lujo de los más instruidos.

¿Debemos sacar la conclusión de que el permiso parental está reservado a una elite en el caso masculino? Así es en el caso de que por elite se entienda a los profesores, los bibliotecarios o los funcionarios que pueden ausentarse de su trabajo sin que su carrera sufra daños. Porque las cosas no parecen nada fáciles desde el momento en que se es mando intermedio en una empresa privada, aunque esa empresa sea muy favorable al permiso parental, como Ericsson, que muestra y reivindica una imagen igualitaria.

I.L., mando intermedio en la industria: «Cuando supe que

mi mujer esperaba gemelos, pedí tres meses de permiso parental. Pero es que por el momento no busco ninguna promoción. De modo que estaba tranquilo. Si hubiera deseado promocionarme, habrían surgido los problemas. Además, avisé con mucha anticipación, desde el inicio del embarazo, y pedí el permiso para el año siguiente.»

B.J., jefe de personal: «Un mando superior pidió un permiso parental; su director le respondió que debía optar entre seguir siendo mando superior o ser padre.»

B.L., mando intermedio en la industria: «Un hombre que se encuentra en mi posición no puede perder seis meses. Tal vez podría pedir que durante un período mi jornada laboral se redujera a seis horas diarias.»

H.L., jefe de personal: «La política de igualdad de oportunidades sueca no quiere beneficiar únicamente a las mujeres, sino también a los hombres. Y éste es el caso del permiso parental. Pero el hombre no puede ocupar una posición clave en su servicio, así que... [...] En el caso de ciertos cargos, es preciso planificar su ausencia con más de un año de anticipación.»

H.L., directivo en la industria: «Sin duda, he sido el cargo de mayor nivel que ha disfrutado del permiso parental. Hubo reacciones hostiles, como decir que eso no era responsable por mi parte y demás. Creo que se hubiera aceptado mejor que me tomara un mes de permiso con un objetivo más machista, como irme de vaciones, por ejemplo.»

M.B., mando intermedio de banca: «Cuanto más cerca estás de la cúspide, más hostiles son las actitudes ante el disfrute del permiso parental por los hombres. Por ejemplo, los administradores bancarios se muestran contrarios a este permiso.»

B.S., mando intermedio de banca: «Es muy difícil para un mando intermedio de una agencia pequeña. En cualquier caso, seis meses es impensable; quizás un mes o dos, si se tiene un buen ayudante.»

G.M., mujer, empleada de banca: «Conozco a un hombre que es mando intermedio en otro banco y que querría reducir su horario, pero tiene miedo a la reacción de la empresa. Está mal visto que un mando intermedio tome este permiso. No, los hombres nunca tomarán igual que las mujeres el permiso parental. Los subalternos tal vez durante un mes, pero los directores de agencia trabajan diez horas y más al día; es imposible.»

B.S., mando superior en la industria: «Cuando daba clases en la universidad, por dos veces me tomé una parte del permiso parental. Sin embargo, cuando nació mi último hijo, yo ya era mando superior en Ericsson, y no me lo podía plantear. Un día que mi mujer estaba enferma, llevé a mi hijo de tres años al despacho. Mi jefe me ordenó que le encontrara acomodo de inmediato.»

Así, por eliminación, se comprueba que los padres que tienen mejores oportunidades de permanecer algún tiempo en casa y de aprender cómo ser un padre completo tienen que trabajar en el sector público o ser técnicos o empleados. Y aún así...

C.B., empleado: «Pedí mi permiso parental seis meses antes del nacimiento de mi hijo para que se pudiera planificar el trabajo durante mi ausencia, para que mi ausencia no repercutiera en mis compañeros.»

K.B., empleada: «Claro que es más difícil para los hombres. Se considera que las mujeres tienen un cierto derecho a tener tiempo libre para dedicarlo a los hijos.»

A.W., jefe de sección: «En el caso de una mujer, me parece que seis meses está bien, pero es demasiado para un hombre. Yo me preguntaría sobre los motivos del hombre que lo pidiera. Cuando regresara, después del permiso, sería necesario que me diera muestras de su ambición antes de que pensara en una promoción para él.»

M.B., empleado de banca: «Un hombre de mi agencia va a tomarse un pequeño período de permiso parental. Será el primero en la agencia de Ostersund. No creo que afecte a su carrera porque yo estoy a favor del permiso parental. Pero si el jefe estuviera en contra, no te daría oportunidades y te sería muy difícil demostrar que has sido discriminado a causa de ese permiso.»

Por otra parte, muchos de los entrevistados explican que, durante su permiso, recibieron en su domicilio numerosas llamadas telefónicas de su oficina o de sus clientes, que no entendían que se pudieran cortar los vínculos con el trabajo durante un tiempo. Sin embargo, todo el mundo reconoce que, a partir de 1987 aproximadamente, se produjo un cambio profundo, un cambio positivo después de todos esos años durante los cuales los adultos sólo pensaban en sí mismos. Todo el mundo alaba la idea de que los padres se dediquen pronto al cuidado de los hijos. A.W., jefe de sección, llega a decir: «Si una mujer en mi sección me pide dieciocho meses de permiso parental, le respondo: Bueno, y tu marido, ¿qué?»

Actitudes de los padres y las madres afectados

Los padres son muy conscientes de lo que está en juego y desean ser padres completos.

N.E.R.: «Quiero compartir el permiso porque he comprobado a través de amigos que es excelente para la familia y para los hijos. Quiero estar cerca de mi hijo desde el principio.»

M.B.: «La presencia de los padres durante el parto ha hecho que todo cambiara. Se sienten más cerca del recién nacido y tienen ganas de prolongar esta cercanía.»

A.W., divorciado, con un hijo bajo su custodia: «Es importante tener una relación emocional intensa con tu hijo. Se necesita tiempo para establecer una relación de calidad. He observado que, durante el fin de semana, a menudo hace falta una hora, e incluso más, para poder hablar realmente con el hijo, para tener un verdadero intercambio. Para los padres que viven el conflicto trabajo/familia, el tiempo es el mayor problema.»

C.E.: «Quería tener con mi segundo hijo un contacto más íntimo que con el primero, que estuvo en la guardería. Quería establecer este contacto desde el principio. Mi mujer estaba de acuerdo. Se hubiera sentido decepcionada si yo hubiera cambiado de idea.»

H.L., jefe de personal: «Pedí el permiso porque me gustan los niños y quería saborear mi paternidad. En mi trabajo, me gusta ser prudente, profesional y competente, y para ser un buen jefe de personal, es preciso tener experiencias, dentro y fuera del trabajo.»

I.L., ejecutivo: «Supongo que mis colegas no me lo echaron excesivamente en cara debido a que no soy un padre joven. Debieron pensar que, a mi edad, tener un hijo es una gran alegría.»

B.J.: «Evidentemente, no tomaré todo el permiso porque las madres, en cierto sentido, están más cerca de los hijos. Pero es bueno tanto para el hijo como para la madre que el padre también esté en el hogar, porque así el hijo no tendrá una dependencia excesiva de la madre, no estará excesivamente fijado a la madre. Cuando era más joven, me parecía que el trabajo y la superación eran muy importantes. Ahora considero que los hijos son más importantes que el trabajo.»

R.W., mujer, empleada: «¡Es formidable que los hombres hagan esto! Para ellos, es mucho más duro. Están aislados en casa. No están rodeados de otros hombres. Las mujeres les juzgan y consideran que todo lo hacen mal.»

A.C.T., mujer, empleada: «Yo tenía ganas de tomarme los nueve meses, pero me dije que mi marido también tenía derecho a un período. Le pareció estupendo y le hubiera gustado que durara más.»

K.B., mujer, empleada: «Por naturaleza, las mujeres están más cerca de los hijos. Para las madres, es muy duro traspasar toda esa responsabilidad a los padres. Si la madre se va, el padre descubrirá... La sustituirá...»

Un nuevo contrato social para la coparentalidad

«El padre descubrirá... La sustituirá...» Descubrirá los secretos de la relación con el hijo, una relación que la madre creía ser la única en poder establecer. No se trata sólo del arte de cambiar los pañales y de dar el biberón, para lo que no se necesita ser un superdotado, sino también del arte bastante más ligado a la intuición de comprender los llantos y de despertar las sonrisas, del arte de intercambiar miradas, del arte de las caricias y del arte de las palabras que hay que decir y que hay que saber decir. Así que el padre sustituirá a la madre. Se percibe en estas palabras el temor de las mujeres que no conciben que los papeles del padre y de la madre sean intercambiables. Sus reticencias se añaden a las de los hombres y a las del mundo del trabajo, que pone impedimentos.

Por lo tanto, en principio no se debe plantear que los papeles paterno y materno tengan que ser idénticos punto por punto ni que tengan que cubrir las mismas tareas y las mismas responsabilidades tanto cualitativa como cuantitativamente. Debemos renunciar a toda definición sistemática rígida. No puede haber una cuota impuesta, que cifre la participación mínima del padre en términos de tiempo. No debe imponerse que el papel paterno sea copiado del materno. No debe haber exclusivas maternas al estilo de: «Sólo yo sé, sólo yo puedo.» No puede haber excusas paternas como las invariables al estilo de: «Tú lo harás mejor que yo, no es mi especialidad, no es tarea para un hombre...» Es preciso no sólo flexibilidad, sino que se debe cambiar el punto de vista inicial. No se puede partir de los papeles sexuales, sino de las responsabilidades de un progenitor con respecto al hijo. Hay que dar prioridad al hijo, que tiene dos progenitores.

En los países escandinavos, que habían sido los iniciadores del proceso que puso en tela de juicio los estatutos entre los dos sexos, tras estos veinte años de cambios ha empezado a notarse que era preciso rehabilitar la filiación y el papel parental en sí mismo. Han sido dos personas las que han concebido al hijo. Para educarlo, deben seguir siendo dos, tanto si viven juntos, unidos, como si llegan a separarse.

Si viven juntos, deben repartirse los papeles de común acuerdo y según las circunstancias sucesivas, según el equilibrio propio de su pareja, según las posibilidades y las predilecciones de cada uno, y todo ello sin instaurar jamás una división duradera de los papeles que excluiría a uno de los progenitores de las responsabilidades parentales o de toda responsabilidad social y profesional. Aunque vivan juntos, los dos progenitores no siempre están presentes a la vez ni están disponibles a la vez para los hijos. De modo que cuando esté solo con los hijos, cada uno tiene que poder asegurarles sus necesidades materiales y tiene que hacer frente a sus necesidades afectivas y educativas. El permiso parental sueco responde a esta continuidad de la coparentalidad. Ofrece a los dos progenitores la posibilidad de realizar el aprendizaje de las necesidades del hijo desde el momento en que nace, y permite que se siga cerca de él y que en todo momento se sea capaz de asumir toda la responsabilidad. Para ser un progenitor completo, debe poder hacerlo conjuntamente o en solitario.

Las consecuencias de los divorcios serían mucho menos peligrosas y dolorosas para los padres si pudieran probar que habían aceptado su parte en coparentalidad. La sociedad, basándose en el interés del hijo, no podrá cortarles la relación con éste y considerar únicamente a la madre. Bastará con que señalen que han compartido el permiso parental y que han tomado permisos para cuidar a sus hijos enfermos. La sociedad ya no podrá castigar al padre por ser hombre o porque es mal cónyuge.

Pero para llegar a este punto es necesario que la parentalidad se recubra con la dignidad que pudo haber tenido en el pasado, antes de que la rebajara la primacía dada al vínculo sexual y a la búsqueda individualista de independencia de los progenitores.

Además, es preciso que la sociedad consienta en que tanto los hombres como las mujeres adquieran las condiciones necesarias para compartir las responsabilidades familiares. Ello implica una serie de cambios estructurales que los hombres deberían exigir para los padres, tal como preconizaba la OCDE en un informe reciente: «Instaurar sistemas que permitan a los trabajadores retirarse temporalmente de la vida profesional o modificar sus horarios de trabajo sin que ello implique sacrificar sus perspectivas de promoción laboral. [...] Recurrir a los medios de comunicación y a diferentes medios de información para lograr que la opinión pública acepte la idea de que los hombres y las mujeres deben asumir con idénticos títulos las responsabilidades familiares y profesionales.»* En resumen, un nuevo contrato social.

* OCDE, «Lignes d'action», *Conduire le changement structurel*, 1991, pág. 15.

7

AUSENCIAS DE PADRE, AUSENCIAS DEL PADRE, SEPARACIONES, CARENCIAS: IMÁGENES EN NEGATIVO

Antes de elaborar su sistema totalmente patriarcal, los viejos legisladores romanos establecieron en primer lugar la diferencia, desde su punto de vista totalmente incuestionable, que la naturaleza había decidido establecer entre los progenitores. Para ello, utilizaban una de esas fórmulas que el latín hace lapidarias: «*Mater semper certa, pater semper incertus*» (la madre siempre es verídica; el padre siempre es incierto). Por supuesto, se referían a la filiación biológica. Su pesimista afirmación ha sido rebatida por la ciencia ya que, en la actualidad, el padre biológico puede ser determinado, y es tan *certus* como *certa* es la madre.

Su incertidumbre biológica ha quedado por fin disipada, pero no así su función paterna desde los puntos de vista psicológico y social. Ha bastado menos de un cuarto de siglo para que la realidad del personaje del padre haya sido puesta en entredicho, su utilidad haya sido convertida en sospechosa y su existencia se haya visto amenazada. *Pater incertus*, sí, y hasta qué punto... No sólo sus papeles, sus roles, como acabamos de ver, han sido recortados, disminuidos, discutidos, reconsiderados y ampliados –sin que se haya llegado realmente a definirlos–, sino que ha habido hombres (y mujeres, éstas en mayor número) que han planteado directamente la cuestión: ¿para qué sirve un padre? ¿Es verdaderamente necesario?

Es como si el *pater* arrastrara un ominoso pasado de tirano doméstico y hubiera sido destronado, abatido y desarmado tan recientemente, que las mujeres y los hijos rebeldes no pudieran reprimir la tentación de clavar mil flechas en su cadáver y de encerrar su esqueleto en el armario. Durante los meses que he estado trabajando en este libro me he encontrado con psicólogos, antropólogos y sociólogos (algunos de los cuales ocupan la posición de asesores del poder en temas de política familiar) que se han empeñado en probarme que el padre era una invención, y por añadidura perniciosa, de nuestras sociedades blancas, burguesas y capitalistas. Que podíamos pasarnos perfectamente sin este esperpento, como prueban la tribu X o el pueblo Z de Amazonia o de África central, en los que el progenitor no ha dado origen a un *pater* y en los que los niños se educan extraordinariamente, sin duda mejor que los nuestros. En resumen, me convertía en sospechosa si buscaba una definición de los roles del padre y si trataba de averiguar qué pasaba cuando había ausencia o carencia de padre en nuestras sociedades.

Para mis interlocutores, esto significaba que mi hipótesis consistía en que la ausencia o la carencia de padre provocaba algún trastorno en los hijos; por lo tanto, yo era reaccionaria. Así, aprendí a mis expensas que mientras defiendo a las mujeres –lo cual ocupa la mayor parte de mi jornada tanto por mis funciones como por mis convicciones– soy progresista, soy *p.c.* (*politically correct*, según la nueva intransigencia de los radicales norteamericanos). Sin embargo, soy reaccionaria cuando me intereso por los padres. Por ejemplo, se me ha dicho varias veces que era legítimo que una mujer quiera tener un hijo sin padre. Está justificado por su derecho absoluto al hijo, es *politically correct*. No obstante, en esta década de 1990, plantear interrogantes sobre el futuro de los hijos sin padre es inoportuno. Para la historia de las ideas, no es inútil poner de manifiesto estas suspicacias y el apasionamiento que las acompaña.

Tales amonestaciones me han dado mayores ánimos para comprobar si, en nuestras sociedades europeas liberales o socialdemócratas, los niños pueden pasar sin padre y encontrarle sustitutos: la madre promocionada a *pater-mater*, el amante de la madre, la comunidad de vecinos, los educadores, los servicios sociales, etc. ¿No sería mejor delimitar la función del *pater incertus* examinando el negativo de su fotografía; es decir, lo que ocurre cuando no hay padre, o cuando el padre se ha marchado o ha huido, o cuando ha sido expulsado, o cuando el padre ha sido separado del hijo o cuando el padre es carente, como dicen los psicólogos?

Nuevos e importantes problemas sociales que crecen de forma espectacular

Las situaciones que separan a los hijos de sus padres se han multiplicado recientemente a gran velocidad. Evidentemente, debemos evitar el «demografismo», debemos evitar la tentación de atribuir excesiva importancia solamente a las evoluciones de las cifras que nos muestran las estadísticas cuando deseamos aprehender un fenómeno tan delicado como las consecuencias que sobre los hijos tiene la ausencia total o parcial de su padre. Sin embargo, ello no significa que debamos mantener silencio sobre estas cifras o que debamos apartarlas de un manotazo con el pretexto (que muchas veces han utilizado conmigo) de que cada situación de un niño es una historia particular y que únicamente un enfoque psicoanalítico puede permitir situar cada una de esas historias en sus parámetros correctos. El rapidísimo crecimiento de las separaciones de parejas y la generalización de las custodias concedidas a la madre –y, por lo tanto, el aumento de las separaciones padre/hijo– no ha podido dejar de implicar cambios en la educación de los niños y, según algunos observadores, en su desarrollo. Es preciso recordarlo una y otra vez: cuando una norma estadística sufre un cambio, se acelera, es que esa norma social ha variado o está a punto de hacerlo.

Y esto es lo que ha recordado recientemente el comité para la población del Consejo de Europa al pedir a los Gobiernos de los Estados miembros de este organismo que velaran por la mejora de sus observaciones estadísticas: «El hecho de que sea muy deseable cuantificar fenómenos como los divorcios, las segundas nupcias y las cohabitaciones no se debe simplemente a que se quiera satisfacer la curiosidad de los demógrafos, sino a que estos datos parecen necesarios para comprender mejor una serie de nuevos e importantes problemas sociales que crecen de forma espectacular.» Y el Consejo de Europa subraya la pobreza de datos sobre la formación, la estructura y la disolución de las parejas y de los hogares.

A falta de datos más precisos, tres series estadísticas merecen ser recordadas al principio de este capítulo:

1. El rápido crecimiento del número de divorcios, al que sería preciso añadir las separaciones de parejas no casadas, lo cual lamentablemente es imposible.

2. La proporción de hogares monoparentales en los que los hijos viven únicamente con la madre.

Número de divorcios por cada 100 matrimonios (índice por período)

	1965	*1985*	
Austria	15	29	(1986)
Bélgica	8	27	
Checoslovaquia	17	31	
Dinamarca	18	45	
Inglaterra-Gales	11	42	(1986)
Finlandia	14	28	(1984)
Francia	11	31	(1986)
Alemania (RFA)	12	32	(1984)
Grecia	–	14	
Hungría	23	34	(1986)
Países Bajos	7	34	
Noruega	10	32	(1984)
Suecia	18	46	
Suiza	13	29	(1986)

FUENTE: *François Höpflinger,* «Avenir des ménages et des structures familiales en Europe», en *Séminaire sur les tendances démographiques actuelles et les modes de vie en Europe,* Consejo de Europa, septiembre de 1990, pág. 35.

3. Finalmente, y en especial, la proporción de hijos que antes de haber alcanzado los dieciocho años de edad se encuentran separados de su padre.

Cuando estos divorcios afectan a parejas con hijos, conllevan la formación de hogares monoparentales –es decir, formados por uno de los progenitores (la madre en casi nueve de cada diez casos en todos los países europeos) y los hijos o el hijo–. A estos casos se añaden otros hogares monoparentales que resultan de la separación de parejas no casadas y con hijo(s) y los hogares de viudos o viudas.

Hogares monoparentales en proporción a las familias con hijos

Dinamarca y Reino Unido	14 %
Alemania (RFA) y Francia	12-13 %
Benelux	10-12 %
España, Irlanda, Portugal, Italia	5 a 10 %
Grecia	menos del 5 %

FUENTE: Kathleen KIERNAN y Lindsay CHASE-LANSDALE, *Children and Marital Breakdown: Short and Long Consequences*, European Population Conference, octubre de 1991.

Excepto en la Europa meridional, la mayor parte de estos hogares monoparentales lo son a consecuencia de los divorcios. La realidad comprendida en el concepto familia monoparental –que yo prefiero denominar hogar monoparental porque el progenitor ausente (casi siempre el padre) sigue viviendo y forma parte de la familia del hijo, que sigue teniendo dos progenitores– es diversa, cambiante y de muy difícil aprehensión. Una encuesta alemana (Neubauer, 1988) revela que una de cada diez madres que declaran estar solas, en realidad cohabitan con una pareja. En Francia, el contacto que he tenido con grupos de madres solas que cobran un subsidio social cuando siguen una formación profesional, me ha mostrado que en una proporción bastante alta no están solas y no viven solas (como tampoco, por otra parte, una proporción aún más elevada de padres que se declaran solos).

Todas las encuestas longitudinales demuestran que, en realidad, las situaciones de estas familias son altamente variables. Un hogar monoparental concreto se transforma en familia recompuesta cuando el progenitor solo acoge más o menos duraderamente a una pareja. Los autores ingleses hablan en este caso de *stepfamily* (expresión intraducible, porque «familia política» no refleja en absoluto esta situación). Sin embargo, también ocurre con frecuencia que la familia recompuesta se redescompone y el hogar vuelve a ser monoparental –en el 90 % de los casos, la madre y el hijo o los hijos–. O puede ocurrir que se produzca un nuevo casamiento y que los hijos de las primeras nupcias vivan el resto de su infancia en ese nuevo hogar. Los expertos europeos en población insisten unánimemente, y con razón, en estas transformaciones y en la dificultad de aprehender estadísticamente los avatares de las familias tras la primera separación. Al tratar de describir los rasgos más sobresalientes y constantes de tales transformaciones, es legítimo que todos* subrayen el incremento de los hogares monoparentales y las dificultades económicas de las mujeres solas con hijos. Lo que se comprende menos es que sus diagnósticos sean incompletos. Ninguno de ellos destaca que, a lo largo de todas estas metamorfosis de las parejas, los hijos quedan separados de su padre en la mayor parte de los casos. Y este hecho parece importarles tan poco que no dividen las familias más que en dos categorías: las monoparentales y las biparentales. Y bajo la etiqueta biparental mezclan sin pudor las familias en las que los hijos viven con sus dos progenitores y aquellas en las que viven con la madre y la pareja de la madre, pero separados del padre**. Esta amalgama estadística impide evaluar la importancia numérica de las separaciones padre/hijo(s), sus modalidades, su duración, la edad que tenían los

* Por ejemplo, Patrick Festy, F. Höpflinger, Heins Moors y Nico van Nimwegen.

** Excepto en el caso de Neuberger, para Alemania (RFA) en 1982, que indica que viven en una *stepfamily* el 5,2% de los menores de 6 años; el 6,5% de entre 6 y 9 años; el 8,1% de entre 10 y 14 años, y el 10,9% de entre 15 y 17 años. El *General Household Survey* británico indica, para 1982, el 2,9% de los menores de 5 años; el 5% de entre 5 y 9 años y el 8% de entre 10 y 15 años.

hijos en el momento de la separación, etc. Pero, además, esta amalgama impide comparar los hijos criados por su padre y su madre con los hijos criados por su madre y una nueva pareja de ésta que no es padre de los niños.

Varios sociodemógrafos y sociólogos han reaccionado vivamente cuando les he hecho observar esta laguna y las dificultades que de ella se derivan para la investigación. Me han atacado inmediatamente suponiendo mis intenciones y mis proyectos: «¿Qué trata de demostrar? ¿Pretende lanzar una campaña contra el divorcio y la unión libre? ¿Intenta demostrar que es malo y debería estar prohibido?» Antes de que hubiera podido explicarme, se me clasificó entre quienes ponían impedimentos a amar libremente y entre los guardianes de costumbres.

No, no afilo mis armas contra el divorcio ni quiero en absoluto inmiscuirme en la vida de las parejas. Simplemente me intereso por los padres y me interrogo acerca del drástico aumento de las separaciones padre/hijo(s) en las poblaciones europeas, me pregunto si estas separaciones inducirán alguna clase de efectos. Pero la sola mención de la palabra efectos aumentaba la hostilidad: «¡Claro! ¿Y por qué no investiga los tristes efectos de ciertas presencias paternas? ¿O los tristes efectos que se producirían en las parejas si no se hubieran divorciado?» Un verdadero diálogo de sordos.

Decía y repetía que no llegaba a comprender cuál era, en la actualidad, la función paterna; que se le habían introducido tantas incertidumbres y vaguedades que yo trataba de responder a la pregunta «¿Para qué sirve un padre?», estudiando lo que ocurría cuando el padre estaba ausente. En suma, pretendía hacerme una idea de la condición paterna por defecto, *hic et nunc*. No en la Amazonia ni en África. Ni en la Edad Media. ¿Qué ocurre cuando el padre está ausente, dado que esta situación se da cada vez con mayor frecuencia?

Podría ser que, como las normas sociales han cambiado, los niños de hoy no noten tanto la ausencia de su padre como la notaban los niños de ayer. Ayer era tan importante tener un padre y llevar su apellido que el niño o la niña que carecían de él sufrían por no ser como los demás. Pero, dado que esta situación se ha trivializado, quizá descubriría que a los niños les era indiferente. Así, ya se puede afirmar que los hijos de divorciados y los hijos naturales apenas sufren por la forma en que son mirados por la sociedad; es decir, por la actitud que muestran hacia ellos los maestros, los vecinos, los padres de sus amigos, los tenderos, sus abuelos, etc. El divorcio y la cohabitación se han hecho situaciones tan habituales que los hijos de divorciados o nacidos fuera del matrimonio son considerados como los hijos de las parejas casadas, sin compasión suplementaria ni mayor desconfianza, incluso en las aldeas más atrasadas. ¿Ocurre lo mismo en el caso de la carencia de padre? ¿Confiesa tranquilamente un niño que no conoce a su padre? ¿O que no ve jamás a su padre? ¿O que casi nunca le ve? ¿O que el señor que vive en su casa, con su madre, no es su padre? Si no lo dice o si le repugna hablar de ello, ¿es por un vago temor al juicio de la sociedad? ¿O tal vez es porque, para él, la ausencia del padre es un sufrimiento personal que no sabe verbalizar?

En otras palabras, por su trivialización, ¿se ha hecho a su vez indolora la ausencia de padre? Y en el caso de que sea socialmente indolora, ¿lo es también psicológicamente? Si la ausencia de padre sigue siendo dolorosa y difícil de soportar, ¿qué manifestaciones adopta? ¿Qué puede deducirse de ello en lo referente a la función paterna?

Respuesta de los sociodemógrafos: la ausencia del padre reduce las oportunidades materiales de los hijos

Hasta el momento, los sociodemógrafos no han intentado localizar ni contar las ausencias del padre ni sus efectos. Generalmente, en los casos de separaciones, sólo se interesan por las madres, a semejanza de Patrick Festy, que en un coloquio titulado «Padres y Paternidad» consiguió la proeza de no hablar más que de las madres*. Es evidente que, des-

* Patrick FESTY, «Le cadre de constitution de la famille», *Pères et Paternité, op. cit.*

de su punto de vista, las madres eran las únicas que interesaban debido a que eran las únicas víctimas de las separaciones, las únicas *politically correct.* Casi todos sus colegas europeos tienen los mismos reflejos: apenas estudian más que los efectos económicos de la ausencia de un hombre –no forzosamente el padre– junto a una mujer que tiene un hijo o hijos. Todos denuncian la vulnerabilidad económica del hogar de la madre sola y la comparan con la prosperidad relativa de los hogares biparentales del mismo medio, tanto si se trata de familias casadas como de recomposiciones tras unas segundas nupcias o del concubinaje de la madre.

De este modo, R. Hauser e I. Fischer* han comparado la situación económica de las familias monoparentales de madres solas con las familias biparentales en seis países: Alemania (RFA), Suecia, Reino Unido, Israel, Canadá y Estados Unidos. Llegan a la conclusión de que las familias monoparentales corren un riesgo mucho mayor que las otras de caer en la miseria y que la diferencia de nivel de vida era en todas partes favorable a las familias biparentales, independientemente del número de hijos. La diferencia menor se encontraba en Suecia (13%). En Alemania (RFA), Israel y el Reino Unido, esta diferencia era del 20 %; en Canadá, del 34 %; en Estados Unidos, superaba el 40 %.

Se subraya que son escasas las políticas sociales destinadas a corregir estas disparidades. Por ejemplo, en Francia, las madres solas reciben una ayuda desde que se descubrió que los hogares formados por madres solas con hijos formaban uno de los grupos más expuestos a la pobreza, y el subsidio para el progenitor sólo se concibe como un ingreso sustitutorio, a consecuencia de la soledad** y durante un pe-

* R. Hauser e I. Fischer, «Economic well-being among one-parent families», en *Poverty, Inequality and Income Distribution in Comparative Perspective*, de T.M. Smeeding, M. O'Higgins y L. Rainwater Harvester Wheatsheaf, 1990.

** La cuantía de este subsidio era, en 1991, de 3.810 francos mensuales para un hijo; de 4.763 francos para dos hijos, y de 5.716 francos para tres hijos. En 1989, lo recibieron 127.000 mujeres.

ríodo determinado; el subsidio de mantenimiento de familia garantiza una ayuda pecuniaria al progenitor que se queda solo para que asuma la carga que representa un hijo*. Sin embargo, en el Reino Unido, las grandes reformas introducidas recientemente en materia de seguridad social no tenían como objetivo las madres solas, aunque el 61 % de las familias de madres solas se situaran por debajo del umbral de pobreza, contra el 28 % para el conjunto de las familias. En Francia o en Alemania, la mayor parte de las madres solas trabajan, lo que no ocurre en Gran Bretaña, donde su índice de actividad es menor que el de las mujeres casadas, ni en los Países Bajos. Por consiguiente, el 70 % de las madres solas inglesas recurren a la ayuda social, mientras que el 75 % de las neerlandesas divorciadas no tienen para vivir más que el salario mínimo (Deven-Cliquet, 1986).

De modo que, para los sociólogos, la consecuencia de la ausencia del padre que se reconoce con más facilidad, y a menudo la única consecuencia que se reconoce, es el descenso del nivel de vida de los hijos. Muy frecuentemente, esta ausencia irá acompañada por un traslado, lo que viene a significar un cambio de barrio, de escuela y de amigos, y la vida sin papá empezará en una vivienda más modesta que la anterior. Lo cual nos remite nuevamente a la función paterna mayor, una función que por tanto no ha sido modificada por la entrada de las mujeres en la actividad profesional: el padre es el principal proveedor del hogar, la fuente principal de bienestar material.

Las feministas y los tradicionalistas se reconcilian al tratar este punto. Tanto más cuanto que les permite denunciar los casos en los que los padres no cumplen con su función paterna de tipo económico, como los padres divorciados que no pagan las pensiones alimenticias de sus hijos o que las pagan irregularmente. Notemos que el delito de impago de la pensión alimenticia es, guardando las proporciones, más frecuente y más severamente castigado cuando los acusados son

* 572 francos por un huérfano y 429 francos por un hijo de madre soltera en 1991. En 1989, fue percibido por 407.500 personas.

padres que cuando son madres. Así, en Francia, en 1989, se juzgaron 9.024 casos de impago de pensiones alimenticias, de los cuales 8.547 afectaban a los padres y 477 a las madres. Fueron condenados 8.081 padres, lo que significa el 94,5 %, y el 23,7 % lo fue a penas de cárcel; fueron condenadas 235 madres, lo que significa el 49,2 %, y el 6 % lo fue a penas de cárcel*. No sólo este incumplimiento es juzgado con mayor severidad por los tribunales, sino que además la autoridad pública ha instaurado un sistema de cobro de las pensiones no pagadas por el padre deudor. Es de justicia, pero esta justicia refleja claramente que la sociedad espera principalmente del padre un papel de proveedor económico, y que ésta es su función fundamental.

Últimamente, tres investigadores belgas han estudiado la situación económica de 2.800 divorciadas para intentar establecer si sus pensiones les eran pagadas regularmente. Al mismo tiempo, preguntaron a estas mujeres qué sabían de la situación económica de su ex marido y de qué modo la juzgaban. Más de la mitad de estas mujeres divorciadas consideran que su ex marido vive mejor después del divorcio que en la época en que estaban casados, en tanto que en su propio caso, cuando siguen solas, su nivel de vida ha sufrido un importante deterioro. Los autores** destacan que los hijos fueron confiados a esas mujeres en el proceso de divorcio «por el interés psicoafectivo del hijo», pero que «existe una contradicción entre el interés ideológicamente definido del hijo y sus oportunidades materiales. Al querer garantizar su estabilidad psicoafectiva, se menosprecia la dimensión económica. Parece como si estas dos dimensiones pudieran ser arbitrariamente diferenciadas o pudieran ser arbitrariamente confundidas.»

En suma, los tribunales parecen considerar que: 1) la función paterna consiste en pagar, y el impago de las deudas

* Fuente: archivo central del Ministerio de Justicia, condenas inscritas en el registro de antecedentes penales.

** B. Bawin-Legros, A. Gauthier, J.-F. Guillaume, «Intérêt de l'enfant et pensions alimentaires», en *Population*, 1991, n.º 4, págs. 853-879.

alimenticias por el padre que no posee la custodia se convierte, para los tribunales, en el indicador mayor de su voluntad de romper toda relación con su hijo, en el indicador mayor de «rompimiento paterno», segun su fórmula; 2) la estabilidad psicoafectiva del niño está garantizada mediante su presencia junto a la madre. Hasta el momento, apenas se han preocupado por los efectos sobre la estabilidad psicoafectiva del hijo que lleva consigo la ausencia del padre y, a pesar de sus esfuerzos, no han logrado poner remedio a la disminución de las oportunidades materiales del hijo separado de su padre.

¿Cuántos hijos serán separados de su padre de aquí a final de siglo?

Los datos sobre los avatares de la familia son pues muy rudimentarios y a menudo incompletos, de una parte porque está ausente la dimensión longitudinal –es decir, las evoluciones en el tiempo– y, por otra, porque los datos sobre los padres son poco menos que inexistentes y los que existen sobre los hijos tienen muchas lagunas. Será preciso disponer de datos longitudinales recogidos en encuestas sobre narraciones vitales para poder describir no sólo por qué situaciones familiares pasan los hijos, sino también cuánto tiempo han durado estas situaciones, qué edad tenía el niño, con qué frecuencia veía a su padre, etc.

Por el momento, únicamente disponemos de evaluaciones demasiado genéricas. Los cálculos efectuados tanto en Inglaterra como en País de Gales* muestran que uno de cada cuatro niños habrá experimentado el divorcio de sus padres antes de haber cumplido dieciséis años. Para el caso francés, la proporción vendría a ser la misma, y aumentaría a un niño de cada tres si también se consideran las separaciones de parejas no casadas y con hijos. En Noruega, basándonos en

* J. HASKEY, «The children of families broken by divorce», *Population Trenda*, 1990, n.º 61.

los datos de 1988 se calcula que un niño de cada tres vivirá el divorcio de sus padres antes de haber cumplido los dieciocho años*.

En Estados Unidos, esta proporción llega a uno de cada dos menores de edad. Uno de cada dos niños estadounidenses, pero diferentemente repartidos según las capas de población. Los hogares con madre sola han aumentado entre la población blanca: su proporción casi se ha duplicado entre 1940 y 1984, pasando del 6 al 12 %. Sin embargo, en el mismo período, los hogares sin padre entre la población negra pasaban del 16 al 49 %**. Además, estas madres solas ya no son principalmente divorciadas, sino solteras. A menudo tienen varios hijos, de diferentes padres, y ninguno de estos padres se encuentra presente en el hogar.

Una sociedad sin padres: los negros de Estados Unidos

Debido al incremento de este tipo de situaciones durante la década de 1980, «recientes estimaciones muestran que alrededor del 42 % del conjunto de los niños blancos y alrededor del 86 % de los niños negros –nacidos unos y otros a partir de finales de la década de 1970– vivirán en un hogar sin padre antes de haber alcanzado los dieciocho años de edad***. ¡El 86 %!

Este cambio de escala obliga a plantear el problema de forma diferente: ya no es posible contentarse con estudiar casos a partir de experiencias vitales o de observaciones clínicas con el fin de hacer que aparezcan todos los criterios que no sean el de la ausencia de padre y, por tanto, de tratar de relativizar las consecuencias de esta ausencia. El hecho de que el 86 % de los niños negros vivan antes de los dieciocho años la experiencia de un hogar sin padre representa un fenó-

* A.-M. JENSEN y B. MOEN, «Father and mother: family experiences of Norwegian Children», *Congreso mundial de sociología*, Madrid, 1990.

** I. GARFINKEL y S.S. MCLANAHAN, *Single Mothers and their Children, a New American Dilemma*, Washington, 1986.

*** Larry BUMPASS, «Children and marital disruption: a replication and update», en *Demography*, vol. 21, febrero de 1984, pág. 71.

meno sociológico mayor. La ausencia de padre deja de ser únicamente un factor más entre otros que perturban al hijo. Así, lo que se debe hacer es dar fe de la carencia de la familia como medio de control durante la educación de los hijos, pues éstos se socializarán en la calle y no en el seno de una tribu protectora. Desde los ocho o nueve años de edad, los niños buscarán en la calle su medio de vida, sus modelos, sus líderes, sus ritos iniciáticos, su identificación y su medio de sustento. Su sociedad no será una sociedad de familias, sino de bandas rivales inestables y organizadas a partir de los pequeños tráficos diarios, especialmente de drogas.

En la Edad Media ciertos hombres se negaban a aceptar el compromiso social ante el señor feudal, compromiso «que, frente al desorden, tenía como objetivo crear relaciones estatutarias análogas a los lazos de parentesco»*. Estos adolescentes, en especial los muchachos, son un poco como aquellos hombres, y crecen en el desorden. No llegan a integrarse en la sociedad a través de su padre y, cuando esta carencia es generalizada, no efectúan el aprendizaje de las conductas aceptables por los adultos. Es la génesis de la delincuencia de *«Los Olvidados»*, como se les llamaba en la película de Buñuel, víctimas de la dimisión en cadena de los padres. Se trata de un fenómeno social que supera el análisis psicológico de los individuos y que posee vida propia. Y parece que las cosas todavía han empeorado más: a principios de la década de 1990, menos del 10 % de los niños negros estadounidenses tenían la oportunidad de vivir su infancia con sus dos progenitores.

¿Significaría esto que la sociedad de Estados Unidos, ese célebre crisol que ha integrado a tantos millones de inmigrantes de todos los países, se niega únicamente a integrar a los negros, que sin embargo se hallan sobre su suelo desde largo tiempo atrás? Antes de afirmar tal cosa, conviene relativizar: la sociedad estadounidense ha fracasado con los negros procedentes del *plantation time*, de la esclavitud, cuando consciente-

* Según Georges DAVY, éstos eran los términos del edicto de Carlos el Calvo en 877.

mente se habían roto las familias y se había aceptado a las madres como criadas y como niñeras, porque causaban menos temor, mientras que se había rechazado a los maridos y a los hijos y se les había condenado a errar. Por el contrario, los negros recientemente llegados del Caribe, que al igual que otros inmigrantes vinieron con sus familias, se han integrado igual que las demás comunidades: viven en barrios tranquilos y sus hijos, cuyos dos progenitores están presentes en el hogar en la mayor parte de los casos, frecuentan regularmente la escuela y se gradúan con normalidad. Estos negros tienen padres. Los otros reproducen generación tras generación las rupturas familiares que había impuesto la esclavitud. En sus barrios, los adolescentes sin padre y sin ley son dueños de la calle y luchan por el control de la droga y el de las muchachas, como hacían nuestros antepasados lejanos por el producto de la caza y por el control de las hembras, antes de que se inventara la paternidad. El hecho de que en la comunidad negra sea mayor el número de muchachas que terminan su escolaridad y que incluso obtienen títulos superiores es una prueba más de que no se trata de un problema racial, sino de una patología de la familia que alcanza a los hombres y que transmite no de padre a hijo, sino de genitor a retoño, la incapacidad de asumir la paternidad en toda su dimensión afectiva, educativa y social.

¿Está esa patología social alcanzando a nuestras sociedades europeas y comenzando a causar estragos en ellas? ¿Debe inferirse del ejemplo de los negros estadounidenses que la galopante propensión a la ruptura de las parejas, lo cual provoca cada vez con mayor frecuencia el alejamiento de los padres, favorece automáticamente la delincuencia de los hijos? La verdad es que sería ir demasiado lejos. No se puede oponer un exceso a otro. No porque los neosocioantropólogos crean que toda sociedad puede acomodarse a la disolución e incluso a la ausencia de paternidad (es decir, de progenitores que ejerzan al mismo tiempo una función educativa y socializadora), no porque afirmen que las descomposiciones y recomposiciones familiares en torno al eje madre-hijo carecen de consecuencias, no porque su optimismo justifique su individualismo desenfrenado tenemos que proclamar el *apocalypse now* y la catástrofe irremediable.

No se pueden quemar etapas. No es posible que, para llegar a conclusiones sociales, se pasen por alto las innumerables observaciones recogidas e interpretadas por los psiquiatras, los psicólogos, los psicoterapeutas, los consejeros familiares, los educadores especializados y los trabajadores sociales, los cuales describen los efectos de las ausencias y carencias paternas.

«Ante el problema del padre, ¿el psicoanálisis es juez o rehén?»

Pese a haber leído centenares de informes de este tipo, debo confesar mi confusión: ¿cómo extraer enseñanzas claras de todos los casos expuestos? Y especialmente, ¿cómo hacer una síntesis de las interpretaciones contradictorias de esos observadores, de esos terapeutas y de esos consejeros? Aunque sus opiniones difieran, todos tienen un punto en común: están sumergidos en el psicoanálisis, tanto si practican el psicoanálisis en estado puro como si durante sus estudios se han nutrido del vocabulario psicoanalítico y de sus claves interpretativas, presentadas como adquisiciones de la ciencia.

Los más clásicos (freudianos) no niegan la función paterna. En absoluto. Por el contrario, el padre ocupa un lugar preponderante en los sistemas de interpretación psicoanalítica. Sin embargo, ¿sigue siendo operante esta interpretación? Los sistemas interpretativos del psicoanálisis pretendían ser ahistóricos. Sin embargo, están muy relacionados con determinados grandes hitos de la historia humana. Así, Freud situó el surgimiento del papel asignado al padre en el momento del paso de las sociedades matrilineales al patriarcado; Lacan, en el momento del paso a la familia conyugal restringida, en la que le parece que el papel del padre adquiere aún mayor importancia. Además, sus pacientes eran burgueses europeos de fines del siglo XIX, en el caso de Freud, y de mediados del siglo XX en el de Lacan. Los decretos psicoanalíticos que ambos aplican a las funciones paternas se muestran en la actualidad cada vez más superados e inoperantes en varios de sus aspectos.

Algunos –y, especialmente, algunas– llegan incluso a considerar que están más marcados por la nostalgia reaccionaria que aguzados por la lucidez clínica. «Ante el problema del padre, ¿el psicoanálisis es juez o rehén?»*, se pregunta la psicoanalista Monique Schneider. Rehén de una versión de la función paterna que a fin de cuentas es muy patriarcal y ejerce una función de arbitraje: «Una función de poder y de temperamento a la vez», escribía Lacan, para quien el padre era «una persona que domina y arbitra el desgarro ávido y la ambivalencia celosa que fundaron las primeras relaciones del hijo con su madre y con el rival fraterno»**.

A partir de esta grandiosa concepción, ¿cómo debe juzgarse a los nuevos padres que, con su hijo en bandolera sobre el vientre, se apresuran en volver a casa para dar el biberón mientras la madre está trabajando? ¿Cómo juzgar la ausencia de los padres, rechazados como consecuencia de los divorcios por la alianza objetiva –por no decir la confabulación– formada por madres + jueces de familia + psicólogos + asistentes sociales, todos los cuales, con una sola voz, afirman actuar en interés del hijo? ¿Se medirá la presencia tierna de ese padre-nodriza y la ausencia casi institucional de ese padre expulsado con el baremo del patriarca puesto en un pedestal por el psicoanálisis freudolacaniano, con el baremo del Gran Árbitro que encarna la Ley, con el baremo del famoso padre severo, un poco gendarme?

Dan ganas de exclamar: ¡Despierten ya! ¿Cómo es posible referirse a una imagen paterna que ya no existe, a una imagen cuya carencia está tan generalizada que se convierte en norma? En la actual familia democrática, el padre ya no prohíbe, no permite y no arbitra. Como mucho, es un «facilitador», pero casi siempre guarda silencio, aunque sólo sea porque ha comprendido, desde hace ya veinte años, que, como afirmaba

* Monique SCHNEIDER, «Le père interdit», *Dialogue*, n.º 104, 1989, págs. 27-37. *Dialogue* es la revista de los consejeros familiares franceses.

** Jacques LACAN, *Écrits*, Seuil, pág. 182.

Galabru en *Una semana de vacaciones*, la película de Tavernier rodada en 1980, «hoy los hijos ya no se parecen a sus padres: se parecen a su época». Además, desde hace diez años, ha comprendido que el modelo igualitario exigía que permaneciese en un segundo plano tras su mujer, a menos que se juzgara preferible que los papeles paterno y materno no se diferenciaran, y que tuviera que difuminar al padre tras el individuo, el cual es igual al individuo que es su mujer e igual al individuo que es su hijo, sin preocuparse ya por desempeñar el papel de padre.

La distancia entre el referente psicoanalítico del padre y la realidad de los seres a quienes deben oír, ayudar y aconsejar, esa terrible distancia desazona a muchos psicólogos, educadores y actores sociales. ¿Qué validez tienen las observaciones clínicas basadas en esas premisas?, se preguntan. ¿De qué nos sirven en nuestra práctica cotidiana?, parecen decirse esas directoras, educadoras, comadronas y asistentas sociales de instituciones de acogida para madres e hijos reunidas para un coloquio de formación sobre el tema del «hombre ausente»*. Los psicoanalistas van a hablarles del padre, del nombre del padre, etc. Mientras, ellas reciben a lo largo de todo el año a madres que a menudo se contentan con declarar –y ése será su único discurso– acerca del padre de su hijo:

–El hijo es mío. Sólo mío. Llevará mi apellido.

–Todos los hombres son unos cochinos. Puedo pasarme sin ellos, y mi hijo también.

–Le hice un hijo sin que lo supiera; sabía que él no lo quería.

–No es capaz de ser padre; como padre, ni siquiera merece ser tenido en cuenta.

–No, no, no. Del padre, nada. Ni me mencione al padre.

–Yo quería un hijo para mí sola.

En estas instituciones se sabe que estas mujeres ni siquiera

* *L'homme absent ou Contribution a l'étude de la problématique du masculin dans les établissements d'accueil mères-enfants*, coloquio de la Association nationale des personnels et acteurs de l'action sociale en faveur de l'enfance (ANPASE), 1987.

le hablarán del padre a su hijo. ¿Qué será de ese niño? El diagnóstico de los psicoanalistas cae, abrupto: ausencia física y ausencia simbólica del padre; por lo tanto, no hay posibilidad de que se forme el triángulo edípico. «Su no acceso cierra la puerta de la integridad psíquica y deja al individuo en los meandros de la psicosis, con sus mecanismos primarios de pulsión.»* Lo cual no es nada tranquilizador.

Además, los psicoanalistas describen a la madre que niega al padre como una madre «arcaica» con «fantasmas partogenéticos según los cuales el hijo no es más que un pedazo de la madre y el padre no es nada» y con «reivindicaciones fálicas». La describen como una «narcisista primaria» que decide: «Hago lo que quiero con mi hijo»; en resumen, es una «madre devoradora.»* La relación que tendrá con su hijo será de fusión. Si es un muchacho, se convertirá en el hombre de su madre. En cualquier caso, la pareja madre-hijo se repliega sobre sí misma. El hijo se hace mucho más sensible a los estados psicológicos de la madre y corre el peligro de somatizarlos: fiebres no explicadas, vómitos, otitis, etc. La madre tendrá dificultades para asumir su deber de autoridad.

¿Se concretan en la realidad estas predicciones? Sí y no.

Las observaciones clínicas, no psicoanalíticas, quitan valor al pronóstico de somatización, pero descubren precozmente alteraciones del carácter y del comportamiento, además de que confirman la actitud excluyente de la madre. En una encuesta realizada en París, en 1984-1985, sobre las revisiones médicas obligatorias de los niños de cuatro años, Monique Le Bailly comparó los hijos de madres solteras solas con los hijos de madres solteras en pareja (con el padre del niño) y con los hijos de parejas casadas. No aparecían diferencias entre los hijos de parejas casadas y no casadas. En ambos casos el padre estaba presente.

El 98 % de las madres solteras solas declararon que ha-

* Dr. François DUSSOUR, «Père, passe et manque: d'une genèse de la personalité anti-sociale», *Les Adolescents difficiles*, CFFES, 1988, Vaucresson, Ministerio de Justicia, págs. 129-141.

** Dominique FAVRE, psicólogo clínico, *L'Homme absent, op. cit.*

bían deseado a su hijo, pero dos terceras partes habían «prohibido todo acceso del padre» a su vida (el 65 % de los niños no conocían a su padre). Algunas declararon haber hecho en cierto modo un hijo terapéutico: «Para sentirme mejor», «para aferrarme a la vida». Otras, para demostrarse que podían pasar sin necesidad de hombres. Eran bastante numerosas las mujeres procedentes de las Antillas (en las Antillas, la soltería de la madre es casi una tradición) que soportaban mal su emigración a París y habían decidido tener un hijo «para no estar solas». Los exámenes médicos de sus hijos dieron resultados semejantes a los de hijos de parejas. Los exámenes de desarrollo mostraron más perturbaciones del lenguaje en los hijos sin padre. Pero es especialmente en los exámenes psicológicos donde aparece que estos niños son más inestables que los demás. Sus madres señalan con bastante frecuencia que tienen trastornos del sueño o pesadillas.

Vale la pena destacar que, a los cuatro años, uno de cada diez dormía aún en la cama de su madre y uno de cada tres en su habitación (frente a uno de cada diez en los hijos de parejas).

Como mínimo, nombrar al padre, hablar del padre al hijo

En el caso de las madres definitiva o provisionalmente abandonadas por el padre del niño o de las madres que han roto definitiva o provisionalmente con el padre del niño, pero que en ambas situaciones aceptan hablarle al hijo de su padre, el diagnóstico de los psicoanalistas es menos severo: existe una ausencia física del padre, pero el padre es nombrado, la madre acepta hablarle al hijo del padre, cuyo apellido a veces lleva, con lo que la triangulación edípica aún es posible.

A las numerosas preguntas y objeciones de los trabajadores sociales que están en contacto con las mujeres abandonadas –«¿Y si el hijo es fruto de una violación?» «¿Y de un incesto?» «¿Y si el padre es violento y peligroso?» «¿Y si el padre está en la cárcel?» «¿Y si a la madre se le presenta la ocasión de casarse con un hombre que no es el padre pero que está dispuesto a reconocer al niño?» –los psicoanalistas responden siempre que hay que hablar del padre, y con la mayor rapidez. «El niño que oye hablar de su padre, aunque sea de modo negativo, puede encontrar la salida. Lo importante es que oiga hablar de ese padre.» «Es preferible un padre incestuoso que no tener padre.» «Si el hijo ha comprendido quién es su padre genitor, aunque la madre tenga varios compañeros a quienes el niño llama papá, todo irá mejor.» Todos los psicoanalistas están de acuerdo en subrayar la importancia de la presencia simbólica del padre, del «nombre del padre».

Sin embargo, esta preocupación es expresada a veces en términos absolutamente confusos. Así, por ejemplo, ¿qué quiere decir este pasaje, aparecido bajo el título de «Un último pensamiento de Lacan para el padre?»:

«... Lacan demuestra que las tres categorías, lo Real, lo Imaginario y lo Simbólico, son estrictamente equivalentes. No prima lo Simbólico sobre las otras dos. Y su anudamiento está subordinado a la nodalidad como tal –es decir, a una cuarta consistencia que él llama el *sinthome*–. Lo simbólico sólo tiene que anudarse a lo Real y lo Imaginario y garantizar el *sinthome*. Esto recuerda los debates teológicos sobre la deidad del Dios trinitario, los cuales, quizá, giraban en torno a la misma porción de realidad. Así, dice Lacan, "puede prescindirse del Nombre del Padre con la condición de utilizarlo". Y también, "Lo Inconsciente supone el padre, y el padre es la religión". De esta nueva formalización puede retenerse que es posible suplir, mediante la construcción de un *sinthome*, los diferentes desanudamientos posibles de las tres categorías, Real, Simbólico e Imaginario. Es como si existiera una nodalidad activa que estuviera continuamente en acción para tratar de reparar los fallos del anudamiento, nodalidad a la que podemos llamar función paterna.»*

Durante todo este capítulo estoy tratando precisamente de

* Philippe GARNIER, «Une dernière pensée de Lacan pour le père», *Dialogue*, n.º 107, 1990, págs.103-104. Las citas de Lacan están extraídas de los seminarios inéditos «Les Non-dupes. Errent. RSI. Le sinthome. L'Unebévue» y de los números 11-12, «Du père», de la revista *Littoral*, Galilée, 1989.

definir la función paterna, pero ante tal definición tiro la toalla. No sólo ante el empleo de neologismos para vestir oscuridades bizantinas, sino aún más ante la lectura del perentorio «puede pasarse del nombre del padre con la condición de utilizarlo», dictado en términos familiares, pero igualmente incomprensible... Es verdad que Lacan proclamaba que «El psicoanálisis es la forma moderna de la ley religiosa», y que no se trata de comprender, sino de creer...

En las décadas de 1940 y 1950, algunos psicoanalistas, especialmente estadounidenses, pensaron que la ausencia de padre durante los primeros años de la infancia apenas era importante y podía ser una frustración benéfica. Sin embargo, desde hace alrededor de cuarenta años todos están de acuerdo en subrayar la importancia de la presencia simbólica del padre, pero también la importancia de su presencia real, física. Todos coinciden cuando se trata de destacar la importancia de la presencia paterna durante los dos primeros años de vida. Henry Biller, después de efectuar numerosísimas observaciones de casos, escribe que en especial los chicos que no han conocido la presencia del padre durante sus primeros años «están más desfavorecidos en la formación de su personalidad que los muchachos que han sido privados del padre a una edad más avanzada. Tienen menos confianza en sí mismos, son menos activos y menos laboriosos»*.

El padre no se ocupa del niño pequeño como la madre. No sólo se diferencia de su madre por el olor, su voz y su contacto (la piel que rasca), sino también por la forma de comportarse con el niño y por los juegos que inventa: lo lanza al aire, lo lleva sobre sus hombros y lo balancea; le hace experimentar el movimiento, el espacio, la velocidad. Numerosos autores consideran que el hecho de no haber recibido nunca muestras físicas de afecto por parte del padre puede conducir a los hijos a tener miedo de la homosexualidad, a tener miedo de convertirse en homosexuales. «La ausencia frecuente de pa-

* Henry B. BILLER, «Fatherhood: Implications for Child and Adult Development», en *Handbook of Developmental Psychology,* B.B. Wolman Ed., Prentice Hall, 1982.

dre y de modelos masculinos para el niño pequeño, considera el profesor Wallot, de la universidad de Quebec, parece explicar ciertas dificultades de comportamiento relacionadas con la afirmación de la identidad sexual en el hombre.»*

Se trata sin duda de una de las afirmaciones más esenciales para quienes investigan el área educativa sobre la que se ejerce la función paterna: la ausencia de padre, o la ausencia del padre, o una carencia patente de presencia paterna, perjudica muy particularmente al muchacho, muy particularmente durante la adolescencia y muy particularmente en la toma de conciencia de su pertenencia al sexo masculino. Es lo que destacaba el doctor Lebovici, con sus treinta años de experiencia clínica con adolescentes, cuando le escuchamos en el Alto Consejo de la Población y la Familia: una vacilación, una incertidumbre dolorosa, una dificultad para definirse como perteneciente al sexo masculino y una dificultad para asignar un sexo a su madre (dominante) y a su padre (ausente).

Guy Corneau, en un libro totalmente dedicado a la dificultad de ser hombre en nuestra sociedad moderna, afirma que «los hombres viven más o menos en un silencio hereditario que niega el deseo de cada adolescente de ser confirmado por su padre»**, y concluye: «La presencia del padre tiene como función permitir que el hijo acceda a su agresividad natural. Cuando falta el padre, el hijo no puede acceder a la impulsividad propia de su sexo. Sufrirá las prohibiciones de su madre, que tolera mal sus manifestaciones de salvajismo instintivo.» No se trata de que el padre le diga al hijo «¡Adelante, mi pequeño macho!», como muchas feministas han creído oportuno denunciar, sino de que no le dice «Mira qué buena es la niña, pórtate como ella y devuélvele su juguete», que es lo que todas las madres del mundo, sentadas en el parque donde

* Citado por Huguette O'NEIL, «Santé mentale: les hommes, ces grands oubliés», *Actualité médicale*, mayo de 1988.

** Guy CORNEAU, *Père manquant, fils manqué: que sont les hommes devenus?*, Édicions de l'Homme, Quebec, 1989.

juegan sus retoños, les dicen un día u otro a sus hijos varones. Para convencerse, basta con sentarse en un parque y observar. «La mujer es; el hombre debe ser hecho», añade Guy Corneau. Debe pasar de la identificación con la madre a la identificación con el padre. Por ello, la carencia de padre es más perjudicial para los muchachos que para las chicas.

La carencia de padre no se limita a la ausencia del padre presente. Un padre que no responde a las necesidades de afecto de su hijo también es un padre carente. Y el que amenaza con irse, con abandonar a sus hijos, les inflinge frustraciones tan profundas como si no estuviera presente. Los efectos benéficos de la función paterna no se miden en tiempo de presencia, sino en atención a la demanda de cariño y amor del hijo. Así, la función paterna puede ser bastante bien desempeñada por un padre muy ocupado y poco presente si, cuando está en el hogar, acepta ser el padre a ojos del hijo, si acepta iniciarlo en el deporte, en la lectura, en la naturaleza, en algún tipo de manualidad, si acepta ser firme y justo.

Henry Biller resume así las dificultades con que se enfrentan los hijos carentes de una paternidad adecuada:

–en la adolescencia, se sumen en la confusión por lo que respecta a su comportamiento sexual y a menudo presentan una cierta feminización;

–carecen de confianza en sí mismos;

–atraviesan dificultades para asumir valores morales, para tomar responsabilidades y para desarrollar el sentido del deber y el sentido de sus obligaciones con respecto a los demás;

–esta ausencia de límites se manifestará tanto en la dificultad para obedecer y para respetar la autoridad como en la dificultad para ejercer su autoridad;

–son más a menudo homosexuales que los hijos de padre presente;

–son más susceptibles de desarrollar problemas psicológicos que, en los peores casos, pueden llevarlos al alcoholismo, la toxicomanía e incluso la delincuencia.

5.362 británicos seguidos durante treinta y seis años: el caso de los hijos de padres separados

Abordaremos más adelante la delicada problemática padre ausente/hijo delincuente o toxicómano. Antes presentaré algunos datos sobre los efectos de la separación padre-hijo. Ya en la década de 1970 los doctores Lebovici Crémieux y Michel Ody*, psiquiatras, apuntaban en la misma dirección: eran innumerables los trabajos sobre los efectos de las carencias maternas, mientras que eran muy escasos los que trataban sobre las carencias paternas. Y ello en todos los países desarrollados, como había señalado la Organización Mundial de la Salud.

Las cosas apenas han cambiado desde entonces. Sin embargo, numerosos autores se han interesado en las consecuencias que para los hijos tiene la separación o el divorcio de sus padres, así como en su vida en un hogar monoparental. Lamentablemente, estos trabajos no mencionan de qué progenitor se halla separado el hijo, aunque a menudo se les escapa la expresión *with a lone mother* (con una madre sola) en lugar de *one parent family*. Y es porque en nueve de cada diez casos el hijo permanece con la madre y se encuentra separado de su padre. De ahí que me sienta con derecho a evocar los estudios dedicados a las consecuencias que sobre los hijos tiene la separación de los padres.

El más importante, por ser el más extenso, se inició en Gran Bretaña en 1946, cuando el Consejo para la Investigación Médica decidió examinar y hacer el seguimiento de la salud y el desarrollo de 5.362 niños nacidos en Inglaterra, Gales y Escocia entre los días 3 y 9 de marzo de 1946. A lo largo de su infancia, los niños fueron sometidos a doce exámenes médicos completos y se interrogó tanto a sus padres como a sus maestros, se recogieron sus notas escolares, etc. Más tarde, durante su vida adulta, han sido examinados en diez ocasiones por los investigadores relacionados con el

* LEBOVICI CRÉMIEUX, «A propos du rôle et de l'image du père», *Psychiatrie de l'enfant*, vol. XIII, n.º 2, 1971, y Michel ODY, «La séparation parents-enfants», *Psychiatrie de l'enfant*, vol. XVII, n.º 2, 1974.

estudio. En 1982 tenían 36 años y el 87 % del panel inicial se encontraba todavía presente en el estudio, lo cual es realmente notable.

Esta enorme encuesta permite identificar los desórdenes emocionales de los niños cuyos padres se han separado. Así, son netamente más enurésicos que los niños que tienen a sus dos progenitores, y esta enuresis persiste hasta el inicio de la adolescencia (a los siete años, el 22 % son enurésicos, frente al 10 % en las familias completas; a los once años, el 15 % sigue siendo enurésico, frente al 6 % en las familias completas). Según la opinión de sus madres, tienen perturbaciones en el sueño y frecuentes pesadillas. Son muchos los que se muerden las uñas y presentan dificultades de elocución. M. Wadsworth, M. Maclean, D. Kuh y B. Rodgers, que informan de esta encuesta en 1990, presentan la tabla de los riesgos que han corrido estos niños durante su infancia*:

De 0 a 5 años: Miedo, confusión, autoacusación, pobreza en la expresión de los sentimientos. El niño cree que sus padres se han divorciado por su culpa.

6 años y más: Malestar, vergüenza, sentimientos de soledad e incluso de abandono.

Más tarde: Con el tiempo, estos sentimientos se alimentan de resentimiento y se exacerban con cada cambio que sucede en la vida social del niño.

Más tarde: Dificultades para enfrentarse a los obstáculos emocionales y diversas manifestaciones somáticas y de comportamiento.

La adolescencia es un período con muchos riesgos para todos los hijos separados de su padre. Hay muchas pruebas de ello en esta encuesta. Así, cuando el panel alcanza los veintiún años de edad, la proporción de jóvenes de ambos sexos que habían cometido delitos era bastante mayor que entre los hijos de familias completas. Además, eran mucho más numerosos

* Michael WADSWORTH, Mavis MACLEAN, Diana KUH y Brian RODGERS, «Children of Divorced and Separated Families: Summary and Review of Findings from a Long-Term Follow-Up Study in the UK», *Family Practice*, vol. 7, n.º 1, págs. 104-109, Oxford University Press, 1990.

los hijos de padres separados que no tenían ningún estudio (42,9 % frente al 16,9 de los hijos de familias completas) y el nivel de educación de los demás estaba muy por debajo del de los hijos de familias completas. Consecuentemente, los últimos contactos que los investigadores tuvieron con el panel mostraron una mayor proporción de parados* y de situaciones de inferioridad entre los adultos procedentes de familias separadas. Los hombres ganaban menos dinero y las mujeres alcanzaban con menor frecuencia posiciones elevadas que el resto del panel. Resultados muy similares han sido obtenidos en varios estudios estadounidenses**.

Ausencia del padre, separación de los padres: más conductas desviadas en la adolescencia

Otros estudios estadounidenses han puesto de manifiesto que la ausencia del padre o la separación padre-hijo pueden ser consideradas como factores de fragilidad durante la adolescencia, unos factores que favorecen si no la delincuencia, sí al menos diversas conductas con ligeras desviaciones, que a menudo son su preludio. Así, un estudio*** efectuado sobre 1.400 adolescentes de edades comprendidas entre los doce y los quince años, en cuatro institutos de Estados Unidos y en dos fases separadas por dos años, tiende a demostrar que tanto los chicos como las chicas se ven afectados, pero de forma distinta.

El estudio demuestra que las chicas que viven con una

* Véase, particularmente, M. WADSWORTH y M. MACLEAN, «Parents divorce and children's life chances», *en Children's and Health Services Review*, 1986, n.º 8, págs. 145-159, y M. WADSWORTH, *Roots of Deliquency*, Oxford, Martin Robertson, 1979.

** D. GREENBERG, D.W. WOLFE, «The economic consequences of experiencing parental marital disruption», *Children's and Health Services Review*, n.º 4, págs. 141-162, 1982, y S. MCLANAHAN, «Family structure and the reproduction of poverty», *American Journal of Sociology*, n.º 90, págs. 873-901, 1985.

*** Susan NEWCOMER y J. Richard UDRY, «Parental marital status effects on adolescent sexual behavior», *Journal of Marriage and the Family*, 1987, n.º 49, págs. 235-240.

madre sola tienen relaciones sexuales muy precoces en una proporción bastante superior a la de las chicas que viven con sus dos progenitores. Además, confesaron también (en cuestionarios evidentemente anónimos) que con mucha mayor frecuencia habían transgredido las prohibiciones impuestas por sus madres, como fumar, beber alcohol, copiar los deberes, etc. Los autores consideran que la pérdida del control familiar está relacionada, en el caso de las chicas, con el «estado de no tener padre» *(sic)*.

En el caso de los chicos lo que parece desestabilizarles es el choque representado por la separación de sus padres, por la partida del padre y, a veces, por la llegada de otro hombre al entorno de su madre. Acusan el efecto de ruptura. Es verdad que, preocupadas por el divorcio, al parecer las madres tienen tendencia a ocuparse menos de los hijos que de las hijas. Los muchachos reaccionan a su separación del padre realizando el acto sexual (tienen entre doce y quince años) en una proporción cinco veces superior a la de los chicos de la misma franja de edad que viven con sus dos progenitores. Asimismo, afirman con mucha mayor frecuencia que han fumado, bebido alcohol o tomado el coche a su madre para conducir (evidentemente, sin permiso, pues tienen trece o catorce años). El índice de desviación es claramente más elevado tanto para los hijos como para las hijas en las semanas posteriores a la partida del padre.

No obstante, hay datos más graves en el apartado dedicado a las desviaciones en la edad frágil de la adolescencia. El hecho de que haya dedicado un capítulo a la función paterna y a lo que ocurre cuando no puede ejercerse se debe, en gran parte, a lo que pude observar cuando estudié la población joven y adolescente que prueba las drogas o se interna en la toxicomanía para el Consejo Económico y Social. Todos los estudios que pude reunir mostraban proporciones anormalmente elevadas de padres carentes en el caso de los jóvenes toxicómanos*.

En 1986, la gran encuesta realizada en Francia por el Instituto Nacional de Estadística e Investigación Médica (IN-

* Evelyne SULLEROT, *Problèmes posés par la toxicomanie*, CES, 1988.

SERM) mostraba que el 50 % de los toxicómanos procedían de familias disociadas, mientras que el índice de separaciones para una población de edades comparables sólo es del 19 %. Por otra parte, en el 19 % de los casos uno de los progenitores había fallecido, mientras que el índice para una población de referencia es del 5 %.

En el centro de tratamiento Le Trait d'union, que en 1987 había recibido a 1.665 toxicómanos, se observa que una gran mayoría de sus usuarios declaraban mantener buenas relaciones con su madre y que el 40 % se encontraban separados de su padre (divorciado, desconocido o fallecido). En el centro Monceau de terapia familiar, que recibe 2.000 visitas anuales, se observa una proporción muy alta de familias rotas y de padres carentes.

La encuesta llevada a cabo por el Instituto Nacional de Investigación Pedagógica en los centros de educación secundaria de la región de París* distinguió, al final de su estudio sobre 968 adolescentes de edades comprendidas entre los dieciséis y los dieciocho años que acudían a veintiséis institutos diferentes, tres grupos de alumnos:

1. El grupo más amplio está formado por chicos y chicas que no beben, no fuman, no mantienen relaciones sexuales, no faltan a clase y nunca han consumido drogas: viven con sus dos progenitores y están vigilados de forma bastante estricta (hasta los dieciocho años).

2. Un pequeño grupo en el que predominan las chicas se siente excesivamente vigilado, tiene peleas en el seno de la familia y se entiende mal con el padre: el consumo de tranquilizantes (pero no de drogas) es anormalmente frecuente en este grupo.

3. Finalmente se encuentran 334 adolescentes, especialmente chicos, que han empezado a mantener relaciones sexuales aproximadamente a los trece o los catorce años, que beben alcohol, que fuman más de diez cigarrillos al día y que han consumido droga dos o más veces en los seis meses

* Nelly LESELBAUM, Charles CORIDIAN, Jacques DEFRANCE, *Tabac, alcool, drogues: des lycéens parisiens répondent*, INRP, 1985.

anteriores a la encuesta: éstos viven preferentemente con sus madres, y sus padres bien se han ido, son desconocidos o han fallecido; sus salidas están poco o en absoluto nada controladas.

Los autores de este estudio destacan que el análisis factorial hace que la ausencia del padre y el exceso de libertad del adolescente aparezcan como los elementos más fuertemente relacionados con el consumo de drogas.

El Ministerio de Justicia francés realizó en 1989 un estudio con 804 toxicómanos encarcelados, de mayor edad: «Se observa que en la mitad de los casos proceden de familias desestructuradas por el divorcio, la separación o la defunción.» Estos resultados son semejantes a los obtenidos en el caso de los toxicómanos encarcelados en el centro de Fresnes: padre ausente como consecuencia de divorcio, 22,3 %; padre fallecido, 13,4 %; padre desconocido, 2,2 %; padres desconocidos o fallecidos, 5,7 %. Total, 43,6 %*.

El estudio sistemático de los niños que han esnifado (respirado disolventes) muestra que se trata de niños que a menudo viven en simbiosis con una madre empobrecida, que han sufrido carencias afectivas precoces como consecuencia de la ruptura de la pareja parental o que han vivido situaciones discontinuas con una madre soltera (F. Facy, INSERM).

¿Padres carentes, hijos delincuentes?

Ya es hora de plantear la pregunta y de tratar de responderla con honestidad. Hasta 1970 aproximadamente, aparecieron numerosos estudios sociológicos (Gregory, 1965; Douglas, 1966 y 1968; Gibson, 1969, etc.) que mostraban que el índice de delincuencia de los muchachos hijos de padres divorciados o de madres solteras era más que el doble que el de los muchachos de los mismos medios sociales pero con sus dos progenitores.

* L. CIRBA, *Les Toxicomanes incarcérés*, Travaux et documents, Ministerio de Justicia, 1989.

A partir de 1970, estos estudios fueron violentamente rebatidos. La correlación separación de los padres/delincuencia de los hijos fue tratada de «pastel» servido con complacencia por los «familiaristas» enemigos del divorcio. Una nueva generación de sociólogos se dedicó a ridiculizar estos trabajos, a ocultar las fuentes de quienes podían continuarlos, e incluso a vetarlos.

¿A qué se debió esta actitud defensiva? A un conjunto de razones principalmente relacionadas con las convicciones políticas y sociales dominantes en la época. Por ejemplo, para las feministas, el padre, ese esperpento redundante, era totalmente innecesario; ya hemos visto en el capítulo 5 algunas de las situaciones jurídicas creadas por lesbianas holandesas o danesas; en Londres funcionó un *Girl Babies Group* cuya finalidad consistía en traer al mundo únicamente niñas mediante medios sencillos: un poco de esperma humano seleccionado, el *«necessary biological material»* y jeringas sin aguja u otros utensilios como los que habitualmente se emplean para regar el pavo con su jugo, por lo que reciben el nombre de *turkey basters**... Sin llegar hasta esos excesos, los movimientos feministas intentaron excluir a los hombres-padres y, por tanto, trataron de minimizar su función paterna. Unas eran individualistas, por reflejo antifamiliar; otras eran revolucionarias, y querían que la socialización de los niños fuera garantizada por «comunidades»** o directamente por la colectividad a través del Estado, para reducir las desigualdades, etc.

* R. Duelli KLEIN, «Doing it yourself», *Test-tube women*, R. Arditti Ed., Pandora, Londres, 1985, págs. 382-390.

** «La socialización ya no se transmite a través de los adultos, sino mediante el grupo de los iguales.» «La juventud moderna no encuentra, en los padres, más que testimonios de una cultura superada.» «Los padres son reyes destronados; la autoridad se encuentra hoy en manos del poder tecnológico.» «Los profesionales del trabajo social son más comprensivos, menos dogmáticos y menos represivos que los padres.» «Las comunidades experimentan estructuras capaces de satisfacer todas las necesidades económicas, afectivas y sexuales de sus miembros sin ningún tipo de frustración.» Estos textos no han sido extraídos de ningún manifiesto, sino del *Informe del Consejo de Europa sobre la delincuencia juvenil y las transformaciones sociales, 1979.*

En aquel momento, la revolución cultural inflamaba tanto a la sociología como a la criminología, y como este tema afectaba a ambas, los enfrentamientos fueron feroces (y aún no han terminado...). Paulatinamente, de estos intercambios poco amenos y poco productivos emergió, como si se tratara de una balsa en un mar embravecido, una idea que todo el mundo, o casi todo el mundo, aceptó: se consideraría falto de interés lo cuantitativo y se recogerían observaciones clínicas y –nuevo «pastel»– «experiencias vividas», *live events*. Así se hizo. Se recogieron innumerables datos en muchos países, de boca de los propios delincuentes y de boca de aquellos a quienes se habían confiado en el curso de terapias o de entrevistas no directivas.

E incluso sin querer contar, sumar o ponderar factores, no hubo más remedio que darse cuenta de las sorprendentes concordancias de ese material cualitativo. Se había vuelto al mismo punto. Se encontraban las mismas cosas.

En efecto, los estudios sociológicos cuantitativos de hace escasos años eran corroborados por las observaciones clínicas y por los análisis de las experiencias vividas. El comportamiento antisocial de los muchachos aparece estrechamente relacionado con la ausencia del padre o con la mala relación con un padre agresivo, violento, excesivamente autoritario y generalmente despreciado. Los estudios sobre los gemelos univitelinos no han aportado nada: los factores genéticos parecen desempeñar un papel menor en la patogénesis de la delincuencia. Por el contrario, el papel principal vuelve a ser la educación recibida de los padres. Es cierto que, sobre el tema de los modos de vida, ya en 1990, Heins Moors y Nivo van Nimwagen, informadores del Consejo de Europa, afirmaban que «para la mayor parte de los niños, los efectos negativos del divorcio parecen disiparse al cabo de algunos años», y que «podría decirse que determinadas características de los hijos de familias monoparentales son positivas. En efecto, estos niños tienen tendencia a mostrar un comportamiento más andrógino [!], son más maduros, tienen un mayor sentido de la eficacia y dan la impresión de poseer un mayor control sobre sí mismos».

Esto es lo que de modo muy preciso niegan los psicólogos y psiquiatras que han escuchado y cuidado a jóvenes delincuentes. El adolescente sin padre –tanto si se rebela ante el control opresivo de su madre, que no le permite ejercer la impulsividad propia de su sexo, como si está poco vigilado y depende de sí mismo– no logra obtener el control de sí mismo. Es verdad que a menudo se muestra muy liberado, contando sólo consigo mismo y logrando entender a los demás, pero desde el exterior. No está socialmente integrado. Si no tiene un padre que ejerza una autoridad para limitar sus impulsos y despertar su sentido de culpabilidad y su deseo de reparación, será incapaz de refrenar sus pulsiones y la satisfacción inmediata del deseo.

Maurice Cusson ha encontrado una palabra elocuente para expresar esta tendencia irreprimible de satisfacer inmediatamente las propias necesidades que está presente en todos o casi todos los delincuentes: la denomina «presentismo»*. El «presentismo» que afecta al joven crea una ruptura entre el presente y el futuro, le impide anticipar, preparar e incluso imaginar el futuro. En el origen del «presentismo» se encuentra la ausencia de disciplina parental y principalmente paterna. El niño no aprende a retrasar la satisfacción de sus deseos. Añadiría, gustosa, que la función paterna inserta al hijo temporalmente en mayor medida que la función materna. Dado que le da su apellido y le inscribe en una línea histórica, dado que para el hijo representa el modelo de lo que será cuando sea mayor, el padre tiene una función educativa para el futuro, al menos en el caso del hijo varón. El muchacho sin padre, falto de esas referencias sobre el tiempo social que el hombre transmite a sus descendientes, tendrá mayor tendencia que los demás a «pasar al acto» impulsivamente y sin remordimientos.

¿Y qué dicen las famosas «experiencias vividas» de los delincuentes? Christian y Nicole Léomant**, sociólogos del

* Maurice CUSSON, *Délinquants, pourquoi?*, Colin, 1981.

** Christian LÉOMANT y Nicole SOTTEAU-LÉOMANT, «Le sens de la famille», *Informations sociales*, n.º 4, 1989, págs. 47-53.

Centro interdisciplinario de Vaucresson, han reunido sus opiniones sobre la familia y sobre sus familias, sus lugares de origen y sus lugares de residencia, los cuales tal vez sean el fundamento de su delincuencia. En primer lugar los delincuentes distinguen entre la madre y el padre. «La madre parece dominar el espacio familiar, muy a menudo monopolizándolo.» («Para mí, mi madre lo es todo», dicen muchos de estos hombres.) ¿Y el padre? «Desconocido, fallecido, alejado de la familia o porque no se comunica con su hijo, el padre aparece como un personaje ausente.» No obstante, los delincuentes que hablan de la familia tienen una idea precisa de lo que debería ser un padre: «Alguien que va regularmente al trabajo, que se ocupa de sus hijos, que les ve evolucionar, que está con ellos cuando se presenta un problema y que trata de discutir con ellos y de hacer que comprendan.» Así es el padre soñado; en la realidad, era desconocido, fallecido o ausente.

El padre violento, el padre mal ejemplo

No cabe duda de que se debe diferenciar, por una parte, los delincuentes por impulsividad –atracadores, toxicómanos, traficantes, etc.– que, ante la ausencia de modelo paterno, caen por la pendiente, víctimas de sus irreprimibles deseos inmediatos; en gran parte, se trata de personas que no han tenido padre, que el padre les ha abandonado o que, como consecuencia de un traslado o de un divorcio, no le han vuelto a ver o sólo aparece de modo muy provisional. Por otra parte, los delincuentes violentos, culpables de golpes, agresiones, violaciones, etc., tienen un padre en casa en la mayor parte de los casos, pero a veces es un padre alcohólico y casi siempre es un padre violento.

Diferentes investigaciones sobre la violencia (Gelles, 1977) parecen indicar que ésta «se aprende en la familia» y, más concretamente, al lado de un padre violento. Los gritos, las amenazas y los golpes forman la trama de la vida familiar. El espectáculo diario de la televisión añade una amplia gama de modelos simbólicos de violencia. La situación del inmigrante que vive una cruel pérdida de su identidad cultural provoca una exacerbación particular, en especial si procede de una cultura en la que el padre es omnipotente, pero ve cómo éste, desestabilizado por el cambio de cultura, socialmente superado y poco respetado, trata igualmente de imponer su autoridad mediante la violencia.

Más de la mitad de los hombres visitados en tanto que autores de actos violentos en el centro de crisis para hombres de Göteborg (Suecia), en 1986-1987, explicaron a la psicóloga que les atendía que habían sido testigos de escenas de violencia en el hogar durante su infancia. Y cuatro de cada diez declararon que su padre les pegaba. «Siempre oía a mi padre amenazar y siempre he visto que acababa golpeando», decía uno. Otro: «Mi padre era muy celoso y siempre me aconsejó que no me dejara dominar.» O un tercero: «Yo quería emanciparme de mi padre, que pegaba, así que tenía que pegar más fuerte que él.»* De modo que sería la presencia violenta de un padre que golpea lo que engendraría la violencia de los hijos y lo que tal vez lleve a las muchachas a formar pareja con un hombre que las pegue.

De manera que todas las experiencias vividas y todas las observaciones clínicas coinciden. Es el padre quien debería permitir el acceso del muchacho a su agresividad natural, a la vez que le enseña a medir las posibles consecuencias nefastas de esa agresividad para los demás, a limitar su ejercicio, a dominarse por respeto a los demás. Así pues, a moverse, a jugar, a gritar, a luchar, a ir deprisa, a superarse y a tratar de ganar, pero siempre teniendo presentes a los demás y respetando al adversario, respetando las reglas del juego y, sobre todo, respetando a quienes no pueden rivalizar físicamente con él. Si el padre no domina su propia agresividad, el hijo será violento a su imagen.

* Barbro LENNÉER-AXELSON, *Männens Röster*, Göteborg Universitet, 1988.

Algunos factores que facilitan la delincuencia juvenil

Todos los que han escuchado, oído, cuidado, ayudado o confesado a delincuentes también son unánimes: el padre desempeña un papel capital en la buena adaptación social del hijo, en especial del hijo varón, y por tanto, su ausencia o su carencia pueden tener un peso determinante por el contrario.

–Si está presente pero ejerce su función paterna de modo tiránico, brutal e incluso incontrolado, el hijo podrá convertirse en un rebelde violento igualmente incapaz de contenerse aunque lamente sus excesos.

–Si el padre y la madre se enfrentan continuamente en temas relacionados con la educación del hijo, si se las ingenian para ridiculizarse, para criticarse o para insultarse mutuamente delante de él, si cada uno trata de destruir las reglas dictadas por el otro, el niño corre el riesgo de ser reivindicativo y de no sentirse atado por nada, demostrando así el hundimiento de los valores morales y sociales que se ha producido en su interior.

–Si el padre está disociado de la sociedad y no cesa de denigrarla, si está en la cárcel y presenta ante su hijo el mundo como una amenaza permanente y toda autoridad social como malévola, el hijo corre el peligro de entrar en su paranoia e imitarle.

–Si los padres se separan o se divorcian, si el padre es expulsado, si el hijo no logra verlo más que con grandes dificultades, si no se le explican más que cosas negativas de su padre, o «prefiero no hablar de él», el hijo podrá hacer cualquier cosa con tal de atraer la atención de su padre, aunque únicamente sea para escuchar su reprobación.

–Si el padre está ausente, no se le nombra en absoluto y el hijo no sabe nada de él, tendrá grandes dificultades para desarrollar su masculinidad porque no abundan los buenos sustitutos del padre (profesor, sacerdote, educador, monitor, padrastro, tío, etc.). En el caso de que la madre ejerza un fuerte control sobre él, el hijo, sin rebelarse, puede deslizarse hacia conductas de huida (droga, robos...). Pero si la madre ejerce poco o ningún control, corre el peligro de buscar su existencia en otra parte, por lo que, dependiendo de los compañeros que encuentre, puede acabar bien o mal.

No hay que entender sesgadamente estas consideraciones y sacar la conclusión de que todo hijo sin padre está abocado al desastre y que todos los hijos de divorciados son delincuentes en potencia. Evidentemente, no es eso. Y ahí está lo que tienen de bueno las estadísticas e incluso de tranquilizador: relativizan. Cuando se leen de cabo a rabo las experiencias vividas y las observaciones clínicas, es fácil caer en el pánico por lo convincentes que son esos adolescentes y esos jóvenes delincuentes. Chicos y chicas son muestras lógicas y trágicas de lo que se nos presenta como una obviedad: Padre carente, hijo perdido. Pero, a Dios gracias, no es así en absoluto. Y son las estadísticas las que expresan esta verdad relativa: no todos los hijos de divorciados se convierten en delincuentes, ni mucho menos. Pero es preciso dejar constancia de que el riesgo de resbalar es mayor para ellos que para los hijos de una familia unida. Y es aún mayor para los hijos sin padre.

Los datos franceses sobre la situación familiar de los jóvenes delincuentes se están procesando y aún no han podido ser efectuadas las comparaciones necesarias. Por ello daré aquí dos ejemplos recientes, tomados a propósito: el primero procede de Italia, uno de los países de Europa con más bajo índice de divorcios; el otro, de una región del norte de América, Quebec, en la que el índice de divorcios se ha disparado y ha alcanzado niveles de récord.

De la absoluta necesidad de ser conscientes del problema

En Italia, el último censo mostraba que en la región de Emilia-Romaña sólo el 2 % de las familias con hijos estaba divorciada o separada. Y sobre el conjunto de delincuentes menores de edad confiados al servicio social correspondiente (UDSSM) del distrito de Bolonia, el 16 % eran hijos de padres divorciados o separados, el 9 % vivía con su madre y un concubino, el 9 % había perdido a su padre, el 6 % vivía en una institución o en casa de algún pariente, el 1,1 % eran hijos de madre soltera, el 1 % era adoptado y del 3,9 % *non si sa*, no se conocía su situación familiar*... De modo que el 44,4 % de estos menores presentaban una configuración familiar incompleta o destruida, en una sociedad en la que este tipo de situación es extremadamente rara, con ausencia de padre.

En Quebec, durante el año 1991, dos investigadores de la de la Organización para la Protección de los Derechos de la Infancia analizaron 1.062 expedientes de adolescentes que habían comparecido ante el tribunal de la juventud de Montreal durante los años 1987, 1988 y 1989. El predominio masculino, como siempre que se trata de delincuencia, es enorme: eran 1.007 chicos, cuyas edades oscilaban entre los catorce y los dieciocho años. Las informaciones sociales adjuntas a los expedientes permitían conocer la situación familiar en el momento en que se cometieron los hechos de que se acusaba a estos menores: sólo una tercera parte de sus padres vivían juntos, casados o en concubinaje. El 61 % de los padres de estos chicos estaban divorciados o separados. Y además habría que incrementar esta enorme proporción pues, cuando no aparecían de informaciones explícitas, los investigadores consideraban que los padres estaban casados y vivían juntos. El comentarista añade: «Desde el punto de vista cualitativo, los expedientes indican que muchos de estos adolescentes tenían pocos contactos, o ninguno en absoluto, con uno de sus progenitores, habitualmente el padre.»**

Estos ejemplos no son una demostración que pretenda establecer una relación de causa a efecto mediante cifras. Y aún menos un alegato contra el divorcio. Sin embargo, tienen que llevar a la reflexión para sensibilizar a la opinión pública acerca de un problema que no desea ver: el de la peligrosidad relativa para nuestros hijos –especialmente los varones– de una difuminación excesivamente pronunciada del padre y de la

* Ivo COLLOZI, «Devianza minorile e famiglia in Emilia-Romagna», *Famiglia Anni 90*; «Le condizioni familiare in Emilia-Romagna e i nodi della politica sociale», a cura di Pierpaolo Donati, Mordelliana, Brescia, 1990.

** Riccardo DI DONE, Organisation pour la protection du droit des enfants, Montreal, Quebec.

función paterna. Es posible divorciarse y que tanto el padre como la madre conserven su papel y su función ante los hijos tras la separación de la pareja. Pero hay que querer hacerlo. Quiero decir: es preciso que la sociedad quiera hacerlo y que regule en consecuencia las modalidades de separación, que haga comprender a los padres la importancia de lo que está en juego. Es preciso que la propia sociedad sea consciente del problema.

Sin embargo, por haber participado en los consejos y las conferencias en las que se elaboran las reflexiones y las recomendaciones sobre la sociedad y la familia que se elevan a los políticos, estoy en disposición de decir que esta conciencia se encuentra lejos de manifestarse claramente. Aún quedan muchos supervivientes de la generación del 68 que no han revisado sus utopías –unas utopías que no obstante están totalmente pasadas de moda– y que saben difundirlas muy bien: ¿quién se atrevería a alzarse contra la igualdad y la libertad de los individuos? Cuando se les escucha, parece que la difuminación del papel de los padres sea irreversible y un signo de progreso. Sería el acceso de las mujeres a la igualdad (¿quién puede honestamente oponerse a ello?) y el acceso de los niños a un mayor grado de autonomía (¿quién puede dejar de aplaudirlo, después de la Declaración Universal de los Derechos del Niño?) lo que pondría en tela de juicio al padre y tendería a marginar la función paterna. ¿La integración social? Por la igualdad generacional se confía el papel al grupo de amigos. El hecho de que el papel del padre se difumine se debe a que hemos pasado de la represión a la permisividad. Y, como colmo del progreso, «los hijos de hogares monoparentales han extraído aspectos positivos de su situación: son más andróginos», nos anuncian los expertos del Consejo de Europa.

8

DIVORCIOS, DERROTAS, DOLORES

De modo que es preciso acabar hablando del divorcio. Pero no del divorcio en general, por supuesto, pues es un tema excesivamente amplio. Ni del derecho al divorcio, que me parece indispensable e irreversible. Sólo hablaremos del divorcio visto desde la perspectiva de los padres, vivido por los padres.

Nada expresa mejor el profundo rechazo que se operó por parte del patriarcado en nuestras sociedades, alrededor de la década de 1970, que las disposiciones legislativas vigentes sobre el divorcio en gran parte de Europa. Aunque, mejor dicho, hay algo aún más revelador que las leyes: la forma en que son aplicadas, los procesos, las sentencias. En los textos y en la práctica judicial sobre el divorcio se descubre una profunda indiferencia ante la paternidad como función social y como valor; parece que apenas se sepa que existe. Mil y un pequeños prejuicios contra el padre, que rozan la hostilidad, se mostrarán uno tras otro a lo largo de la trayectoria del hombre que se divorcia cuando tiene uno o más hijos, y serán como trampas tendidas cuya existencia era desconocida por el pobre ingenuo. Sí, claro, es verdad que la indiferencia ante la paternidad y las discriminaciones contra los padres no se pregonan, no son explícitas, evidentes, manifiestas. Están latentes, se activan cuando un padre confiado se introduce en el engranaje. Es indudable que nadie lo ha querido así conscientemente. Pero así es, y desde hace casi veinte años.

Durante estos años de permisividad y de defensa de los derechos humanos se ha visto en los tribunales que jueces equitativos, y a priori benévolos para los hombres, transformaban un divorcio por mutuo acuerdo en una condena del padre, cuya paternidad quedaba humillada, atrofiada, herida. Se ha visto a mujeres liberales, y a priori comprensivas ante el ex marido del que se separaban sin rencor, convertirse en madres beligerantes, feroces. Mientras que al inicio del proceso declaraban que nada le reprochaban y que no le deseaban ningún mal, se las ve, transformadas por las prerrogativas que se les concede y por los consejos que se les prodiga, hundir al desdichado en la soledad y en las tinieblas del mal progenitor que sólo debe pagar y callar. Se ha visto que abogados osados y de talento cortaban en seco la pretensión de su cliente de pedir la custodia de sus hijos, le aconsejaban que se doblegara, independientemente de su voluntad profunda, y le preparaban para considerarse feliz si obtenía a fin de cuentas algunas migajas de fin de semana. Se ha visto a padres que, preparados para acondicionar su vida de modo tal que sus hijos ocuparan el mayor espacio posible, heridos y asqueados, han renunciado a todo y han desaparecido sin dejar ni sus señas.

Parece como si la maquinaria del divorcio, mal hecha y mal intencionada con respecto a los padres, tuviera como finalidad endurecer los conflictos, avivar los rencores y, sobre todo, hacer imposible el acuerdo de los progenitores en el tema de los hijos, así como el ejercicio sereno de la paternidad. Y esto debe ser desmontado y denunciado, pues las mentalidades cambian y son menos impermeables a los gritos de los padres de lo que han sido durante quince años.

Una prueba crucial en la soledad moral

El divorcio es el medio a través del cual un número cada vez mayor de hombres se han hecho conscientes del declive de la paternidad en nuestras sociedades. No se habían dado cuenta de nada hasta que estuvieron involucrados y fueron negados como padres o rechazados como progenitores de segunda fila y con escasos derechos. Tanto menos cuanto también ellos se habían convertido en feministas, igualitarios, liberales y solidarios. En efecto, son los padres que consideraban adecuado lavar los platos y acostar a los niños si su mujer tenía trabajo los que, después de una falta de entendimiento con su pareja, no han soportado verse divorciados de sus hijos sin haberlo merecido. Uno tras otro, han vivido un contratiempo dramático que siempre les ha parecido irracional y, como tal, desestabilizador.

Desestabilizador por insidiosamente culpabilizante: «En esta prueba crucial, [...] el padre está solo, física y moralmente solo. Porque a los agentes institucionales no les basta con un dispositivo coherente de marginación. Si pretende burlarlo, es preciso que se sienta culpable. [...] Aprende que el deseo de continuar representando su papel de padre se considera como una pretensión exorbitante que no puede mantener sin parecer que está impulsado por el deseo de perjudicar a la madre.»* El frente unido que le oponen el tribunal, el servicio social, la Seguridad Social, la Educación Nacional, la sanidad y el ayuntamiento, a los que se unen de la forma más inesperada su abogado y sus allegados, acaba por hacer que más de uno vacile y llegue a reprenderse a sí mismo: ante la opinión social, no está bien asumir la paternidad después de un divorcio si la madre quiere a los hijos, e insistir parece tener algo de patológico, dado que en este tipo de casos se exige una prueba psicológica. Su renuncia será aprobada por todos como si se tratara de un retorno a la sensatez –porque debería aportarle la paz de espíritu–, y el padre abandona más o menos estupefacto y herido por esta experiencia kafkiana. En las estadísticas que se exhiben como pruebas de la indiferencia de los padres, engrosará la proporción de quienes no piden la custodia o «no luchan, puede creerme, para quedarse con los hijos».

Pero otros no aceptan, combaten y se embrollan. Con la

* Paul ELKAÏM, «Le vécu de l'enfant et du parent non gardien», coloquio *Attribution de la garde et/ou gestion de la séparation*, organizado por el Movimento por la Igualdad Parental, el Sindicato de la Magistratura, la Unión Sindical de Magistrados y el Instituto de la Infancia y la Familia, 1984.

seguridad que a cada uno de ellos le proporciona la sinceridad de sus intenciones, con la fuerza que le da su ascendiente paterno y con la convicción de que vive en un Estado de derecho, pelea contra lo que cree que es una conspiración incomprensible dirigida contra él. Todo ello confiere a sus demandas y a sus quejas un falso aire de paranoia, y pronto todo el mundo se encoge de hombros cuando aparece el padre, siempre que no evite hacer esto ostensiblemente. Llega así al punto en que está maduro para «dar el golpe»: raptar a su hijo, llevárselo al extranjero, negarse a devolverlo en la fecha prescrita, oponerse a la pensión que debe pagar y no hacerla efectiva, etc. Son actos desesperados que agravan su caso y su soledad y que hacen que sea condenado a multas, a penas de prisión o a trabajos llamados de interés general, como aquel padre que, por un retraso de dos días en la devolución de su hijo, tuvo que estar dos meses cavando tumbas en un cementerio y capturando víboras en un bosque (el alcalde de la aldea en la que se le asignó este trabajo no quería emplear a un condenado por robo, de modo que pensó que un padre excesivamente unido a su hijo sería un condenado perfecto al que se le podrían confiar las llaves del depósito municipal en donde se guardaban las herramientas propiedad del municipio...).

Con los militantes de las asociaciones de padres

Después de meses de desconcierto, llama por teléfono a una asociación de defensa de padres divorciados, va a una reunión y queda perplejo al comprobar que por fin es escuchado y oído, que ya no está solo, y más perplejo aún al encontrar a otros en su misma situación. Se convierte así en militante de una causa común.

Eso sucederá a menos que ignore la existencia de organizaciones que aconsejan y defienden a los padres divorciados y decida crear una. Encuentra un nombre y define una finalidad para su asociación, pide a otras tres personas que formen junto con él la junta directiva, empieza a redactar opúsculos y a preparar un boletín y se entrevista con juristas, sociólogos y psicólogos. Así fue como me sensibilicé por el tema que estamos tratando: varios padres insurgentes se pusieron en contacto conmigo un día, cada uno de ellos por separado, debido a que habían fundado una asociación. Más tarde, he comprobado que varios de estos presidentes-fundadores habían fusionado sus pequeñas organizaciones para ganar en proyección y en eficacia. Así, he conocido las organizaciones *Pères-mères-enfants*, el *Mouvement pour l'egalité parentale*, *Les Pères résistants*, *La Condition masculine-soutien de l'enfant*, *L'Enfant et son père*, *Fédération des mouvements de la condition parentale*, *S.O.S. Papa*, etc. A través de ellas he sabido de la existencia de movimientos similares en Suiza, en Alemania, en los Países Bajos e incluso en Australia, donde junto a una organización que se llama *Men against alemonies* (hombres contra la pensión alimentaria) hay otras varias, como *Fathers without children*.

La causa de estas asociaciones militantes me parecía digna de interés. Sin embargo, cada vez que hablaba de ellas delante de un jurista, de un sociólogo de la familia o de un consejero conyugal profesional tenía que oír una advertencia: «Desconfíe de ellos, son todos unos chiflados, unos zumbados, unos psicópatas poco representativos, unos pobres tipos con ideas fijas, unos paranoicos, etc.» Los calificativos variaban, pero siempre me aconsejaban estar alerta, mantenerme vigilante: esos padres no eran en absoluto representativos, exageraban, fabulaban, no aceptaban los progresos conseguidos por las mujeres; en suma, eran unos machistas.

Así, bien preparada para hacer que actuaran mis prejuicios feministas –es decir, a buscar resabios de machismo patriarcal en todo cuanto me dijeran–, quedé primero desarmada, más tarde me interesé y finalmente me hice simpatizante de su causa. Desarmada, porque siempre encontré en esas asociaciones de padres airados a mujeres que militaban a su lado; a veces eran las compañeras que compartían su vida después del divorcio, que comprendían su pena, que denunciaban la injusticia que se cometía con ellos; otras veces eran las abogadas que les habían defendido sin éxito y habían podido comprobar las discriminaciones de que habían sido objeto; a veces eran las abuelas, hastiadas porque la sociedad había excusado y apoyado a su ex nuera, la cual se había adueñado de sus nietos, después de destrozar la vida de su hijo; a veces eran mujeres psicólogas o psiquiatras, militantes de la presencia paterna. Evidentemente, estas mujeres no estaban engañadas por unos cuantos exaltados del machismo.

Me interesé rápidamente, en especial por la extraordinaria necesidad de entender que todos manifestaban: la sociedad, que no tenía contra ellos ningún reproche, les impedía que siguieran educando a sus hijos, que siguieran cumpliendo con su función paterna. «¿Por qué?», preguntaban. «¿Cómo se explica que al padre se le pida que comparta todo lo referente a los cuidados del hijo y a su educación, a semejanza de la madre, y que al mismo tiempo se le excluya como si fuera un inepto, un incapaz, una persona inútil que sólo sirve para pagar; ¿cómo se explica que se le prohíba lo que se concede a la madre? ¿Cuál es la clave? ¿Cuáles son las claves?» La mayor parte de los padres militantes que he conocido iniciaron estudios de psicología, sociología, demografía y derecho después de su divorcio, o empezaron a devorar todos los manuales, informes y artículos posibles e imaginables. Quieren comprender para escapar del duro recuerdo de una travesía por lo irracional cercana a la pesadilla.

En fin, ¿cómo no iba a sentirme emocionada y compadecida al adivinar, detrás de la indignación y de las proclamas ofensivas, un verdadero e intransmisible dolor, pudoroso e interiorizado?

Reacciones de los demás hombres: indiferencia, incredulidad, desconfianza

No obstante, al igual que ellos, pronto quedé sorprendida ante el escaso eco despertado por su clamor. «En materia de divorcios, el hombre suele ser el peor enemigo del hombre», escribe Bruno Décoret en *Les Pères dépossédés**.

* Bruno DÉCORET, *Les Pères dépossédés*, Desclée de Brouwer, 1988.

Es verdad. La mayor parte de los hombres permanecen indiferentes ante las desgracias de los padres divorciados, y eso cuando no se muestran francamente incrédulos. ¿Quiere eso decir que les conviene tener una concepción minimalista de la paternidad? ¿Que no desean atraer la atención sobre un derecho a la paternidad bien entendida, cuyos deberes rechazan? ¿Consideran algunos que a fin de cuentas es natural (y muy cómodo) que las mujeres se encarguen de la educación? Además, si lo reivindican, allá ellas, al menos eso no se lo vamos a negar...

Un grueso caparazón de insensibilidad parece proteger a muchísimos hombres de las desdichas de sus semejantes, aunque tal vez no los consideren sus semejantes desde el momento en que confiesan que han sido vencidos por una mujer en un combate por un niño. Estos indiferentes parecen pertenecer a la gran familia de los razonables, que anteponen su carrera a su familia y que depositan en su esposa toda la confianza para que eduque a los hijos. Son los bisnietos de aquellos padres que querían ser respetados y obedecidos; no obstante, la tradición, hoy, les lleva a dar el poder a la mujer, con lo que ello comporta de magnanimidad, y de un cierto alivio.

Pero no son éstos los únicos hombres que abandonan a los padres divorciados cuando intentan resistir y salvar su relación paterna. Los antiguos militantes del 68 que han permanecido fieles a Wilhelm Reich también están ahí para reírse. Para ellos, el paternalismo sigue siendo un objetivo a abatir, y con él, la paternidad. Muchos de los que tienen entre treinta y cinco y cincuenta años, están decepcionados de todas sus esperanzas políticas y se aferran a un feminismo libertario. Para ellos, las mujeres siempre tienen razón. Además, paternidad y herencia van en la misma línea; es la continuidad biológica, el vínculo de sangre, el linaje: todo aquello de lo que abominan.

En el gran ejército de los amigos infieles se encuentran incluso hombres que también se han divorciado, que también han sido condenados a una paternidad rebajada y que, en el fondo, comprenden lo que les ocurre. Pero éstos se han casado o cohabitan con una mujer que tiene hijos de su primer matrimonio. Son padrastros o amigos de la madre que viven cada día no junto a sus hijos, sino con los hijos de su nueva pareja. Se ha comprobado desde hace tiempo que estos padres distancian las visitas a sus propios hijos, permiten que se relajen los vínculos con ellos y muy a menudo dejan de verlos: según se ha observado en Estados Unidos, el 49 % de hijos de divorciados ven al progenitor que no tiene su custodia aproximadamente una vez por semana cuando no se ha vuelto a casar; solamente en el 11 % de los casos ocurre lo mismo si ese progenitor tiene una nueva familia*.

Reacciones de las mujeres: ignorancia, burla, hostilidad

Hasta fechas muy recientes, la opinión femenina parece haberlo ignorado todo acerca de esos padres a los que recriminan. A menudo he enumerado ante mujeres de todos los medios, de todas las edades y de todas las opiniones la lista de las asociaciones de padres que he ido conociendo. Obtenía como respuesta un verdadero muestrario de exclamaciones de incredulidad: «¡No es verdad!», combinados con «¡Se han vuelto locos!» o «¡Pero esto es ridículo!»... En el momento en que nombraba el «Frente de Padres Resistentes», infaliblemente estallaban las risas y las burlas aumentaban. Al enunciar el «Movimiento de la Condición Masculina», o bien las carcajadas se acentuaban o bien algunas se indignaban: «¡Vaya, no les faltaba más que eso!» «Pobrecitos, ¿ahora se van a presentar como mártires o qué?» En cualquier caso, ni un gramo de interés, de piedad o de simpatía. Ninguna parecía recordar las sonrisas burlonas y crueles que, en su momento, provocaban los nombres de los diferentes movimientos feministas.

Se me ha hecho evidente que, tratándose de los hijos, la complacencia femenina es sólida, lisa, incombustible. Ni la

* F. F. Jr FURSTENBERG, «Reflections on remarriage», *Journal of Family Issues*, n.º 4, diciembre de 1980, págs. 443-453.

menor sombra de una duda. Una buena conciencia que ofrece un frente tan unido no se ha formado a partir de experiencias personales; se trata de una creencia colectiva, sin fisuras, que refleja el espíritu de la época. Es como una profesión de fe: sólo las mujeres están discriminadas; sólo las mujeres son víctimas. Es así, se trata de una verdad establecida. Dado que he trabajado durante toda mi vida para alertar a las mujeres sobre las injusticias que se cometen contra ellas y para animarlas a luchar contra los condicionamientos sociológicos y los prejuicios sexistas, sería inoportuno que me lamentara por haber tenido un éxito excesivo. Sólo dejo constancia de que, dejando aparte el mundo del trabajo y de la vida pública, donde las mujeres aún tienen mucho que hacer para lograr su derecho a la igualdad, si se aborda el mundo de la reproducción y de la educación de los hijos, en el que se han convertido en las reinas, hasta el punto de que en el norte de Europa se denuncia el *Family Planning Monopoly** de las mujeres, su buena conciencia no ha sufrido el menor quebranto. Nosotras, las mujeres, estamos en el lado correcto. Somos nosotras las que hacemos los hijos. Somos nosotras quienes los educamos. ¿Qué se nos puede reprochar? Es verdad que muchos hombres son buenos padres. Pero también es verdad que no pagan las pensiones o las pagan de forma irregular. Si algún hombre se queja por ser un *Sunday father* (padre de domingo) o un *Zahlvater* (padre que paga), nosotras, las mujeres, tendríamos que fundar movimientos de madres divorciadas con pliegos de reivindicaciones realmente voluminosos. Todos los debates que he mantenido con mujeres sobre estos temas han tomado el mismo camino: no se ha dedicado el menor tiempo a escuchar los problemas de los hombres, y más bien han concluido con declaraciones de guerra abierta.

No obstante, parece esbozarse una evolución de la opinión femenina, evolución que se inició en Escandinavia, donde la conciencia del desgarro del tejido familiar (a decir verdad, más profundo que en el resto de Europa) ha conducido a que la

* *Mannen i förändring*, informe sobre el papel de los hombres en el futuro, Ministerio del Trabajo de Suecia, 1986

sociedad en su conjunto reconsidere la importancia de la familia y pida a las mujeres que concedan a los hombres la parte que les corresponde. Después de años de feminismo intransigente, que a veces rozaba la paranoia, la apertura se ha presentado frecuentemente como interesante para las propias mujeres: si no se reintroduce a los padres en el circuito, las mujeres avanzan directamente hacia la pauperización acentuada, o la soledad y la vulnerabilidad irreparables. Así, se ha podido desarrollar el concepto de coparentalidad (véase el capítulo 6), una coparentalidad que debe prevalecer durante la unión y mantenerse después de la separación, tal como permite la ley sueca desde 1977. La coparentalidad aún no se ha reflejado realmente de forma satisfactoria en la vida de los divorciados, pero los progresos en la opinión femenina son innegables y permiten esperar un desarrollo armonioso. En Escandinavia se nota que flota un aire de buena voluntad y, en especial, una especie de difusa certeza: ya ha pasado el período de liberación sexual acompañado de guerra entre los sexos. Ha terminado, está tan pasado de moda como las comunidades danesas, en las que los hijos no eran del padre ni de la madre, sino de todo el mundo.

¿Y en Francia? ¿Hay signos que permitan decir que la guerra sin cuartel entre hombres y mujeres divorciados sobre el tema de la custodia de los hijos está a punto de terminar? Un dato en primer lugar: en Francia nunca ha existido entre los hombres y las mujeres ese muro de desconfianza, que a menudo llega hasta el odio, que se encuentra en los países anglosajones y particularmente en Estados Unidos. En Francia, los hombres y las mujeres siempre han tratado de gustarse y de seducirse mutuamente, siempre les ha encantado hablar, comer y disfrutar juntos de los placeres y de los gozos, incluso durante los años de la lucha feminista. Y este clima es el que hace aún más chocante la ferocidad de los enfrentamientos entre ex cónyuges padres de hijos disputados. Esto señala, pues, que la ley y los procedimientos de divorcio se encuentran en el origen de los trágicos excesos de esas faltas de entendimiento.

Bajo el neutro pretexto del interés del hijo, se ha instaurado entre los padres y las madres, entre los hombres y las mujeres, una enorme asimetría, constantemente favorable a las mujeres, cuyas intenciones y cuyos actos siempre se interpretan con indulgencia y con numerosas justificaciones. Siempre aprobadas, siempre alabadas o, como mínimo, compadecidas y comprendidas, las mujeres deben efectuar un enorme esfuerzo para desprenderse de esta buena opinión que los jueces y los juicios les han dado de sí mismas, una buena opinión que siempre ha sido reflejada por los medios de comunicación y que se ha convertido en verdad absoluta. «Es para mejor atrapar a las mujeres en la maternidad», observan algunas feministas no sólo en Francia, sino también en Inglaterra y Alemania.

¿Son las mujeres sensibles a este argumento y desean escapar un poco de los imperativos y de las obligaciones que confiere la superioridad que se les reconoce cuando se trata de los hijos? ¿No les parece que vivir con esta herencia exclusiva del gesto maternal es una carga excesivamente pesada? ¿O es que, por espíritu de amistad y de igualdad hacia los hombres, desean honradamente abolir sus propios privilegios y compartirlos con los padres? En 1992, en un sondeo sobre el tema del divorcio, el 60 % de las francesas declararon que no estaban de acuerdo con la práctica que confía los hijos a la madre*. ¡El 60 %! Dos de cada tres mujeres. Veinte años antes, en 1972, sólo el 21 % de las mujeres, ante una pregunta similar, se mostraban contrarias a esa práctica. Por lo tanto, han cambiado, están cambiando. ¿Por espíritu igualitario? ¿Porque ya no consideran la custodia tanto como una victoria y un privilegio, sino también... como una carga y una obligación que desearían compartir? Aún es demasiado pronto para contestar. No obstante, esta inflexión de la opinión femenina permite augurar una mayor flexibilidad, más favorable a los padres, tras el divorcio.

* Evelyne SULLEROT y sondeo SOFRES, «Les Français face au divorce», *Madame Figaro*, 8 de febrero de 1992.

Una guerra en la que los padres son los grandes perdedores

Pero aún no hemos llegado a tal situación. De momento, de acuerdo con la opinión de los padres, el divorcio está pensado, organizado y conducido como si se tratara de una guerra en la que las madres son las vencedoras designadas desde el principio, y los padres, los grandes perdedores. Pero, para qué hablar de guerra cuando hemos visto (véase el capítulo 5) que durante la década de 1970 se liberalizó el divorcio en toda Europa. «Basta de divorcios "sangrientos"», decía el ciudadano Carbonnier. De acuerdo. Pero lo que se abrió en aquel momento fue el acceso al divorcio: en toda Europa los tribunales aceptaron el divorcio por quiebra de la pareja *(breakdown)* y por consentimiento mutuo.

Desde hace alrededor de quince años, es tras el divorcio cuando se crean las situaciones litigiosas y dramáticas en las que se enfrentan padres y madres. Se liberalizó la separación de los cónyuges, que podía efectuarse de común acuerdo, sin culpables y sin dramas. Pero la cosa cambia cuando se trata de la pareja parental y se plantea el problema ¿qué será de los hijos, quién se queda con los hijos? En el momento en que la ola de reformas legislativas sobre el divorcio recorrió Europa, parece que sólo en Noruega, y bastante tardíamente en Suecia (1977), se llevó hasta sus últimas consecuencias el principio de la libre decisión de los esposos, el cual se respetó incluso tras el divorcio: se les concedió facultad para dejar que fueran ellos quienes organizaran conjuntamente la custodia de sus hijos; el tribunal sólo intervenía en caso de desacuerdo (aunque la ley noruega prevé la atribución de los hijos menores a la madre). En todos los demás países, es un juicio civil el que atribuye la custodia del hijo, en general a uno u otro progenitor. En la legislación francesa, como en las de la mayoría de los demás países, se concede al progenitor custodio la patria potestad, mientras que el progenitor no custodio sólo tiene un derecho de vigilancia.

El control de la sociedad, personificado en el papel del juez, se ha desplazado, pues, desde antes del divorcio (hasta hace poco era más difícil obtener autorización para divorciarse) a después del divorcio: los poderes del juez y la autonomía que se le concede quedan claramente reforzados por todo lo que se ha dado en llamar los efectos del divorcio; es decir, las consecuencias económicas de la ruptura (atribución de prestaciones compensatorias, pensiones, devolución de vivienda, etc.) y la organización de la familia rota (atribución de la custodia de los hijos menores). Hasta hace poco, el derecho del divorcio sancionaba las faltas contra el matrimonio: uno de los cónyuges era culpable; el otro, inocente. Desde la perspectiva del derecho anterior a 1975, el hijo permanecía en la familia con el progenitor considerado inocente. Su custodia no era «atribuida a...» por el juez.

Después de 1975 se atenuó mucho la noción de falta contra el matrimonio o quedó suprimida por la introducción del divorcio por consentimiento mutuo. El juez ya no busca tanto un culpable ante la ley, sino que decide cómo vivirán el padre, la madre y los hijos tras el divorcio. Y para tomar esas importantes decisiones no dispone de artículos concretos de una ley que deban ser aplicados, sino únicamente de una directriz: todo debe ser hecho en interés del hijo. Un juez, durante un coloquio en el que participaba el Movimiento por la Igualdad Parental, se defendía así: «Todo lo mejor y todo lo peor en este terreno se ha hecho siempre en nombre del interés del hijo, y lo mejor es partir del apriorismo según el cual progenitores, jueces, abogados y personal social, todo el mundo, sólo perseguía este objetivo.»*

El interés del hijo, una noción vaga, polimorfa y plástica

La buena fe de los jueces y del personal social no puede ser puesta a priori en tela de juicio. Los abogados y los progenitores no han podido más que tratar de anticiparse a sus decisiones y luego admitirlas. De modo que no es la buena fe del tribunal lo que ponen en tela de juicio los padres, sino el

* Alain BLANC, juez de la infancia en el T.G.I. de París. Coloquio sobre la atribución de la custodia y/o gestión de la separación, *op. cit.*, pág. 14.

carácter subjetivo de la noción de interés del hijo y la arbitrariedad individual así introducida.
El decano Carbonnier, conocido y apreciado por el liberalismo de sus puntos de vista en materia de derecho de familia, ponía en guardia, mucho antes de la ley de 1975, contra la vaguedad de ese concepto: «Dado que el interés es multiforme y que algunas de sus formas son impalpables interés moral, interés futuro, interés familiar, donde exista moral y futuro, cada cual, de total buena fe, puede hacerse desde fuera una idea diferente, y la noción pasa a ser a fin de cuentas excesivamente vaga para proporcionar un principio objetivo de solución*.»

Irène Théry ha estudiado con gran agudeza los avatares sufridos por esa noción «polimorfa, plástica [...] que puede concordar con todas las épocas y con todas las causas»**. Comprobó que la utilización de ese criterio único se ponía en duda cada vez más, y ello principalmente por dos razones. Por una parte, porque ya no existe consenso social sobre el reparto tradicional de los papeles paterno y materno, reparto al que se hace referencia sin cesar cuando se habla del interés del hijo. Las feministas de la década de 1970 impugnaron ampliamente el papel tradicional de la madre, mientras que los nuevos padres han puesto en tela de juicio la parte que se había dejado al papel paterno en las últimas décadas. De otro lado, adelanta Irène Théry, «los modos de regulación social en materia familiar conocen variaciones considerables. La definición del interés del hijo es el envite estratégico de diferentes cuerpos profesionales llamados a intervenir en el campo familiar, como magistrados, abogados, trabajadores sociales, psicólogos clínicos o psiquiatras. En un contexto de incertidumbre y de desconcierto, donde la exigencia de protección social rivaliza con la reivindicación de libertad individual, los debates sobre los hijos de padres divorciados sólo adquieren sentido cuando

* Jean CARBONNIER, nota ante el Tribunal Superior de Versalles, 24.IX.62. *Dalloz, 1960-1963*.

** M. CHAUVIÈRE, «L'introuvable intérêt de l'enfance», *Le Droit face aux politiques familiales, évaluation et contrôle de l'intérêt de l'enfant dans et hors de sa famille, universidad de París VII*, coloquio del 30.1.82.

se relacionan con la instauración, caótica y contradictoria, de un sistema complejo de regulación social del campo familiar»*. No podría decirse mejor.

Es innegable que la elección del padre como progenitor custodio en interés del hijo no se ha visto favorecida por este clima de impugnación y de acusaciones caóticas y contradictorias. En primer lugar porque los padres son las víctimas de las normas antiguas, que se mantienen aún, acerca de los papeles de los progenitores ante los hijos, y ello a pesar de los considerables cambios operados en las familias, como por ejemplo el trabajo profesional de las madres. Además, porque los padres, hasta el momento, apenas han obtenido ventajas de los más recientes enfrentamientos entre los diferentes actores que intervienen en el campo familiar y persiguen un control social que se ha revelado como problemático.

Prejuicios sexistas contra los padres

«En el interés del hijo», la referencia al papel tradicional de la madre se mantiene constante a pesar de las impugnaciones. La madre es naturalmente competente ante los hijos y, aunque no se haga ninguna alusión a la naturaleza, está claro que en opinión de muchos magistrados «las mujeres son más madres que los hombres, padres»**.

Antes de reflejar las reacciones indignadas o dolidas de los padres ante esta aseveración, debo confesar, con toda honradez, que así es como se sienten estas cosas, que a un nivel muy profundo así lo siento como madre, así lo siento como mujer, así lo sentía como muchacha. Efectivamente, en general me parece que la mujer es más madre que el hombre, padre, y entiendo que a los jueces les repugne separar a un hijo de su madre.

* Irène THÉRY, «*La refférence à l'intérêt de l'enfant*», *Du divorce et des enfants*, INED y Ministerio francés de Justicia, cuaderno n.º 111, prólogo de Louis Roussel, PUF, 1985

** Bruno DÉCORET, *op. cit.*, págs. 69 y ss.

Sin embargo, debido a las disposiciones de la ley, esta repugnancia conduce a que el hijo sea separado de su padre. Y para mejor justificar esta práctica, se sugieren o se formulan contra los padres una serie de prejuicios, los cuales no sólo son injustos, como todos los prejuicios, sino que son inútilmente hirientes y dañinos. El hombre que se siente presionado por ellos o comprende que están implícitos cuando se le niega la custodia de su hijo tiene la impresión de hallarse preso en una red inextricable: todo lo que haga o diga podrá ser utilizado en su contra. Se trata de una experiencia dramática que lleva a que algunos padres realicen actos desconsiderados que les causarán problemas, como secuestrar a sus hijos, o que conduce a otros a la depresión, al menosprecio hacia sí mismos, a la huida.

Veamos algunos de los prejuicios que llevan a descalificar al padre en interés del hijo: un hombre que pide el divorcio lo hace por egoísmo, mientras que cuando una mujer lo hace piensa en sus hijos. Un hombre, espontáneamente, no puede querer criar solo a sus hijos: pide la custodia para hacerle daño a su mujer. Los hijos, espontáneamente, no pueden desear vivir con su padre; cuando expresan ese deseo es porque están manipulados. Siempre se sospecha de un padre que desea la custodia de su hija: ¿no habrá algo incestuoso en ello? A un padre que tiene éxito en la vida profesional se le objetará que con tanto trabajo, no lo conseguirá. Si dice que prefiere sus hijos a su carrera, se le califica de frustrado. Si llora, si expresa una fuerte emoción, se le considera un hombre frágil, depresivo y quizá con tendencias psicopáticas. Si observa tranquilo las lágrimas de su mujer, es un insensible. Si anuncia que cambiará sus horarios, que trabajará menos para cuidar a sus hijos, se le disuade. Trabaja demasiado o no lo suficiente...

Antes de emprender la amplia encuesta que me llevó a redactar este libro, no creía en la existencia de estos prejuicios. Creía que la única barrera con la que se enfrentaban los padres era la disposición legal según la cual los hijos deben ser confiados a uno u otro de sus progenitores, un juego de doble o nada que obliga a los magistrados a buscar, eventualmente con la ayuda de una investigación social, entre el padre y la madre cuál es el mejor progenitor en interés del hijo. Pero tuve que rendirme ante la evidencia: estos prejuicios sexistas están perfectamente vivos. Han resistido a la posibilidad de conceder la custodia conjunta, que quedó abierta en los países escandinavos y que la jurisprudencia admite en Francia, confirmada por el Tribunal Supremo, desde principios de la década de 1980*.

Así, un padre sueco declara: «No arregla nada que se concedan todos los derechos a la madre y que el comportamiento del padre sea devaluado sistemáticamente.» Y otro: «El derecho de custodia de la madre se considera como algo lógico, mientras que todas las relaciones entre el padre y el hijo están sometidas a prejuicios y a condiciones exorbitantes.» «Todos los prejuicios existentes favorecen a la madre», se lamenta un tercero. Y todos confirman que «todas las personas con las que he consultado me han desaconsejado que pidiera la custodia conjunta, pues explican que las posibilidades de que un hombre obtenga la custodia de dos hijos, en especial de corta edad, son nulas»**. Y los padres franceses dicen, como en un eco: «El primer encuentro con el juez convence al padre de que, en efecto, la balanza no está equilibrada. No es escuchado, y nota la diferencia de peso de las palabras y de la apreciación de los hechos, según procedan de él y de su abogado, o de la madre y del abogado de ésta. No hay como esta experiencia para demostrar, por contraposición, lo que querían decir las mujeres al explicar que su palabra, en una sociedad de hombres, carecía de valor. Son muchos los magistrados de ambos sexos que, sin permitir casi ninguna argumentación, muestran desde el principio su incli-

* La custodia alternada y la custodia conjunta, con adjudicación de la patria potestad a los dos progenitores, han sido las dos principales innovaciones introducidas en Francia por la práctica judicial, y el Tribunal Supremo les ha reservado una suerte diferente: mediante dos resoluciones (21 de marzo de 1983 y 2 de mayo de 1984), dictó la custodia alterna y la patria potestad conjunta, en contra de los textos. Sin embargo, muchos tribunales siguen declarando ilegal la custodia conjunta.

** Testimonios extraídos de Männens Röster, *op. cit.*

nación en favor de la madre y arruinan así las esperanzas del padre y su confianza en la justicia.»*

De las numerosas entrevistas que he mantenido con padres, elegiría estos ejemplos de prejuicios:

«Como que yo trabajaba de noche y mi mujer de día, fui yo quien me ocupé siempre de mis hijos. Por completo: aseo, alimentación, juegos, visitas médicas, todo. Yo les llevaba cada día a la guardería y al parvulario. De modo que fui al acto de conciliación con un montón de testimonios de vecinos, de tenderos, de comerciantes, de las monitoras de la guardería y de las profesoras del parvulario. Todos estos testimonios explicaban que yo era un padre excepcional, modélico, que todo el mundo sabía que yo era quien criaba a los hijos, que era famoso en el barrio con mis dos niños y el carro de la compra. Pues bien, mis testimonios ni siquiera fueron leídos, ni siquiera fueron mirados. La juez sólo me dijo. "Nadie le pidió que jugara a niñeras." ¡Pero si yo era el padre! ¿Sabe ella qué es un padre? Yo diría que no. Me trataba como si yo hubiera usurpado un papel, como si hubiera robado a los niños. Pero resulta que esos niños eran mis hijos, eran míos. O como si yo fuera anormal, porque un padre que pide la custodia de sus hijos y que pretende haberlos criado tiene que estar loco, ¿no? Así que yo mismo pedí un examen psiquiátrico, y el psiquiatra tuvo que reconocer que no estaba loco en absoluto.»

Pero los prejuicios no son monopolio de los jueces. Mi pobre «nuevo padre» tenía en contra suya su exceso de pena y, además, no ocultaba que el hecho de que le hubieran quitado a sus hijos –de los cuales no sabía ni dónde se encontraban, porque la madre, que no los tenía con ella, los había escondido– le había «desorientado». Podía haber caído en manos de un psiquiatra que hubiera calificado con una palabra oscura y malévola la queja de ese *pater dolorosus* que se apartaba de las normas. En realidad, su juez quería verle desempeñar el papel tradicional del padre que provee y paga, y su caso era tanto más irritante por cuanto su mujer ganaba más que él, pobre vigilante de noche y niñera de día. La referencia a los

* Paul ELKAÏM, *op. cit.*

papeles tradicionales reducía a nada sus brillantes resultados como nuevo padre.

A veces, los reproches que se le dirigen al padre son exactamente los contrarios; sin embargo, producen los mismos resultados. A un segundo padre, cuya esposa dejó voluntariamente de trabajar para ocuparse de los tres hijos que había concebido no menos voluntariamente, se le reprochó «que trabajaba demasiado, que estaba demasiado preocupado por su carrera y que, por tanto, no dedicaba suficiente tiempo a su familia».

Un tercer padre trabaja en su casa, lo que le permitía cuidar a su hijo sin problemas (por otra parte, lo hacía desde meses atrás porque su mujer se había ausentado, había vuelto y había vuelto a ausentarse, víctima de graves dificultades psíquicas). Pues, no; aquello no podía seguir así. El padre se llevaba al hijo consigo a ver a los clientes cuando iba a entregar su trabajo. Era excesivamente alegre. Tenía demasiados amigos y amigas. Era demasiado esto o aquello. El hecho de su hijo lo idolatrara no tenía nada que ver. De entrada, me declaró: «¿Quiere saber qué es lo que más me hace sufrir en tanto que padre? El hecho de descubrir que, sea lo que sea y haga lo haga, estoy marcado con un signo negativo, mientras que la madre puede hacer lo que le venga en gana y siempre estará marcada con un signo positivo y no serán rigurosos con ella.»

Durante un coloquio sobre la atribución de la custodia, organizado por el Instituto de la Infancia y la Familia, un abogado presentó el siguiente ejemplo: «Llegué al despacho del juez con una prueba de adulterio de la mujer, en su domicilio y con los tres hijos presentes en el hogar. En tres minutos, el juez dio los hijos a la madre diciendo: "No ha desmerecido como madre." Yo repliqué: "Y él no ha desmerecido como padre." El juez respondió: "Eso no tiene nada que ver." Así, la mujer vuelve a la casa, con los tres hijos y el amante instalados allí, y el padre tiene que pagar una elevada pensión y debe instalarse en un estudio que no reúne condiciones para recibir a sus hijos...»

Este testimonio encaja perfectamente con un artículo de Leonid Zuhovickij, aparecido en *Literaturnaja Gazeta* de Moscú: «Al marido le queda la libertad menos el hijo, menos el apartamento, menos el dinero de la pensión. A la esposa le queda la libertad más el hijo, más el apartamento, más el dinero de la pensión.»*

Prejuicios antipadres entre los actores del divorcio que no son jueces

Y es que la igualdad entre los progenitores no es la finalidad a la que tienden los juicios de divorcio. Según la ley, el magistrado sólo debe guiarse por el interés del hijo. Por lo tanto, no tiene por qué salvaguardar los derechos del padre, sino que debe buscar qué representa el padre con respecto a la seguridad, la moralidad y la salud del hijo en comparación con lo que representa la madre. De modo que no se puede acusar de denegación de justicia a un juez que no escuche al padre y le desposea desde el principio. Sólo se le puede indicar que cumple con su función de árbitro cuando designa el mejor progenitor para el hijo basándose en tópicos superados y sin tratar de reevaluar, a la luz de los hechos reales, el valor educativo y afectivo que puede tener un padre. Es decir, prejuzgando.

En el capítulo de los prejuicios contra los padres no desearía que sólo quedaran incriminados los jueces. En primer lugar porque cada vez son más los jueces que no toman como única referencia los viejos papeles tradicionales de los sexos y que parecen no tener cuentas pendientes con los padres cuya fibra paterna está desarrollada. Además, porque se encuentran tantas o más cabezas repletas de ideas preconcebidas sobre la-madre-abnegada-mejor-progenitor y el padre-egoísta-y-absorbido-por-su-carrera entre los abogados, por ejemplo. Incluso los abogados que defienden a los padres hablan frecuen-

* Leonid ZUHOVICKIJ, «Kuda iscezajut nastojascie muzciny?» (¿Dónde han quedado los verdaderos hombres?), *Literaturnaja Gazeta*, 10.10.1984, pág. 12, citado por H. YVERT-JALLU en *L'Après-divorce dans la société russe contemporaine*, de reciente aparición.

temente a golpe de tópico y actúan a veces en sentido contrario a la voluntad de su cliente, al que no comprenden en su realidad profunda. Son legión los abogados y las abogadas que disuaden al padre de pedir la custodia de su hijo («Vamos a un fracaso seguro, querido amigo. Esa petición no es razonable»), pero que le seducen con lo que conseguirá gracias a su habilidad como abogados: ¡Oh, no, el hijo, no. Ni condiciones humanas para el ejercicio del derecho de visita! Conseguirá la evaluación más baja posible de la pensión que tendrá que pagar... («Estoy seguro, querido amigo, de que la podré reducir aún más. Sólo se nos condenará a X pesetas.»)

Y qué decir de las asistentes sociales que efectúan las investigaciones sobre la situación moral y material de la familia y sobre las prácticas educativas de los progenitores... Aunque no sean tendenciosas, sus investigaciones son realmente poco fiables, señalan J.-J. Guillermé y Ph. Fuguet*, pues presentan series de testimonios que no son más «que indicios frágiles que a menudo expresan prejuicios personales y tópicos tendenciosos, tanto más cuanto que los testigos que proporcionan la materia de estas investigaciones pueden permanecer en el anonimato». Estos mismos autores dudan en acusar a las asistentes sociales, pero indican que «hay quien incluso llega a sostener que la atribución sistemática de la custodia a la madre se basa especialmente en la extremada feminización del cuerpo de asistentes sociales».

Irène Théry, que ha estudiado los informes de estas investigaciones, por una parte, destaca el contraste entre el estilo neutro y las reseñas factuales y, por otra, la aparición de frases del tipo «Es una mujer sensible y abnegada», «Es una mujer totalmente desamparada que se aferra a la idea de conservar a su hija como si se tratara de un salvavidas», frases reveladoras de la subjetividad de la investigadora, la cual, no obstante, trata de encubrir la relación que forzosamente se ha establecido entre investigadora y encuestados, «la inevitable superación de su función de testigo». Es preciso tener en cuenta que la

* Jean-Jacques GUILLERMÉ y Philippe FUGUET, *Les Parents, le divorce et l'enfant*, ESF, 1987, pág. 111.

investigación debe «ilustrar» al tribunal, del mismo modo que los informes de los psicólogos y los psiquiatras, y que con mucha frecuencia concluye con propuestas extremadamente precisas. ¿Cómo podría el tribunal dejar de considerarlas si el magistrado no tiene otra vía de acceso directo a los datos? «Así, la misión de ilustrar al tribunal se manifiesta más como una delegación del poder de juzgar cuando el magistrado se reconoce incapaz o se ve en la imposibilidad de determinar cuál es el interés del hijo.»*

«Sólo he tratado con mujeres...
Era el único hombre, como si fuera un acusado»

J.-J. Guillermé y Ph. Fuguet temen parecer sexistas si echan sobre sus hombros la responsabilidad de determinar la influencia de la «extremada feminización» del cuerpo de asistentes sociales, y este escrúpulo les honra. No han querido prejuzgar los prejuicios de las mujeres en favor de las madres. Personalmente, creo que es sano interrogarse claramente acerca del sorprendente grado de feminización de los actores del teatro judicial en asuntos matrimoniales. A fin de cuentas, se van a juzgar asuntos que interesan tanto a los hombres (los padres) como a las mujeres (las madres), y entre los afectados hay tanto hijos como hijas. Así pues, ¿a qué se debe que haya tantas mujeres en todos los papeles?

Casi todos los asistentes sociales son mujeres; los psicólogos son mayoritariamente mujeres, así como los abogados y los jueces. Todo el mundo sabe que el conjunto del cuerpo de asistentes sociales o de psicólogos está muy feminizado, en todos los países. Pero el caso de los jueces y los abogados en más interesante. Es verdad que en Francia la profesión de abogado está medianamente feminizada, pero ocurre que son los abogados quienes se especializan en temas financieros, mientras que las abogadas son claramente mayoritarias cuando se trata de temas de familia y particularmente de divorcios.

* Irène THÉRY «La référence à l'intérêt de l'enfant», *op. cit.*

Ocurre otro tanto con los jueces: hay más jueces jóvenes y jueces del sexo femenino en los juzgados de familia que en el conjunto de la magistratura. ¿Es la rama menos noble de la justicia debido a que es la más alejada del derecho? Jacques Commaille recuerda que los juzgados de familia están destinados a tratar cuestiones «relacionadas con personas de forma diferente a como lo hace la Justicia civil clásica, con la continua intervención de especialistas en ciencias sociales»*. Esta forma de justicia está «constantemente amenazada y constantemente en crisis de funcionamiento y de legitimidad», pero «es percibida como la más cabal, la mejor inscrita en la modernidad social»**. «El juez de familia tiende a hacer que la equidad prime sobre el derecho.»*** Esta situación coloca al juez más cerca de las ciencias sociales que del derecho, y corre el peligro de dar la sensación de que no aplica la ley, sino que maneja «nociones de contenido variable» (Carbonnier), como la del interés del hijo. Así, quizás atrae particularmente a las mujeres, las cuales encuentran en ello una función social que les parece más rica, aunque sea la que más se aleja de las cumbres jerárquicas del Tribunal Supremo. El mismo análisis puede hacerse para el caso de las *Family Courts* británicas.

De modo que los jueces de familia son principalmente mujeres, especialmente en las capas de edad inferiores a cincuenta años. Esta tendencia a la feminización del cuerpo se acentúa de año en año. Desde el punto de vista del padre que entra en su despacho, aunque su arbitraje no se vea influido por su sexo, aparecen como mujeres. Una mujer juez, una mujer secretaria, una mujer abogado de la parte contraria y una mujer como abogado propio (cuando buscó un abogado en un bufete de prestigio, le recomendaron a una mujer). La asistente social que fue a interrogarle a su casa era una mujer, la cual también interrogó a la maestra de la hija y a la

* Jacques COMMAILLE, *Familles sans justice? Le droit et la justicie face aux transformations de la famille*, Le Centurion, 1982.

** «Formes de justice. Enjeux professionels et rapports entre ordre privé et ordre public», *Annales de Vaucresson*, n.º 27, 1987/2.

*** Danièle HUET-WEILER, prólogo a C. LIENHARD, *Le Rôle du juge aux affaires matrimoniales*, Economica, 1985.

directora de la guardería del hijo, ambas mujeres, y a la portera, a las vecinas... La psicóloga que entrevistó a su hija era asimismo mujer. Un divorciado me comentaba: «Me sentía absurdo. Pertenecía al sexo equivocado. Estaba condenado por anticipado. Era como una pesadilla.» Cuando le pedí que explicara mejor el término pesadilla, me dijo: «En los sueños, a veces, estás completamente solo, completamente desnudo, en medio de una ceremonia en la que toda la gente está vestida... Era la misma sensación. Mi voz y mis gestos denunciaban que yo era un hombre, el único hombre. Yo no sé si ellas tenían animosidad contra mí por ser un hombre, pero yo me sentía muy mal en mi cuerpo, me sentía en otro mundo, no sabía cómo tenía que estar ni qué tenía que decir. Era algo así como si fueran a juzgar a todos los hombres a través mío...»

La misma sensación parecen tener los suecos de Göteborg entrevistados por Barbro Lannéer-Axelson: «Las mujeres suelen expresarse mejor que los hombres pero, además, delante de mujeres... [...]. Las mujeres saben emplear mejor las palabras que emocionan para hablar, por ejemplo, de la necesidad que tienen de su hijo.» «Es difícil saber cuál es la idea que se hacen esas mujeres de lo que es el buen padre.» «Las asistentes sociales, sobre todo si tienen ya cierta edad, no aceptan que el hombre haya podido cambiar, y la figura del nuevo padre no tiene lugar en su práctica habitual.» Además, todas esas mujeres no saben lo que significa para un hombre dejar su casa, esa casa que ha adquirido mediante su trabajo, y que quedará para su mujer, esa casa que es símbolo de su inserción en la sociedad y símbolo de continuidad. «Una mujer no puede comprender la desestabilización que eso significa.»

La situación aún es peor para el parado, para quien no posee la posición estable que las mujeres esperan de todo hombre y en especial del padre de familia. Es consciente de que ellas, esas mujeres, saben que un hombre sólo resiste gracias al doble puntal de la casa y la familia. Si el trabajo falla cuando el hogar se rompe, ellas saben que el hombre no tardará en hundirse. Y cuando se esté hundiendo, soltará la mano del hijo, partirá, errará o se marginará. No sabrá, como hace la madre sola, apelar a la sociedad para obtener el subsidio mínimo que se concede al progenitor que vive solo. Porque, desde el punto de vista de las mujeres que juzgan su divorcio, no es una víctima: es la persona con la que no se debe contar cuando se actúa en interés del hijo. «Cuando llegó el momento de ir al tribunal para el divorcio, no tenía nada en mi contra. Como padre, no tenía nada en contra mía. Pero seguía sin trabajo y tenía mala conciencia por ello. Además, llegué y me encontré con que sólo tenía que vérmelas con mujeres... La juez, las abogadas, todas... Era como un acusado cuando, en realidad, era ella la que, como madre, tenía montones de cosas por las que hacerse reproches...»

Una íntima convicción de geografía variable

No debe sacarse la conclusión de que, sistemáticamente, las mujeres juzgan con mayor severidad a los padres. Muchos jueces varones también tienen ante los hombres reflejos reiterativos: custodia a la madre, custodia a la madre, custodia a la madre, y casi sin examinar el caso. Yo me había puesto sobre aviso a partir del hecho de que, en sus asociaciones, los padres divorciados «se pasaban chivatazos» y advertían a los neófitos acerca de los jueces que debían evitar a cualquier precio. Por dos veces oí mencionar a mujeres jueces de provincias como feroces antipadres. «Con ella, no tienes ninguna posibilidad.»

Mis preguntas sobre el tema fueron contestadas con muchas matizaciones. «Sí, ésas están sistemáticamente a favor de las madres, pero no son todas iguales. Algunos padres prefieren tener a una juez mujer ya que ella, al menos, es una mujer que trabaja y sabe que tiene problemas con la guarda de su hijo, igual que un hombre que trabaja. En cambio, para muchos jueces varones, todas las mujeres están siempre disponibles para cuidar de sus hijos y todos los padres están siempre ocupados. Es como para pensar que no saben que las mujeres trabajan y que, en la mayor parte de los casos, no tienen más tiempo libre que nosotros. Y esto, porque lo ha vivido, puede admitirlo una juez mujer.»

Sea el juez hombre o mujer, el tema sigue abierto. Pero lo

que ponen de manifiesto las revelaciones de estos padres es que los jueces de familia son omnipotentes. Sea hombre o mujer, ¿considera ese juez que decide la suerte de toda una familia caso por caso o lo hace en virtud de sus propias convicciones? Todo indica que en algunos lugares se disuade sistemáticamente a los hombres de que pidan la custodia porque jamás se concede a los padres, mientras que en otros lugares se permite que el padre lo intente porque el juez a veces se deja doblegar.

Para salir de dudas, Michel Thizon* buscó en Francia, juzgado por juzgado, cuántos padres habían obtenido la custodia de sus hijos en 1990 y, por otra parte, cuántos jueces habían concedido la patria potestad conjunta (que parece adjudicarse con mayor frecuencia a partir de la ley Malhuret de 1987). Partió de la siguiente hipótesis: el número anual de divorcios con hijos es en Francia suficientemente importante como para que se le pueda aplicar la ley de los grandes números. Las atribuciones de la custodia al padre o las de custodia conjunta tendrían que repartirse entre todos los juzgados y la dispersión matemática de un juzgado a otro tendría que ser mínima.

El resultado es que no ocurre así en absoluto. Por ejemplo, sobre la custodia exclusiva al padre, la media francesa es del 7 %, pero se descubre que si es juzgado en Albi, Annecy, Aviñón, Belley, Bobigny, Bourguoin, Évreux, Lons-le Saulnier o Niza tendrá pocas posibilidades, ya que en 1991 estos juzgados sólo concedieron entre el 0 y el 4 % de custodias al padre. Por el contrario, en Dinan, Privas o Saint-Gaudens se concedieron más del 30 %. Tal dispersión no tiene ningún sentido, ni geográfico ni sociológico, sino que sólo puede explicarse por las prácticas de unos jueces que no arbitran según el caso, sino según sus propios criterios, según sus convicciones o prejuicios. Ocurre otro tanto con la custodia conjunta: Bergerac, Burdeos, Châteauroux y Tarascón conce-

* Michel THIZON, SOS Papa, enero de 1992. Fuente: Juicios de divorcio con hijos por jurisdicción, Répertoire général civil du ministère de la Justice, cifras comunicadas el 15 de octubre de 1991.

dieron hasta el 80 % de custodias conjuntas. Por el contrario, existen pocas posibilidades en Albi (1,1%), Blois (1,9%), Bourg-en-Bresse y Brive (9%), Hazebrouk (0,7%), Melun (1,1%), Saint-Omer (1,9%) y Vesoul (0,6%). «¿Es preciso saber cambiar de domicilio antes de divorciarse?»

Está claro, pues, que en la mayor parte de los casos los agentes del divorcio se refieren a las normas antiguas de los papeles de los sexos, precisamente cuando toda la sociedad las pone en tela de juicio. El padre debe trabajar y pagar, y por muy buen nuevo padre que sea tiene muy pocas oportunidades de que le sea confiado su hijo. Por el contrario, la mujer, tanto si trabaja como si no lo hace, conserva todas sus posibilidades.

Quizá la referencia a las viejas normas es más chocante y más chirriante en el caso de la separación de progenitores hasta entonces no casados, que sólo cohabitaban, pertenecientes ambos a las generaciones que más vivamente impugnan los antiguos estereotipos sexuales. Para la madre, el hijo y la patria potestad, todo a la vez; para el padre, y sólo en el caso de que cuando nació el hijo ella hubiera querido firmar con él una demanda de patria potestad conjunta, un derecho rígido de visita y el deber de pagar una pensión; en el caso de que la madre conservara la patria potestad para ella sola, nada de nada, excepto el deber de pagar.

El tratamiento social de las consecuencias del divorcio ignora a los padres

¿Se ven los padres afectados por otras estrategias que no sean las expresadas por los tribunales o por otros aspectos que no sean lo que Irène Théry llamaba «la instauración caótica y contradictoria de un sistema complejo de regulación social del campo familiar»?

El campo familiar es un verdadero campo de batalla tanto en los países que rechazan toda política familiar, por ejemplo el Reino Unido, como en los que se precian de tener una política familiar global, por ejemplo Francia. Es un campo de batalla en el que se enfrentan grupos especializados, que poseen lógicas contradictorias y métodos diferentes, que remiten a presupuestos teóricos a veces antagónicos. Me refiero al inmenso ejército de los trabajadores sociales, consejeros familiares, psicólogos, educadores especializados, psiquiatras, etcétera. Unos aplican el derecho social sin criterio, otros no emplean más que el enfoque sistemático, otros, técnicas de mediación, etc.

El derecho social poco tiene que ver con el derecho civil. Trata de conciliar, lo irreconciliable; es decir, trata de conciliar, por una parte, las exigencias de autonomía de los individuos, especialmente de las mujeres, con respecto al matrimonio –exigencias que crecen sin cesar pero que son muy bien comprendidas por la sociedad, que las aprueba–, y, por otra, las exigencias de todos, pero particularmente las de las mujeres solas con hijos, concretadas en protección y seguridad a cargo de la solidaridad nacional. Hasta hace poco, el divorcio era muy duro para las mujeres: es verdad que lograban conquistar su libertad, pero la pagaban con un gran riesgo económico y con una fuerte pérdida en su estatus social. Actualmente, el padre, en principio, tiene que seguir pagando por su hijo tras el divorcio, pero, si no lo hace o si no puede o si el hijo no tiene padre, la sociedad considera que debe acudir en ayuda de la madre en nombre de la voluntad redistributiva de las políticas sociales que deben preocuparse por los más vulnerables. La mujer con hijos, divorciada o soltera, que no recibe una pensión alimenticia del padre o cuya pensión es muy baja o muy irregular, recibirá un subsidio. En Gran Bretaña, en Francia o en Holanda, percibirá un salario mínimo de subsistencia.

¿Cómo interpretar esta lógica de justicia social desde el punto de vista del padre? Nuestras legislaciones sociales declaran, en efecto, que estos subsidios pueden ser cobrados por el «progenitor solo», padre o madre, sin distinción de sexos. Sin embargo, todos sabemos que casi son únicamente las madres quienes lo reciben y que es una rara excepción el padre solo que lo cobra. Esta lógica de justicia social puede interpretarse como favorable o desfavorable a los padres, según la lectura que se efectúe. Se compensa con fondos públicos la falta o la escasez de aportaciones paternas para el hijo; ¿no es eso un beneficio para los padres que han huido o para los padres en dificultades, que son sustituidos por la sociedad? Sí, pero la sociedad no olvida a estos padres huidos o en dificultades, sino que sigue persiguiéndoles o les retiene parte de su salario, en el caso de que lo cobren. Por otra parte, ¿no puede decirse que tales disposiciones debilitan el papel tradicional del padre, en la medida en que «se penaliza a las verdaderas familias, en las que el padre asume su responsabilidad de buen proveedor»*? Los verdaderos buenos proveedores pagan por los malos padres. Pagan también por las mujeres que no han querido un padre para su hijo.

Ya no podemos razonar como en la época en que cada madre soltera era la engañada víctima de un infame seductor. En la actualidad, cualquier mujer puede evitar el embarazo mediante los anticonceptivos y, si ha sido sorprendida y se encuentra embarazada contra su voluntad, puede recurrir a la interrupción voluntaria del embarazo. Si hay mujeres que siguen teniendo hijos no reconocidos por el padre es porque así lo han deseado voluntariamente o porque se trata de casos sociales –aunque la mayor parte de mujeres en situación social muy difícil afirman haber querido su hijo, aun sin padre, o no haber querido encontrar al padre–.

La «madre sin padre» aprende, o sabe ya, que tiene derecho a una subvención procedente de los fondos públicos. Se ha hablado, en este caso, del Estado-Papá que cubre todos los riesgos. Estamos muy lejos de la Poor Act inglesa de 1834, que liberaba al padre de la obligación de proveer las necesidades de su hijo si éste era ilegítimo. Como ha demostrado Michel Foucault, el derecho, generalmente, trata de meter de nuevo a los disidentes en el camino de la ideología dominante. Al hacer que las madres solteras soportaran «la carga, los gastos y

* Didier LE GALL y Claude MARTIN, «La complexité des régulations sociales appliqués à la famille: l'exemple des foyers monoparentaux», *Familles, interventions et politiques*, Annales de Vaucresson, n.º 27, 1987/2, pág. 185.

el oprobio», la sociedad inglesa del siglo XIX esperaba que disminuyeran los embarazos ilegítimos y que las mujeres se mantuvieran dentro de los raíles del matrimonio.

¿Que busca el derecho actual cuando se hace cargo de la madre soltera o divorciada que no recibe nada del padre de su hijo? Ya no existe oprobio y los gastos corren a cargo del Estado-providencia. ¿Se trata de animar a que se tengan hijos sin padre o de ayudar a que se busquen salidas lejos del padre de la criatura? ¿O quizá se deba creer en la teoría de Jacques Donzelot*, según la cual el Estado, para transmitir sus normas a las familias populares, habría sustituido la sanción por la filantropía y, a través de la ayuda social, controlaría estrechamente a aquellas a quienes mantiene?

Es verdad que el control social sobre la madre sola es tanto más duro cuanto más pobre sea. Sin embargo, no se siente muy animada a trabajar para conseguir su autonomía si percibe el *welfare* en un país, el subsidio en otro, etc. Lo que hace decir a John Eekelaar** que «el desarrollo del divorcio, en una sociedad en la que el poder económico sigue distribuido de forma desigual entre hombres y mujeres y en la que la educación de los niños se sigue basando fundamentalmente en la familia, ha amenazado el acceso equitativo de las mujeres y los niños a los recursos económicos». Y es lo que hace que desde 1973 me ocupe de permitir que las mujeres divorciadas se reinserten en el mundo del trabajo. En la actualidad, las políticas sociales tanto francesa como británica están encaminadas a que la mujer divorciada consiga su independencia económica.

Pero no es menos verdad que el tratamiento social dado a las consecuencias de los divorcios y de las separaciones ha contribuido, sin saberlo, al eclipse del papel del padre, sustituible por un poco de dinero público. Pero también tendría que permitir que se pusiera de manifiesto que la familia autónoma, la familia que no tiene que soportar el control

* Jacques DONZELOT, *La Police des familles*, Éd. de Minuit, 1977, pág. 153.

** John EEKELAAR, *Oxford Essays in Jurisprudence*, third series, Oxford, Clarendon, 1987.

social, la «familia contra los poderes»*, es la familia completa, con el padre presente, o la familia divorciada si ambos progenitores son igualmente responsables.

La libertad muy condicional del progenitor no custodio

Sin embargo, en los divorcios actuales nos encontramos muy lejos de esta responsabilidad compartida que permitiría al padre desempeñar su papel activo en todos los casos –los más numerosos–en los que no ha cometido ninguna falta grave o no ha desmerecido como padre

Este padre casi nunca ha deseado divorciarse. Se pliega al deseo de su esposa, le comunican que ella pedirá la custodia de los hijos y la obtendrá sin lugar a dudas, por lo que es inútil luchar contra eso. Y él, ¿en qué se convertirá con respecto a sus hijos? Se le dice. Se trata de una expresión puramente negativa. Será, lógicamente, el progenitor no custodio. Bien, pero tiene que haber más: ¿qué derechos tendrá, qué derechos puede pedir exceptuando la custodia? Ah, sí, la verdad es que apenas puede discutir ni puede obtener mucha flexibilidad de esa justicia pretoriana que concedió su hijo a la madre. Será condenado –ésa es la palabra, difícil de entender para un no culpable– a pagar una pensión por el hijo.

Por lo demás, se le entregará un impreso con las tristes y estrictas disposiciones de su derecho de visita. El margen de maniobra del magistrado es pues casi nulo, y el padre ni por un segundo puede tener la impresión de que se juzga caso por caso, de que es escuchado, de que es comprendido... El padre que ama a su hijo y que es amado por éste recibe de golpe la información de que no podrá verle más que dos veces al mes, por regla general. ¿Qué padre puede reconocer competencias a cualquier autoridad para infligirle esa restricción en el cumplimiento de sus funciones paternas, ese calendario en sus necesidades afectivas? Se le dice que «en interés del hijo» sólo

* Pierre-Patrick KALTENBACH, *La Famille contre les pouvoirs*, Nouvelle Cité, 1985.

podrá verlo de cuando en cuando. ¿Puede creérselo seriamente? ¿Puede dejar de sentirse profundamente herido, enfadado, desesperado?

Y aún no ha comprobado el sistema en la práctica. Aún no sabe lo que significa ser el progenitor no custodio. Veamos lo que dice Paul Elkaïm: «Brevedad, incertidumbre; imperativos de todo tipo, imperativos horarios, de locomoción, financieros; intensos sufrimientos psicológicos que son el efecto de contradicciones que parecen instituidas a propósito; todos estos elementos saturan el ejercicio del derecho llamado de visita y de albergue hasta el punto de que sus beneficiarios lo viven como una especie de tolerancia muy condicional, en el marco de una sanción aflictiva, y no como el medio exigible para dar curso libre a sus sentimientos naturales.»

¿No reconoce, en las playas durante el verano o en los parques durante el invierno, a los jóvenes padres de fin de semana, a los jóvenes padres con su parte proporcional de vacaciones escolares? Mírelos, se inclinan hacia su hija en la cola del cine; se inclinan hacia su hijo, sentado en una terraza ante un inmenso helado; se curvan, como si estuvieran un poco sordos. Pero no es eso: oyen muy bien; lo que ocurre es que es tan difícil encontrar qué decir, es tan difícil encontrar el tono, es tan difícil encontrar los gestos cuando se está de turno limitado tal día, de tal hora a tal hora... La literatura nos ha enseñado a abominar de los fugaces encuentros adúlteros al describirnos la incapacidad que sienten los amantes de mostrarse naturales, y el cine les ha añadido el gesto de uno u otro, estirado sobre la cama revuelta, mirando furtivamente el reloj... ¿Por qué tendría que ser todo más sencillo para un padre y su hijo?

Además, es tan difícil hacerse perdonar el hecho de robarle un domingo por la tarde a esa niña que precisamente estaba invitada a casa de su mejor amiguita. Es tan difícil romper el silencio, hablar de otro modo que no sea el de formular preguntas tontas del tipo «Bueno, ¿y la escuela, qué tal te va? ¿Te gusta tu profe?» Es tan difícil, a veces, encontrar un lugar, un sitio, una casa para albergar al hijo desde tal hora del sábado hasta tal hora del domingo. ¿En una habitación amueblada? No; no, gracias. En casa de sus propios padres produce la sensación de regresión infantil, y además la abuela acapara al hijo durante las tres cuartas partes del tiempo con la excusa de hacerle comer, y eso cuando no juega a ser discreta y cierra la puerta con un: «Os dejo solos, debéis tener tantas cosas de qué hablar...» Con la amiga circunstancial siempre se está en la duda. Es embarazoso, y sobre todo es peligroso, porque puede afectar al delicado mecanismo sentimental de un niño atrapado entre sus dos progenitores. Este mecanismo puede bloquearse repentinamente, a causa de los celos, mientras que por lo que respecta a la amiga no vale la pena arriesgarse a una situación semejante. Por otra parte, el hijo llega de casa de su madre y es casi seguro que vendrá con la cabeza llena de prevenciones que ella le habrá sugerido y, cuando regrese, al día siguiente, le presionará para que lo cuente todo, todo, y detalladamente. ¿Cómo es esa mujer? ¿Cómo la llama él? No, mejor encontrarse en otra parte, en la ciudad, e ir en coche a cualquier lugar. Sí, pero ¿adónde? Es difícil, es tan difícil cada vez, cuando se es el polo de la familia que ha sido rechazado, que ha sido devaluado y que, en la mente del hijo, debe tener alguna debilidad o alguna culpa... Pero también es difícil cuando el hijo quiere mucho a su padre, le espera y espera de él. «Me abraza, se me abraza con fuerza, afectuosamente, de modo desbordante; es increíble lo que llegamos a querernos. ¿Vamos a echarnos a llorar? Tenemos que serenarnos. Y ese parloteo incesante, desenfrenado, torrencial, y esas risas forzadas de los primeros momentos, esa voz nada natural, y el hecho de que a veces me llama Charles y a veces Denise...»*

Pero todavía es más difícil cuando llega el último día, la última hora. «"¿Qué podemos hacer hoy?" "Lo que tú quieras" –contesta el hijo, cada vez más dócil a medida que se acerca nuestra inevitable separación.»* Y todavía es más difícil cuando el niño se aferra a su padre, le confía que no se siente muy feliz con su madre y con el otro y le pide ingenuamente que le deje quedarse con él, se lo suplica, convencido de que podría hacerlo si realmente quisiera...

* Michel BIDEAU, *La Dérive*, novela, Belfond, 1991, págs. 188 y 207.

«¡Vamos, hombre! ¡No se altere!», le dice la policía al padre cuyos derechos son burlados

Pero aún es más difícil cuando la madre custodia se dedica a poner trabas al pobre padre desposeído. Quienes se oponen a la custodia conjunta después del divorcio extraen argumentos de la permanente incitación a la discordia que puede constituir la competencia cotidiana de los progenitores por el hijo, unos progenitores que muy frecuentemente han quedado en pésimas relaciones después de la separación. Consideran que la custodia monoparental es un mal menor pues calma los ánimos al fijar cuál es la situación desde el principio: el hijo vive con la madre, la cual posee en exclusiva la patria potestad, y el padre puede ejercer su derecho de visita y de albergue dentro de ciertos límites definidos. No obstante, en la práctica, ocurre muy a menudo que la monoparentalidad de la custodia envenena las relaciones entre los antiguos cónyuges, pues sus vivencias le parecen extremadamente duras e injustas al progenitor no custodio, mientras que el otro, en situación de fuerza, araña cada vez más terreno. Después de algunos meses, y más aún después de algunos años, la madre siente que se ha convertido en algo más que el progenitor custodio; es el progenitor bueno, el único. La existencia del otro, con sus fines de semana y sus vacaciones compartidas, le molesta cada vez más.

Casi todos los padres no custodios evocan, con agresividad o con melancolía, las buenas razones aducidas cada semana para no liberar al hijo, el retraso sistemático en la entrega del mismo, los certificados médicos excesivamente frecuentes para ser reales y los pretextos de todo tipo para hacer que fracasen los encuentros proyectados. La ley prevé multas e incluso penas de prisión para estos casos, pues está prohibido obstaculizar el derecho de visita. Pero tiene que probarse. El padre no puede tener un notario a su lado día y noche.

Pero, además, todo indica que no puede recurrir a la policía, pues la experiencia demuestra que la fuerza pública no se molesta cuando se trata de hacer respetar el derecho de visita de los padres: «He ido a la comisaría que está al lado del domicilio de mis hijos y de su madre y he pedido que la policía me acompañara, no para ayudarme a ejercer mi derecho de visita, sino para dar fe de que se me negaba este derecho... Trataron de tranquilizarme: «Vamos, usted sabe que es difícil sacar adelante a los hijos... No corren ningún peligro, ¿no? Están con su madre... Ocurre a menudo con los divorcios... No se altere, hombre.»* No he conocido ningún caso en que la policía se haya molestado, y varios padres me han explicado historias similares.

Por el contrario, las madres casi siempre encuentran policías para dar fe de que en el día y a la hora fijada el hijo no había sido devuelto por su padre, o para acosar al padre si se retrasa unos días. Se podría escribir un libro con estos casos aberrantes, que implican condenas infamantes. Así, un padre, mientras circulaba en compañía de su hijo de cinco años y medio, fue bloqueado por dos coches camuflados de la policía, en el más puro estilo de serie televisiva, fue rodeado por cuatro forzudos agentes de paisano y fue esposado ante su hijo, que lloraba y gritaba, que no dejó de llorar y gritar en la comisaría y que se aferraba a su padre. La policía nunca actuaría de este modo contra una madre no custodia que no devolviera a su hijo en la fecha prevista. Comprendo perfectamente que ninguna madre debe ser perseguida, capturada a la fuerza y esposada por un hecho de estas características, pues sería un escándalo, pero entiendo mucho menos por qué la opinión pública no se escandaliza cuando se trata así a un padre delante de su hijo.

Hay que hacerse muchas preguntas sobre esta opinión pública hipersensibilizada cuando se trata de hijos y extrañamente sorda cuando se trata del padre. Si el hijo es el protagonista del suceso –como en caso del pequeño Cédric, que recorrió a pie varios centenares de kilómetros para reunirse con su padre–, los medios de comunicación se hacen eco, se habla del caso y se llega a discutir el fondo del asunto. Pero ocurre así porque el padre no se había movido. El hijo era la víctima de la injusticia: había actuado en consecuencia y había roto las prohibiciones. Cuando quien siente la injusticia es el

* Bruno DÉCORET, *op. cit.*

padre, la masa no se emociona sino que, por el contrario, le tilda de celoso, de exaltado. Sus quejas raramente son escuchadas, y aún son menos reflejadas por los medios de comunicación. «La reglamentación es de sentido único y concentra todos los poderes y todas las prerrogativas en uno de los progenitores sin ni siquiera imponerle el respeto por los derechos menores del otro. Ha llegado a ocurrir que la madre ha cambiado el apellido de su hijo, lo ha inscrito en la escuela con el de su nuevo marido, ha declarado que el padre del hijo estaba muerto –no es difícil adivinar contra quién se dirigen estos gestos propiamente mortíferos– y nadie le ha pedido cuentas, nadie se ha interesado por la existencia física de un progenitor no custodio cuya existencia legal se limita al pago de una justa pensión.»*

Para los medios de comunicación, la «desesperación» de las madres es más conmovedora que la «rebelión» de los padres

Los medios de comunicación no son en absoluto responsables de estos hechos ni de sus consecuencias, pero la diferencia de trato que reservan a las injusticias, según sean cometidas contra los padres o contra las madres, es muy reveladora: seguramente en las redacciones de tales medios se considera que el amor de un padre es menos creíble y menos conmovedor que el amor de una madre. Se habla de la rebelión del padre, mientras que se emplea desesperación en el caso de la madre. El padre burlado parece haber sufrido una derrota, y se siente herido tanto en su orgullo como en su amor paterno. Por su parte, la madre interesa porque ha sido vencida, porque es la víctima: su derrota es la derrota del amor.

¿Quién no ha oído hablar de esas desgraciadas madres cuyos hijos, de padre argelino, han quedado retenidos en Argelia, después del período reglamentario de vacaciones, y son educados en árabe por la familia del padre, a pesar de que el divorcio de la pareja, juzgado en Francia, confiaba los hijos

* Paul ELKAÏM, *op. cit.*

a la custodia de la madre? Muy justamente, televisiones, radios, revistas y periódicos se han emocionado con estos dramas. Incluso hay que felicitar a los medios de comunicación por haber logrado organizar una especie de campaña de opinión con repercusiones diplomáticas positivas que incluso permiten esperar que en el futuro esas verdaderas tragedias sean menos frecuentes. En especial, la madre sabrá dónde tiene que acudir para recibir ayuda, y esas espantosas situaciones podrán resolverse si los dos países comprenden cuáles son sus intereses.

Sin embargo, nunca he visto ni oído en televisión, en radio o en prensa nada referente a ese padre cuyos hijos fueron secuestrados en 1983 y llevados a Israel por su ex esposa pese a que él debía tener la custodia a partir de 1985. El tribunal de Aix-en-Provence condenó a la madre a ocho meses de prisión. Sin embargo, ella permenece en Israel y ha conseguido que le fuera otorgada la custodia definitiva de los niños pese a mantener la nacionalidad francesa. Esta madre ha cambiado el nombre y los apellidos de sus dos hijos, los cuales ya no hablan ni entienden el francés. Si el padre va a Israel, no puede verlos. Pues bien, este padre no ha encontrado a un sólo periodista para escucharlo y menos para hacer pública su historia. Únicamente el boletín *Condition masculine** se ha hecho eco de su desesperación y solamente publicando su carta, la cual «no compromete más que a su autor», se precisa. Es verdad que el caso de unos niños franceses raptados y condenados a hablar hebreo «no es lo mismo» que el de unos niños franceses condenados a hablar árabe, aunque el padre expoliado francés no era más judío que musulmanas eran las madres expoliadas francesas... A ese padre francés y universitario, cuya ex mujer, iraní, raptó al hijo de ambos de siete años cuando estaba en clase, en Francia, e hizo legitimar su rapto por un *mullah* de Teherán sólo se le dedicaron quince líneas en un solo periódico**. No obstante, la boda se había celebrado en Francia, el divorcio había sido fallado en Francia

* *Condition masculine*, n.º 46, 1986, pág. 2.
** *Le Figaro*, 16 de septiembre de 1991, pág. 12.

y el juez había concedido la custodia al padre, el cual había vivido dos años con su hijo antes de que fuera raptado por la madre. Sabe que, si hoy va a Irán en busca de su hijo, será inmediatamente arrestado y encarcelado.

Se nos asegura que la oficina de Cooperación Judicial Internacional del Ministerio de Justicia «empieza a comprometerse seriamente en la lucha contra los raptos internacionales de niños»* y que la Convención de La Haya prevé una medida inmediata de repatriación de los niños desplazados, sin que ello signifique que el debate pueda afectar a la custodia en sí: se obliga al progenitor que ha organizado el rapto a ponerle fin de inmediato. Esto está muy bien, pero no explica la diferencia de tratamiento que efectúan los medios de comunicación entre los abusos de poder y los delitos según las víctimas sean padres o madres.

¿Quién había hablado del pobre padre de Luc, René Charmasson, profesor de la universidad de Aix-en-Provence, hasta que tomó su escopeta de caza? Nadie. No obstante, el hijo cuya custodia tenía confiada le había sido raptado en Canadá y no le había sido devuelto cuando, a sus expensas, viajó a aquel país para recuperarlo; cuando por fin pudo volver a tenerlo, el niño fue raptado de nuevo... Sus alumnos firmaron pliegos en los que aseguraban que ese hombre no era violento ni estaba loco. Y fue el gesto insensato de ese padre desgraciado el que atravesó el muro mediático; no fue ni la injusticia ni su dolor.

Se podrían multiplicar los ejemplos. El dolor del padre no es un tema de consideración, excepto si conlleva un aspecto patológico que le reste gran parte de la simpatía que podría suscitar. Sin embargo, los medios de comunicación son omnipotentes en el terreno hipersensible de los temas de sociedad, como pudo comprobarse en *Kramer contra Kramer*, una película que se enfrentaba con todos los tópicos sobre los padres y las madres, sin inútiles dramatizaciones, y con un tacto extraordinariamente eficaz. Por lo tanto, es posible: puede ha-

* F. DEKEUWER-DEFOSSEZ, «La paternité vue par le droit civil», *Pères et Paternité, op. cit.*

blarse del tema. Efectivamente, apenas se publican unas cuantas líneas, se nota que el viento cambia. La opinión pública recibirá en el futuro cada vez un mayor número de nuevos mensajes que, sin duda, la sensibilizarán sobre el respeto por los derechos de los padres y también ante las desgracias de ese amor paterno que tan a menudo se ha minimizado y desfigurado, cuya existencia incluso ha llegado a negarse.

Los tristes fugitivos, los pobres que desaparecen

La prueba de un cambio de opinión puede proporcionarla la encuesta *Des pères face au divorce* (Padres ante el divorcio) realizada por Daniel Bertaux y Catherine Delcroix en 1990 y –esto es importante– financiada por la *Caisse nationale d'allocations familiales*. En efecto, este estudio se refiere a los padres divorciados más deshonrados y más vilipendiados, los que no pagan la pensión alimenticia, los que han huido, los que se han desentendido de su función de padres.

Los autores se inquietaban, como he hecho yo a lo largo de este libro, por el rapidísimo aumento del número de hijos que han dejado de tener contacto con su padre y por la alarmante proporción de hijos en esta situación que habrá a final de siglo. ¿Se ha hecho más frágil el vínculo paterno?, se preguntaron. Por ello han querido conocer mejor y comprender mejor la «falta de compromiso familiar» de los hombres, actitud denunciada por la socióloga estadounidense B. Ehrenreich*, la cual se había interesado por el tema a principios de la década de 1980 y había sacado la conclusión de que «el rechazo de las responsabilidades explicaría la alta proporción de padres que desaparecen». Sin embargo, la encuesta efectuada en Francia por D. Bertaux más bien ha puesto de manifiesto que muchos padres separados de sus hijos viven esta situación sin haberla deseado. El estudio establece que «la responsabilidad recae en primer lugar sobre las conductas maternas excluyentes, las

* B. EHRENREICH, *The Hearts of Men: American Dreams and the Flight from Commitment*, Nueva York, Anchor Books, Doubleday, 1980.

cuales sólo pueden desarrollarse debido a que existe un consenso social: en la actualidad, todas las instituciones están de acuerdo en confiar los hijos a la madre. Y este consenso constituye un fenómeno social capital. Así, la responsabilidad se desplaza desde los individuos (no es culpa de los padres ni de las madres) hasta un modelo cultural colectivo que lleva a hacer más frágil la relación paterna»*.

En segundo lugar, los autores descubrieron que el estatus paterno y el estatus profesional están estrechamente relacionados, tal como he destacado en varios capítulos de este libro. Los trabajadores ocasionales, los interinos con trabajo inestable, los parados de larga duración y, especialmente, los hombres sin domicilio fijo se encuentran en la incapacidad material de ejercer el papel de proveedor que les asigna la sociedad, la cual no ha instaurado ninguna medida filantrópica para ellos.

Expulsado de la esfera del trabajo, el hombre se repliega en la esfera familiar, en la que su posición, cuando no gana dinero, queda mal asegurada y está mal identificada. Soporta mal esa situación, por la que su mujer no cesa de hacerle reproches. A partir de las primeras disputas entre los progenitores, los hijos se acercan a la madre, sobre todo si el padre busca refugio en el alcohol, lo que ocurre a menudo. Doblemente alcanzado por la pérdida de su empleo y por sus problemas personales, tarda en reaccionar, en tanto que la madre busca ya auxilios sociales y emprende el divorcio rápidamente. Durante el proceso de divorcio, o justo después, estalla la crisis y el padre es expulsado del hogar por la madre o la madre se traslada con los hijos.

El padre divorciado sabe perfectamente bien que debe pagar y, lo que es más, que todo padre que no paga debe ir a la cárcel. Ello no le ayuda a presentarse ante su ex mujer y ante sus hijos, pues este miedo combinado con vergüenza no hace más que reforzar su propia devaluación. Las entrevistas en profundidad permiten descubrir que algunos de estos padres

* «Des pères face au divorce», *Espace et familles*, n.º 17, Caisse nationale d'allocations familiales, 1990, pág. 8.

que desaparecen viven su paternidad de modo imaginario («su hijo sigue siendo para él la única obra lograda de vida, una obra a la que ya no tiene acceso»). Otros la entierran profundamente. Es el caso de muchos SDF (sin domicilio fijo) que frecuentan la oficina de Ayuda Social de París: rechazan la idea de reanudar el contacto con su familia pues se avergüenzan de su decadencia. La vergüenza pesa más que el deseo de ver al hijo. La carencia de estatus y la hostilidad de su ex mujer se alimentan mutuamente y la situación se prolonga, no puede mejorar, el contencioso pesa cada vez más y el hombre ya no puede ni imaginar el hecho de presentarse ante sus hijos, que han crecido sin él. Le resulta imposible salir del círculo.

En otros casos, por nacimiento (a menudo proceden de las capas populares de países mediterráneos o magrebíes), estos padres pertenecen a culturas en las que los papeles del hombre y de la mujer están bien diferenciados y se han casado jóvenes, en sus países, igual que lo habían hecho sus padres y sus abuelos. Al llegar a la Europa desarrollada, soportan mal que su esposa adopte un tipo de vida muy distinto al que esperaban de ella, y que plantee exigencias de libertad que no toleran. Su matrimonio se convierte rápidamente en una continua tormenta que termina en divorcio, un divorcio pedido y ganado fácilmente por la mujer. Desarbolados y enojados, porque su conciencia les dice que no han cometido ninguna falta, no admiten que la sociedad recompense a aquella mujer indócil y malvada. De modo que cortan los puentes, en primer lugar porque su ex mujer no les deja ver a los hijos y, seguidamente, porque ella encuentra pronto otra pareja; así, dejan de visitar a sus hijos, actitud que es aprobada por todo su clan y por sus padres, dado que aquella mujer le había robado a sus hijos y les hacía vivir con otro hombre.

Pasan los años, y estos hombres se dejan influir por los modos de vida y de pensamiento de la sociedad urbana en la que viven. Frecuentemente vuelven a casarse, a veces con una mujer sola y con hijos. Entonces se muestran como excelentes padrastros. Y también como excelentes padres si tienen hijos de su segunda unión. Durante su vida han sido sucesivante dos padres totalmente distintos, reflejos de dos sociedades diferentes. Así, de forma tardía, consiguen analizar el naufragio de su primera paternidad; sin embargo, aunque comprendan mejor lo que experimentó su primera mujer, siguen considerándola responsable del completo alejamiento de sus primeros hijos, que son unos auténticos extraños para él.

También parece que en Rusia cada vez se considera con mayor indulgencia a los padres deudores de pensiones alimenticias (los *alimensciki*), pues es bien sabido que muchas mujeres no les dejan ver jamás a sus hijos, a los cuales inculcan a veces un sentimiento de odio hacia su padre. Los padres, en efecto, se sienten impotentes y no pueden hacer respetar sus derechos. En principio, pueden dirigirse a la sección de Instrucción Pública de su barrio (el *Rono*) para pedir que en la escuela se organicen encuentros con sus hijos. Sin embargo, en la mayor parte de los casos, las mujeres que trabajan en el *Rono* toman partido por la madre y niegan esas citas con el pretexto de que perjudicarían al niño. Por ello, se calcula que entre el 60 y el 80 % de los padres divorciados han dejado de pagar la pensión y han dejado de ver a sus hijos. «El lenguaje popular da a estos hijos el nombre de "huérfanos de padres vivos" o de "semihuérfanos".»* Estos padres que desaparecen a veces vuelven a casarse o pasan a engrosar el número de los solitarios, frecuentemente alcohólicos. Mientras que hasta fechas recientes en Rusia se seguía poniendo el acento sobre las mujeres víctimas del divorcio, desde hace poco médicos y psicólogos afirman que, culpabilizados y marginados, los padres que han perdido todo contacto con sus hijos lo tienen bastante más difícil.

¿Y si la opinión cambiara y prestara un poco de atención a los padres divorciados?

En todos las órdenes y estamentos, y a partir de finales de la década de 1960, la opinión pública ha tomado partido en favor de las pobres madres divorciadas, que tienen la carga de

* H. YVERT-JALLU, *op. cit.*

los hijos, y en contra de los padres, *a fortiori*. Los intelectuales, las autoridades científicas, con los psicólogos y los sociólogos a la cabeza, las autoridades administrativas, judiciales y sociales, los actores sociales en contacto con las familias, por supuesto los medios de comunicación, que han reflejado, personalizado y configurado ese gran consenso, los profesores y sus alumnos y doña Mengana, todo el mundo militó en favor del feminismo-maternalismo.

Don Mengano guardó silencio. No era el momento de alzar la voz. Nadie le habría prestado atención. Además, se sentía culpabilizado y se preguntaba si tenía derecho a pensar de otro modo sin parecer apestado. Un ejemplo lo proporcionan las asociaciones de padres, que han tenido escaso eco, cuando no han provocado sarcasmos.

Así, a principios de 1989, cuando toda Francia estaba sumida en un frenesí de celebraciones revolucionarias debido al bicentenario de 1789 y de la Declaración de los Derechos del Hombre y del Ciudadano, medio centenar de padres divorciados desfilaron por las calles de París, tocados con gorros frigios del más intenso bermellón, enarbolando pancartas y coreando consignas que pedían la igualdad parental. ¿Quién habló de ello? Nadie. Ni una noticia en la televisión, ni una foto en una revista. Nada de nada.

Varias veces, durante ese año, se homenajeó con solemnidad y fervor a Olympe de Gouges y a su *Declaración de los Derechos de la Mujer*. Pobre Marie Gouze, llamada Olympe de Gouges, autora de un prospecto no publicado, *Le Cri d'un sage par une femme*, que nunca pudo convertirse en periódico por falta de dinero, y autora de una *Declaración de los Derechos de la Mujer* cuyo soberbio artículo 10 fue atribuido a Sophie de Condorcet por Michelet*. Había hecho imprimir su libelo a

* Así dice el artículo 10: «La mujer tiene el derecho a subir al patíbulo: tiene que tener también derecho a subir a la tribuna.» Olympe de Gouges no fue guillotinada a causa de su *Declaración de los derechos de la mujer*, sino a causa de un cartel, firmado con su nombre, que había colgado en las calles de París: *Pronostics sur Maximilien Robespierre par un animal amphibie*. Véase Evelyne Sullerot, *Histoire de la presse feminine en France, des origines à 1848*, Armand Colin, 1966.

sus expensas y había distribuido ella misma centenares de copias por las aceras antes de morir guillotinada el 13 Brumario del año II, por lo que tuvo un magnífico desquite doscientos años más tarde. Chaumette, a quien no le gustaban las damas, había considerado oportuno proclamar después de su suplicio: «Recordad a la impúdica Olympe de Gouges, que fue la primera en instituir sociedades de mujeres y en abandonar el cuidado del hogar para mezclarse en los asuntos de la República: su cabeza cayó *(sic)* bajo el hierro vengador de las leyes.» Ella, que ya reclamaba para las mujeres el derecho a la investigación de la paternidad, ella que, en pleno patriarcado revolucionario, se atrevía a abogar por el derecho de las madres, se merecía cien veces, en 1989, este homenaje público póstumo como muestra del reconocimiento popular de las mujeres francesas.

Pero ¿cómo explicar la sordera de la opinión pública en 1989 ante los gritos en favor de la igualdad parental? ¿No sería porque quienes los lanzaban eran hombres, tocados con el gorro de la República y por tanto herederos de los «maridos aristócratas» y de los «tiranos domésticos» que ya denunciaba en 1791 *Le Courrier de l'Hymen* (El correo del himen), una publicación feminista y antirracista? Sin duda. Pero estos descendientes de los soberbios, de los opresores, quizá no fueran oídos porque eran las víctimas del momento, aquellos de quienes se ha dado cuenta, los vencidos, los sarnosos de la fábula, esos padres cuya descripción efectúa perfectamente uno de ellos, con trazo a la vez feroz y fraterno: «Esos padres bigotudos y tiernos, heridos, gimientes, rescatados de las peleas, desposeídos de su anhelo de amor, militantes tímidos y estupefactos de esta injusticia inédita en el Occidente moderno, consecuencia perversa del necesario triunfo feminista, que muestran una pena original e inconmensurable.»*

¿Se está atenuando la sordera de la opinión ante el grito de los padres? Deseo destacar algunos signos que así lo indican, como la publicación del estudio de la *Caisse nationale d'allocations familiales*, que señala la responsabilidad colectiva en el

* Michel BIDEAU, *op. cit.*

consenso sobre la prioridad exorbitante de la madre. Pero hay más. En diciembre de 1989, la Comunidad Europea reunió a especialistas del continente en temas de familia para reflexionar acerca de lo que podría ser un «espacio de la familia europea».* Es verdad que sobre todo elogiaron «la familia simétrica» (Wilfried Dumon, Bélgica) y el «principio de igualdad intrafamiliar formal», así como «la trivialización de los accidentes familiares» (Franz Schultheis, Alemania). Cuando se ocuparon de los difíciles problemas que surgirán con los divorcios de las parejas binacionales (Augustin Barbara, Francia), lo hicieron sobre todo desde la perspectiva del hijo. Por otra parte, las reflexiones sobre los derechos del niño son las que darán fin a esta confrontación. Pero precisamente Marie-Thérèse Meulders (Bélgica), que trató este tema, plantea los problemas de los padres: «[Se observa] un curioso vuelco de las relaciones de fuerza, esta vez en favor de la madre y en perjuicio del padre, de modo que de él pueden resultar nuevas discriminaciones entre los sexos, las cuales son susceptibles de repercutir en los hijos. [...] ¿Cómo asegurar en la Europa del mañana la verdadera coparentalidad entre el padre y la madre dentro del marco del respeto de sus respectivos derechos y, más allá, del respeto por los derechos del hijo?»

En Suecia, la opinión se había modificado un poco en el momento en que se votaron las leyes (1977 y 1984) que abrieron la posibilidad de que los concubinos compartieran la patria potestad, y que precisaron la custodia conjunta tras las separaciones. Éste fue también el caso en Francia cuando se votó la ley Malhuret, en 1987. La opinión pública se conmovió al descubrir que los padres no casados que habían reconocido y educado a su hijo apenas tenían derechos parentales durante la cohabitación y ninguno tras la separación, ni siquiera un derecho de visita mínimo. La ley Malhuret, que si no completó del todo, sí atenuó de modo notable esta desigualdad, fue bien aceptada y bien acogida, excepto por ciertos padres que consideraron que había que ir más lejos, y que no fueron escuchados.

* *Familles d'Europe sans frontières*, Grande Arche, diciembre de 1989.

Evidentemente, hay que cambiar la ley

Evidentemente, habrá que ir más lejos. Pero sólo se podrá hacer si toda la opinión pública sale de su conformismo feminista no reflexionado. Cuando esto ocurra, la opinión pública impulsará el muy necesario cambio de la ley sobre el divorcio. Porque hay que cambiar la letra de la legislación, pero también su espíritu. Y tiene que proclamarse el derecho de los hijos a tener dos progenitores, a conocer a sus dos progenitores, a no ser separados arbitrariamente de uno de sus progenitores.

La ley del divorcio tiene que ser flexible y debe dejar a los jueces un margen de maniobra para que puedan adaptarse a las circunstancias, caso a caso. Y no debería seguir obligándoseles a que decidieran tan desigualmente entre los dos progenitores porque ya vemos cuáles son los resultados: hogares monoparentales, hijos semihuérfanos y padres marginados o expulsados. La ley tendría que incitar a los jueces a que favorecieran por todos los medios el mantenimiento tras el divorcio de la doble relación parental del hijo. Tendría que incitar a los jueces a promover o a conseguir que las parejas que se divorcian compartieran los cuidados del hijo, compartieran la educación del hijo y compartieran incluso el tiempo del hijo, alternativamente, claro está, puesto que ya no pueden verle al mismo tiempo. Promover este tipo de proyectos es indispensable, más aún que hacerlo con el aumento del número de custodias conjuntas. Las custodias conjuntas sólo pueden funcionar si ambos progenitores están convencidos de que su deber absoluto consiste en entenderse por lo que respecta a su hijo, en no convertirlo en envite de sus enfrentamientos y en dejar que el otro pueda ejercer sus prerrogativas. Se trata de una disposición del ánimo que debería ser preconizada por la ley y transmitida por los jueces.

Esta disposición del ánimo lo cambiaría todo, empezando por la custodia unilateral. El Código Civil del estado norteamericano de California enuncia así sus principios:

«En el marco de la presente sección (4 600.5 §C), la expresión custodia conjunta significa una decisión que atribuye la custodia del hijo o de los hijos menores a los dos progenitores y que prevé que la custodia física será compartida por los progenitores de forma tal que el hijo o los hijos mantegan contactos frecuentes y prolongados con cada uno de sus progenitores. No obstante, se especifica que puede acordarse la custodia legal conjunta sin la custodia física conjunta.»

Así, a falta de especificación en sentido contrario, la custodia conjunta en cuestión será una *joint physical custody* que permitirá, de acuerdo con los arreglos más diversos, que el hijo pueda residir alternativamente en casa de cada uno de sus progenitores. Si el juez californiano no cree que tal solución sea posible, se pronuncia por una *joint legal custody*, o responsabilidad parental conjunta ante la ley. Después de largos debates, esta fórmula de custodia conjunta (física y legal o sólo legal) fue situada en cabeza de las opciones presentadas ante los jueces californianos debido a que los legisladores sentían cierta preferencia por ella. Éstos se explicaron así: «La idea consiste en que un progenitor que pide la custodia conjunta y acepta tolerar al otro en una organización de este tipo tiene menor propensión a la agresión y a los procedimientos judiciales y es, en realidad, un litigante menos eficaz» que no envenenará el conflicto.

Pero la custodia unilateral, que no se abandona, también se beneficia del espíritu de la legislación, que consiste en animar a los progenitores a compartirla para que el hijo, en la medida de lo posible, pueda mantener su doble relación parental. «Al tomar la decisión de encomendar la custodia a uno de los progenitores, precisa la ley de California, el tribunal tendrá en cuenta, junto con otros factores, cuál de los dos se muestra más inclinado a favorecer o a permitir contactos frecuentes y prolongados del hijo o de los hijos con el padre no custodio, y el tribunal no deberá dar preferencia a uno de los progenitores, en tanto que custodio, en razón de su sexo.»

En el caso de que uno de los progenitores pida la custodia conjunta y el otro la custodia unilateral, el juez puede pronunciarse por una o por la otra, pero se le recomienda explícitamente que elija al progenitor con mayor espíritu de cooperación; es decir, al que ha pedido la custodia conjunta. Es evidente que esta ley impulsa al entendimiento entre los progenitores y hace del juez un conciliador que realmente se expresa en interés del hijo al arbitrar en favor del altruismo y contra el espíritu de posesión. No sólo el juez debe pronunciarse en favor de la custodia conjunta cuando los progenitores se hayan puesto de acuerdo, sino que en el caso de no hacerlo tiene que explicarse: «Si el tribunal se niega a conceder la custodia conjunta, tendrá que motivar, en su resolución, las razones de su negativa.» Igualmente, para ponderar el grado de disposición de los progenitores, puede pedirles un plan de custodia, considerado como «un medio de discernir la voluntad de cooperación de un progenitor en el ejercicio de su custodia».

La experiencia ha demostrado que, tras la aprobación de esta ley, las custodias concedidas con el acuerdo de ambos progenitores se han elevado hasta el 90 % del total, y sólo el 10 % restante han sido motivo de litigio. Dos años de experiencia proporcionaban aproximadamente los siguientes resultados: 67 % de custodias unilaterales y 33 % de custodias conjuntas. El número de recursos fue dos veces menor para las custodias conjuntas que para las custodias unilaterales, lo que niega las predicciones de quienes siempre habían adelantado que la custodia conjunta no funcionaría.

No he citado estos extractos sólo para ayudar a los derrotados y los desdichados, sino que, mucho más allá, ha sido para que todos, hombres y mujeres, padres y madres, tomaran conciencia de que una democracia debe introducir la democracia en todas partes, incluidas las relaciones familiares e incluido el trato personal dentro de las relaciones familiares. Y la democracia tiene que confiar en que los individuos sepan manejar sus vidas privadas y sepan asumir sus responsabilidades.

Lamentablemente, las legislaciones europeas aún no han dado este salto hacia la democracia, e incluso en los países escandinavos, donde en principio parecen más favorables al ejercicio de la coparentalidad, no parecen haberse flexibilizado las actuaciones de los magistrados, sino más bien lo contrario. Sin embargo, hay que tener esperanzas. En diez años, en veinte años, las leyes cambiarán. Y lo harán porque la opinión pública, paulatinamente, va a cambiar.

La irresistible difusión de la mediación familiar

Una prueba de lo anterior es el éxito creciente, irresistible, de la mediación familiar. Hasta ahora, los diferentes personajes que intervenían en el teatro judicial se mostraban, desde el punto de vista de los padres, como aliados del tribunal, todos ellos unidos entre sí para hundirlo. Desde el abogado, que cobra mucho y no plantea lo que él desea, o le deja recurrir cuando sabe que no existe ninguna posibilidad, hasta la asistente social, que no ha visto más que lo que quería ver, no ha oído más que historias de mujeres, no ha aportado más que testimonios que le caricaturizan y en los que no reconoce ningún aspecto de su vida, pasando por el psicólogo, para el que es un enfermo que sufre –aunque el hecho de saberlo no le aliviará el dolor de haber perdido su mujer, su casa y sus hijos–, para no hablar del juez, para el cual, en cualquier caso, «el hijo va con la madre y punto».

Pero aparece el mediador, que no se inclina por ninguna de las partes, y la mediación, la cual, en el clima tenso del divorcio, hace que penetre un poco de aire fresco y de sentido común e introduce conceptos nuevos, como la cooperación para resolver los conflictos y el diálogo para llegar a una conciliación.

«La mediación es un proceso de cooperación con vistas a la resolución de un conflicto en que los protagonistas solicitan la intervención de un tercero imparcial para que les ayude a encontrar un arreglo amistoso satisfactorio» (según Kelly, Vanderkoi y Pearson). Se trata de una actividad con un objetivo definido *(goal focused)*, con tareas muy precisas a desempeñar *(task oriented)* y en un tiempo limitado *(a time limited process)*.

Por ejemplo, la pareja que está en vías de separación se encuentra con el mediador varias veces. Cada sesión está dedicada a un problema distinto: qué se va a hacer con la casa, dónde vivirán los niños, cómo repartir los recursos, etc. Además de tratar temas muy concretos, la mediación a veces establece reglas (por ejemplo, el marido debe salirse cada vez que monte en cólera) o impone deberes (por ejemplo, cada uno debe leer textos referentes a la custodia de los hijos, o tiene que hacer una evaluación precisa de sus propios bienes, etcétera). La tarea del mediador consiste en instaurar un clima desapasionado y en permitir que cada uno exponga tranquilamente sus expectativas y sus aprensiones, lo que suele ser imposible en los procesos judiciales por el enfrentamiento que implican. «El mediador no posee una posición de autoridad con respecto a los divorciantes e, incluso en el caso de que esté relacionado con una estructura judicial, no interviene en la elaboración de la decisión, como sería el caso de un testigo o de un experto.»*

«La mediación no se refiere al pasado, sino al presente y al futuro» (Kelly). Su finalidad no consiste en permitir que los divorciantes se desahoguen, expresen lo que habían callado o manifiesten su desesperación. A veces tiene efectos beneficiosos en el ámbito psicológico, pues reduce la ansiedad, la angustia y la agresividad, pero se trata de ventajas secundarias, no del fin perseguido. En cambio, la mediación trata de modificar la idea que se hacen los divorciantes de la ruptura, en la cual pueden pasar a percibir aspectos de intercambio, de compartir y de reorganización, aspectos que serán otras tantas herramientas que podrán utilizar posteriormente, tras el divorcio, en su oficio de progenitor separado. La mediación convierte a los divorciantes en actores de la resolución del conflicto y en quienes deciden las soluciones que se adoptan. El mediador no propone ninguna solución.

Desde su aparición en Estados Unidos, hacia 1970, la mediación familiar se ha acomodado a diferentes formas institucionales. A veces es una alternativa al juicio de divorcio y se desarrolla en el sector privado; a veces los jueces desean ofrecer a los divorciantes, en el marco del sistema judicial, esta

* Benoît BASTARD y Laura CARDIA-VONECHE, «L'irrésistible diffusion de la médiation familiale», *Annales de Vaucresson*, n.º 29, 1988/2.

posibilidad de arreglar sus diferencias al margen del desarrollo del proceso. En el sector privado, la mediación es llevada a cabo especialmente por psicólogos y terapeutas de la familia, pero también por abogados. Evidentemente es necesaria una determinada formación tanto para que el mediador pueda prepararse para escuchar y para «gestionar los problemas emocionales» como para proporcionarles las bases jurídicas para afrontar lo que puede ser el posdivorcio y sus disposiciones concretas. La mediación en el sector público se ha desarrollado a partir de las iniciativas de los jueces. En Gran Bretaña es llamada conciliación y se define como «el hecho de ayudar a las partes a hacer frente a la ruptura [...] obteniendo acuerdos o reduciendo las divergencias en lo que se refiere a la custodia de los hijos, las pensiones, el derecho de visita, la educación de los hijos, etc.» (Parkinson, 1986). Se han organizado servicios de tribunales para ofrecer esta posibilidad a los justiciables. Los mediadores *(probation officiers)* han sido generalmente reclutados entre los trabajadores sociales de los servicios judiciales. En Estados Unidos hay servicios de mediación en cuarenta y seis estados. Existen también, con gran diversidad de formas, en Gran Bretaña, Canadá, Australia, Nueva Zelanda, etc. En Francia, la mediación familiar sólo se practica en el sector privado, a iniciativa de asociaciones como *Père-Mère-Enfant*. Ocurre otro tanto en Suiza y en Bélgica.

Los magistrados de los juzgados de familia que han adoptado este procedimiento lo consideran como un medio de garantizar la validez de las decisiones que toman, «de hacer respetar el frágil equilibrio de las relaciones entre los esposos después del divorcio» (Folberg). En cierta forma, el juez queda liberado de oír al divorciante así como de tomar disposiciones prácticas. Puede así dedicarse a aplicar la ley y a cumplir con su cometido. Sin embargo, ¿están los jueces suficientemente atentos a la formación de las personas a quienes confían una misión tan delicada? ¿La mediación, para ser equitativa, puede desarrollarse bajo el auspicio de los tribunales? ¿No sería mejor esperar a que se extendiera la mediación llevada a cabo por profesionales, cada vez mejor preparados, instalados de forma autónoma y al margen de los tribunales?

El interés principal de la mediación familiar, lo que justifica su irresistible difusión y mi optimismo en su relación con el futuro del divorcio, es que conlleva una nueva ideología del funcionamiento familiar. Considera a cada progenitor como igualmente responsable de sus hijos, se basa en su sentido de la responsabilidad y le deja suficiente autonomía para llegar a un entendimiento. Generalmente se alcanza un acuerdo previo entre los progenitores, con un plan de custodia serio y aceptado por el padre y la madre; como consecuencia de ello, piden la custodia conjunta al tribunal. No sataniza el divorcio, pero tampoco minimiza sus efectos. No culpabiliza sistemáticamente a los divorciantes, pero fuerza a que cada uno de ellos comprenda todas las consecuencias prácticas y todos los conflictos que conlleva su acto respecto a la organización familiar. Con la mediación, es imposible divorciarse por una nadería sin medir los efectos a largo plazo, especialmente para los hijos, de esta disolución de la pareja. Finalmente, la mediación no prejuzga los papeles del padre y de la madre a partir de viejos estereotipos. Permite que cada pareja efectúe ajustes particulares, los cuales proporcionan a los padres más oportunidades que las sentencias reiterativas que les convierten en progenitores de segunda clase.

9

PATER CERTUS EST! MOTUS...

Cuando Portalis, coautor del Código Civil Napoleónico, escribió «La maternidad es segura; la paternidad nunca lo será», pensó para sí: «Lamentablemente.»

Es lo mismo que yo creía cuando empece a escribir este libro. Me parecía que, después de siglos y siglos de incertidumbre, el anuncio del descubrimiento científico de un medio relativamente sencillo e infalible de determinar la paternidad era una buena nueva extraordinaria, una noticia maravillosa. Iba a poner punto final a la maldición propiamente masculina. Sólo los hombres han sufrido la duda, imposible de disipar absolutamente, que planea sobre la paternidad. Los hijos, tanto las chicas como los chicos, al llegar a la adolescencia, cuando se interrogan sobre su propia identidad, han podido plantearse la pregunta sacrílega: «¿Y si mi padre no fuera mi padre, si no fuera mi verdadero padre?» Sin embargo, esta pregunta no suele ser más que un juego de la imaginación que no se adueña de modo duradero de la mente de quien se atreve a formulársela.

Apaciguar una angustia existencial

El asunto es muy diferente, pensaba yo, cuando se trata de la duda del hombre con respecto a su progenie: ¿Es este niño hijo mío? En tal caso se trata de un tormento desgarrador, que no da tregua a quien no consigue zafarse de él. «Es celoso», comentan a menudo las mujeres, que no sienten piedad por esta angustia existencial. Evidentemente, su duda puede estar envenenada por los celos amorosos. Pero no únicamente por eso. Algo más puede turbar al padre, algo que no tiene que ver con los celos amorosos y que no se refiere a su mujer. Es una incertidumbre que se cierne entre su hijo y él, que le aleja del niño de forma irremediable si no logra dominar su ansiedad, la cual puede convertirse en fingida indiferencia con respecto a ese hijo sobre el que duda. Toda su vida de padre puede quedar al margen de la realidad.

Se dice a menudo de una mujer que está realizada desde el momento en que ha sido madre. Como si recibiera un complemento de identidad, ha cumplido un oscuro destino, se ha confirmado ante sus propios ojos. Ha dado la vida, ha hecho un hijo, al menos ha hecho algo tangible y cierto. Le ha llevado en su cuerpo. Lo ha parido. Ha habido un antes y un después en su vida. En nuestros días se dice que se ha realizado. El nacimiento de su hijo no puede aportar al padre certidumbres de este tipo porque existe un gran desfase entre el acto que está en el origen de ese hijo y su nacimiento... En el corazón de la campiña francesa se solía decir: *«Maïré suro, Païré béleu...»*, lo que significa: «Madre, segura; padre, tal vez...» Y ese tal vez estaba sujeto a sarcasmos y risas sospechosas. Ese tal vez podía llevar al drama a quienes eran más susceptibles, pero también a quienes se mostraban más seguros sobre el tema.

No obstante, al término de mi investigación me doy cuenta de que la mayoría de las mujeres y de que muchos hombres no se alegran del descubrimiento de la paternidad cierta. Ellos y ellas conviven muy bien con las viejas incertidumbres y con las precauciones jurídicas que las acompañan. Me inclino a creer que el viejo Portalis, cuando hubo puesto el punto final a su sentencia sobre la eterna incertidumbre de la paternidad, debió decirse: «Puesto que estos misterios me superan, simulemos que soy su organizador»*, e inmediatamente, junto con

* Jean COCTEAU, *Les Mariés de la Tour Eiffel*, París, 1921.

sus colegas juristas, se apresuró a imaginar y a instaurar las diversas condiciones y disposiciones de la paternidad civil, cómo y a quién se transmiten el apellido del padre y sus bienes, hasta dónde se ejerce la patria potestad, etc.

La prueba genética de la paternidad, prohibida a los particulares

Parece que esto continúe siendo así. Desde el momento en que la ciencia nos ha proporcionado un método para establecer con toda seguridad, sin margen de error, la filiación paterna de un niño, el Gobierno no ha tenido más que una prisa: reservar este método para uso exclusivo de los jueces, que podrán así atribuir al niño un estado civil, un apellido o derechos de sucesión, o que podrán anular una presunción de paternidad. En suma, se ha tenido prisa por hacer que siga funcionando la máquina de organizar la identidad jurídica. Y se ha dado prisa en sustraer el uso de ese método a los simples particulares, a los padres que quieren estar seguros, a las madres que quieren ser creídas, a todos los que no desean forzosamente un proceso judicial de consecuencias impredecibles, sino que simplemente quieren transformar una íntima convicción en certidumbre o pretenden acallar unas sospechas reiteradas, cuya acidez podría a la larga corroer un amor. Es una manía muy francesa la de querer someterlo todo al control jurídico con el pretexto de proteger los derechos del hombre.

Señora, usted desea convencer a ese amigo un tanto ocasional de que sí, que de verdad, es el padre de ese bebé coloradote y arrugado que todavía no se parece a nadie, como no sea a Winston Churchill en su ancianidad. Aunque muy sorprendido, porque no sabía nada del embarazo, su amigo estaría dispuesto a reconocer a esa pequeña cosa y estaría dispuesto a comprometerse a educarlo si... bueno, si pudiera estar seguro. Está desconcertado y, por consiguiente, se muestra escéptico. No quisiera ser embaucado en un asunto tan grave. No quiere verse atrapado durante toda la vida si no ha tenido nada que ver con la llegada al mundo de ese niño. Usted le comprende.

No, no es un cobarde. Incluso su desazón es un tanto emotiva. Y usted no tiene ningunas ganas de llevarlo ante los tribunales; no se lo merece. En primer lugar, él no ha hecho el hijo queriendo, sino que ha sido usted la que lo ha deseado. Además, eso de la justicia deja marcas. El hijo podría descubrir un día que su padre lo reconoció obligado por la justicia. Por lo tanto, le propone a su amigo que vayan los tres, usted, él y el bebé, a un laboratorio reputado que practica pruebas de identificación genética, que dejen los tres una gota de su sangre, que paguen y que esperen. Será más barato que un proceso, en el curso del cual el juez les enviará al mismo laboratorio. Y tendrán que esperar menos tiempo el resultado. La discreción está garantizada. Con las pruebas en la mano, su amigo quedará convencido, se persuadirá de que es padre y correrá al registro civil a reconocer a su bebé. Al crecer, empezará a parecerse a él, pero él ya lo habrá adoptado en su corazón.

Pues bien, esta gestión no puede hacerse en Francia porque está prohibida. ¿Irá usted a Inglaterra? ¿O prefiere Alemania, donde se practican más de 20.000 pruebas anuales de este tipo?

Caballero, su muy reciente matrimonio ha pasado por una crisis inesperada. Como consecuencia de un malentendido, usted y su esposa han estado separados una corta temporada. Con gran alegría por parte de ambos, se han reconciliado y han vuelto a hacer vida en común. Esta vez de verdad, sin miedo al mañana. Y, de pronto, ¡zas!, su mujer le anuncia que está embarazada. Empieza para usted una agotadora sucesión de grandes alegrías y de dolorosas angustias. Cuenta y recuenta con los dedos. Pasa del entusiasmo al abatimiento. Su mujer embarazada no entiende sus cambios de humor, ni por qué usted se retrae precisamente cuando se han reconciliado y cuando más necesidad tiene de su atenta ternura. Una noche estalla una escena, durante la cual usted deja escapar la duda que envenena su alegría. Evidentemente, ella protesta, jura y vuelve a jurar. ¿Basta? Bien, si ella se muestra tan deseosa de darle seguridades («¡Haría cualquier cosa para probarte que te equivocas!»), no se negará a pasar por la prueba de las pruebas, la más indolora, la más simple, la más discreta. No se negará a acompañarle para que pueda hacerse el test a partir del momento en que el bebé esté en disposición de someterse al mismo. Será como un remedio, el único eficaz, contra esa enfermedad un tanto vergonzosa que empaña su alegría; después, quedará curado. Nadie más que ustedes dos y un médico obligado por el secreto profesional sabrá el calvario por el que han pasado. En especial, los padres de ambos, encantados de verlos reunidos de nuevo, pero siempre mirándoles de reojo. En especial, su curiosa cuñada, y la amiga a cuya casa se mudó su esposa durante la temporada que estuvieron separados. Nadie sabrá que usted dudó. Y usted conocerá la verdad que le dará tranquilidad, la verdad comprobada, y su hijo se convertirá en la «prenda» de su felicidad.

Pues bien, esto no puede hacerse en Francia. En Francia debe usted emprender un proceso contra su esposa y arrastrarla ante el juez, que es el único que puede abrirle la puerta del laboratorio de genética siempre que le parezca bien recurrir a ella. Una mujer puede perdonar una duda si, no siendo injuriosa ni patológica, está mínimamente justificada por las circunstancias. Pero no puede perdonar un proceso ni siquiera cuando su buena fe quede confirmada, aunque sería mejor decir que no puede perdonar especialmente en ese caso. De modo que vendrá el divorcio, a sus expensas, y perderá usted a su mujer y al hijo que era suyo. ¿Irse a Inglaterra, como antes las mujeres que querían abortar? ¿Y a escondidas, como los culpables? ¿Por qué?

¿Por qué esas reticencias y esas complicaciones en Francia? Por numerosas razones, de muy diferentes tipos, que se suman y se conjugan. Unas son semiinconscientes, o al menos se explicitan raramente, como el temor a irritar al feminismo ortodoxo, convertido casi en religión de Estado. Otra razón, que se relaciona en cierto modo con la anterior, es un curioso prejuicio antipaternidad que enseña la oreja en diferentes textos procedentes de círculos de reflexión oficiosos, por no decir oficiales, influidos por la aplicación sistemática de los métodos de análisis de la antropología estructural a la sociedad actual. Más importantes, aunque casi siempre permanecen implícitas, son las fortísimas resistencias a la genética, incluso podría decirse la hostilidad profunda ante todo lo que se relacione de cerca o de lejos con la genética. Habría que explorar los silencios filosóficos relacionados con este miedo, ya que están muy ligados con el desinterés por la paternidad biológica y con todo lo relacionado con la filiación.

El interés por mantener la paz en las familias

Por otra parte, está esa manía tan francesa de legislarlo todo, incluso la vida privada, con el pretexto de proteger la libertad. No obstante, en los últimos tiempos se ha repetido insistentemente que asistimos a un retroceso de la implicación del Estado en la vida privada, a un «retroceso premeditado de la norma jurídica»*.

Este «retroceso premeditado de lo jurídico» se manifestaría por una mayor tolerancia ante las situaciones de hecho, que han adquirido una importancia creciente: uniones de hecho sin matrimonio, separaciones de hecho sin divorcio, filiaciones de hecho, etc. «El derecho de filiación ha estado marcado durante mucho tiempo por la incertidumbre de la paternidad y la supremacía del matrimonio; en la actualidad, el control de la procreación, el establecimiento de pruebas biológicas y el estatuto de igualdad conferido a los hijos han hecho que perdiera su interés el recurso a la ficción, pues los individuos ya no lo soportarían», precisaba J. Rubellin-Devichi. Entonces, ¿a qué se debe que, en contradicción con esa discreta retirada de la norma jurídica, se prohíba que los interesados puedan libremente acceder a una prueba genética más fiable que las precedentes para confirmar o negar una paternidad? ¿Por qué se obliga a pasar por la maquinaria judicial?

El Gobierno explica así su decisión: «Se ha visto la necesidad de que, para evitar toda deriva de naturaleza que pudiera afectar a los derechos humanos fundamentales, se plantee,

* Jacqueline RUBELLIN-DEVICHI, «Du droit et des moeurs - l'approche juridique», *Informations sociales*, n.º 7, 1986, págs. 1-16.

para el conjunto de las pruebas genéticas, el principio de que se hallen enmarcadas en el sistema lesgilativo y, por consiguiente, que su recurso se limite únicamente a los casos expresamente previstos por la ley. [...] En materia civil, el recurso a esta técnica debe ser reservado a los casos en que se emprenda una acción en materia de filiación, en interés de mantener la paz en las familias. [...] La gravedad de los atentados contra el orden público que podría dar lugar la falta de respeto a estas prescripciones conduce a que queden relacionadas con sanciones penales.»*

El interés por mantener la paz en las familias no es un estereotipo que se emplee como una referencia obligada. Muy al contrario, durante las investigaciones que efectué para escribir este libro pude comprobar que ésta era la preocupación obsesiva, la obsesión sincera de todos cuantos y cuantas participaron en la preparación y la elaboración de esos textos. Además, esta alarma tan exagerada, por no decir infundada, es compartida por un número impresionante de personas competentes, en principio, como juristas, demógrafos, sociólogos o médicos.

Al constatarlo, me di cuenta de que se encuentra un doble error de apreciación en la base de este temor exagerado a que la utilización por particulares del test de Jeffreys amenace la paz de las familias. El primer error se refiere a las personas que pueden pedir este test, error de apreciación debido a un desconocimiento muy extendido de las modalidades que toma este examen. El segundo error deriva de una evaluación totalmente fantasiosa de la proporción de hijos de familias constituidas que «quedarían sin padre». El tema favorece la creación y la circulación de verdaderos rumores sin fundamento.

Desmontar los mecanismos que han contribuido a construir esas prevenciones tan vivas es un ejercicio de higiene intelectual.

* Exposición de motivos del proyecto de ley MDJX 92 00024 L, relativo al cuerpo humano y a la identidad genética del hombre, febrero de 1992.

Una prueba irrefutable: las huellas genéticas

En primer lugar, convendría conocer mejor este test satanizado y sus modalidades prácticas. Un biólogo inglés de la universidad de Leicester, el profesor Alec Jeffreys, inventó el método llamado «de las huellas genéticas» en 1984. Anteriormente, para establecer la prueba biológica de una filiación, los tribunales recurrían al análisis de las sangres del hijo en cuestión y del presunto padre. Aunque las probabilidades de error hubieran disminuido a medida que se aportaban mejoras en el análisis de los factores sanguíneos, la atribución de la paternidad aún comportaba un cierto margen de incertidumbre. Esta incertidumbre desaparece con el método Jeffreys, basado en el análisis de fragmentos del ADN de los cromosomas (obtenidos a partir de sangre, de saliva, de esperma, de cabellos con su bulbo, etc.). En el ADN, ciertas secuencias se repiten sin orden aparente, y estas secuencias son diferentes en cada individuo. Los biólogos transcriben estas secuencias en códigos de barras sobre una película, la cual puede proporcionar una imagen semejante a las huellas digitales (por otra parte, la analogía de utilización con fines de identificación de personas ha llevado a que los ingleses denominen habitualmente *genetic fingerprints*, o huellas digitales genéticas, a este método que nada tiene de digital).

Era demasiado hermoso para no ser impugnado. Así, en Francia, en los medios en que fue elaborado el proyecto de ley antes citado, era de buen tono criticar vivamente la fiabilidad del test de Jeffreys. Los biólogos no leerían bien los códigos de barras y cometerían errores. Además, añadían, este método, empleado por la policía norteamericana, provocó un error judicial que sirvió para condenar a un inocente. Si las personas que efectuaron ante mí estas críticas hubieran sido consecuentes, habrían tenido que pedir un suplemento de información sobre los aspectos científicos del test y, si no era válido, tenían que haber propuesto su pura y simple prohibición. Y no fue eso lo que hicieron, porque no tenían dudas con respecto al método; lo que tenían eran prevenciones, y prevenciones ideológicas.

Nada como una disposición desfavorable del ánimo para dar crédito a las informaciones desfavorables. El pretendido error judicial cometido en 1987 sobre la fiabilidad de una identificación mediante las huellas genéticas, no había sido tal: el culpable así designado, después de proclamar su inocencia, había terminado por confesar. Era realmente culpable. Por lo que respecta a la lectura excesivamente apresurada de los códigos de barras, es un asunto que recae sobre la formación científica de los biólogos y es legítimo asegurarse de la calidad de los laboratorios que recibirían autorización para utilizar esa técnica. Por lo demás, el método del código de barras será sin duda mejorado de inmediato por el propio profesor Jeffreys, el cual ha inventado una nueva técnica más rápida para descifrar las secuencias del ADN, una técnica cuyos resultados serían inmediatamente informatizados, ya que no se expresarían en códigos de barras que deberían ser interpretados, sino mediante códigos digitales que podrían ser almacenados en un ordenador*.

Por el momento, la identificación de la filiación paterna no puede hacerse a espaldas de la madre, al contrario de lo que cree mucha gente. Hay que establecer el código de la madre, el del presunto padre y el del niño, y comparar los tres. El código de barras del verdadero padre debe contener secuencias que también se encuentran en el hijo, combinadas con las que le ha legado la madre. Todos los laboratorios que en la actualidad practican estas pruebas para particulares exigen constancia de un acuerdo formal del hombre y la mujer para realizarlo. Es totalmente fantasiosa la idea de un padre mezquino y celoso que toma unos cuantos cabellos del niño y, sin comunicárselo a su mujer, los lleva a analizar a la ciudad más cercana. Las mujeres que acuden a esos laboratorios han dado su aprobación a la prueba, al igual que los hombres, aunque es posible que no todos lo hayan hecho de muy buen grado.

* Lo que permitirá escapar de las críticas de subjetividad formuladas, por ejemplo, por el doctor Ch. Msika en *Nature*, septiembre de 1991, pág. 121.

Las mujeres no salen perdiendo, sino muy al contrario

En Francia se tiene la impresión de que únicamente los hombres desean «alzar el púdico velo con el que la naturaleza ha recubierto la paternidad», por lo que las mujeres saldrían perdiendo. Esta impresión procede del desconocimiento del interés de algunas mujeres que desean hacer reconocer su paternidad a un hombre que pretende no tener nada que ver con ella. Por otra parte, la paz de las familias no queda afectada por el libre recurso al test de Jeffreys, dado que los principales usuarios de esta técnica son solteros*. Se trata de madres que quieren convencer al padre del niño de que debe reconocerlo, o de que los hombres nieguen ser los padres biológicos del hijo que les atribuye la madre, o de que los servicios sociales, cansados de pagar altos subsidios a las madres solteras, animen a éstas a designar al padre que debe compartir el mantenimiento del hijo (como ocurre en Suecia y también en Gran Bretaña desde la entrada en vigor de la *Child Support Bill* de 1990).

Es difícil imaginar que al confiado padre de una apacible familia constituida se le ocurra de repente la retorcida idea de hacer que todos sus hijos, empezando por el más pequeño, pasen el test de Jeffreys... El padre de familia que hiciera tal cosa ya estaría carcomido por la duda o el rencor; después de

* Algunos artículos aparecidos en la prensa han dado a entender que el libre acceso de los particulares a los análisis de identificación de la paternidad provocarían una avalancha tanto más chocante cuanto que los laboratorios competentes obtendrían cuantiosos beneficios. La verdad debe ser restablecida: no, los clientes no se han abalanzado sobre los laboratorios que les aceptaban libremente, ni mucho menos. Así, el Instituto de Medicina Legal y de Medicina Social de la Facultad de Medicina de Estrasburgo, que en 1992 ha recibido peticiones de particulares sin la intervención de los tribunales, sólo ha tratado en su laboratorio de genética «Codgene» nueve casos en un trimestre. Por lo tanto, estamos lejos del «floreciente mercado» al que se han referido algunos periodistas. Por otra parte, es interesante recapitular los casos de determinación de la paternidad que han sido sometidos a este laboratorio entre 1989 y 1992: de cuarenta casos, treinta y dos procedían de solteros y ocho de familias constituidas. Las demandas habían sido efectuadas en veintiséis casos por el padre y en catorce por la madre.

meses de peleas, acabaría por pedir la prueba para poner fin a una situación inaguantable. ¿Dónde está la paz de una familia de este tipo, rota por el test diabólico? Esa paz, evidentemente, ya no existía.

Si en una familia sin problemas, en la que todos los hijos son igualmente queridos por el padre legal, la madre sabe que uno de ellos no es de su marido, tendría que estar loca para hacer volar en pedazos la paz de su hogar pidiendo ella misma la prueba de lo que durante tanto tiempo ha sabido esconder. En una familia de este tipo, sólo un acontecimiento fortuito que llevara a descubrir el secreto podría conducir a recurrir al test; por lo tanto, sería después de que se rompiera la paz, no antes.

El único caso verdaderamente traumático para una familia en paz sería el de una madre que forzara a un hombre casado a reconocer que había tenido con ella un hijo adulterino, a espaldas de su mujer. Sin embargo, se trata del caso típico en el que la demandante preferirá intentar una acción ante la justicia antes que ir directamente a un laboratorio al que le sería muy difícil llevar al padre de su hijo, por voluntad propia, para que le efectuaran una prueba que le comprometería.

La protección de la paz de las familias es un curioso pretexto para poner bajo tutela judicial la prueba de las huellas genéticas, ya que, en la realidad de los hechos, el libre recurso sería mucho menos traumático que la obligación de presentarse ante un tribunal, y, más particularmente, en todos los casos en los que la prueba, efectuada con total discreción, concluyera que el niño es verdaderamente fruto de esa pareja y que, por consiguiente, cualquier intento de denegación de paternidad sería inútil.

«¿Sabe usted que el 12,5 % de los hijos legítimos no son de su padre legal?»

Durante mis investigaciones, ¿ante quién podría haber hecho valer los razonamientos que acabo de desarrollar? Apenas había terminado de hablar del libre acceso a la prueba de las huellas genéticas, mi interlocutor me interrumpía: «¿Se da usted cuenta del desorden que va a introducir en las familias? ¿Sabe usted que el 12,5 % de los hijos legítimos, y es un dato comprobado, no son de su padre legal?» Para otro, el porcentaje era del 10 %. Para otro más, del 25 %, lo que significaría uno de cada cuatro hijos legítimos... Otra vez me explicaron que el porcentaje era del 30 %, aunque precisaron que se trataba de Inglaterra...

Cada vez me quedé con las ganas de preguntar en qué cambiaría esta situación la posibilidad de recurrir libremente a la prueba de las huellas genéticas. Nadie iba a obligar a las hábiles disimuladoras que son las madres adúlteras a desvelar su secreto, nadie iba a ordenar que los padres confiados pusieran repentinamente en duda su vínculo con unos hijos que habían aceptado y a los que muy probablemente querían. Lo que estaba escondido, escondido quedaría del mismo modo que en la época en que, en lugar de las huellas genéticas, los padres no tenían a su disposición más que pruebas negativas a partir de los factores Rh de la sangre. Por otra parte, mi curiosidad no podía dejar de despertarse a partir de la información que se me había proporcionado con una precisión estadística desconcertante, habida cuenta que se trataba de un fenómeno definido como secreto.

Así que el 12,5, el 10, el 25 o el 30 % de los niños que vivían en el seno de una familia legítima tendrían como progenitor a un hombre que no era aquel a quien llamaban papá, el que los mantiene y los educa. Por supuesto, ellos, esos padres engañados, no lo sabían. «"Cómo obtuvo usted esas cifras?" "¡Ah!, me respondieron en varias ocasiones, se han elaborado estudios muy serios dirigidos por especialistas en genética", decían unos; "por médicos", decían otros; "por tocólogos", precisó otro. "Además, esas evaluaciones concuerdan con las que dan los sacerdotes a partir de las confesiones".»

Como socióloga, estaba estupefacta por el hecho de que un fenómeno de esta naturaleza fuese tan consistente como para que se hubiera podido medir su incidencia, nada despreciable, ¡y sin que yo me enterara! Como mujer, mi estupefacción aún era mayor. Ahora que las mujeres disponen de la píldora anticonceptiva y que la utilizan en proporciones considerables, ahora que pueden interrumpir un embarazo –conozco las cifras anuales de interrupciones del embarazo, y son relativamente importantes–, ¿cómo y por qué iban a ser tan imprudentes, tan tontas, tan locas o tan desvergonzadas como para ponerse en situación de hacer tal cantidad de hijos que no son de sus maridos?

¿Cómo era posible que yo, como mujer que conoce bien a las mujeres, jamás hubiera recibido confidencias de ese tipo, mientras que los tocólogos y los curas estaban en disposición de hacer estadísticas con una aproximación de décimas? ¿Explican las mujeres a su tocólogo, antes del parto, que tienen un pequeño problema: «Verá doctor, el niño no es de mi marido...»? ¿O es que durante el parto, entre dos gritos, proclaman su secreto aprovechando el momento en que su marido ha salido a llamar por teléfono? ¿Tal vez se trata de que los tocólogos, a ojo de buen cubero, consideran que el recién nacido tiene el escroto demasiado oscuro, o demasiado pelo, o la nariz excesivamente chata para ser hijo de quien pasa por su padre? ¿Es a los médicos, sin mayores precisiones, quizás a los pediatras, a quienes las madres dicen: «Esta niña, doctor, no tiene el mismo carácter que su hermano, pero es que, claro, como sólo son hermanastros, porque no son del mismo padre... Que quede entre nosotros, evidentemente...»?

Después de los médicos, los sacerdotes...

Por lo que respecta a la referencia a los sacerdotes, aún me parece más increíble, tal vez porque, como hija de pastor protestante, sé que los ministros del culto son tumbas de discreción que jamás divulgarían las confidencias, y menos las confesiones, que recibieran. Están a salvo de cualquier sospecha en esta materia, digan lo que digan quienes parecen obtener un placer perverso denostando a la Iglesia y adjudicando a los sacerdotes oscuros poderes y tristes manías. ¿Quién puede creer todavía esos cuentos? Puedo imaginarme a los sacerdotes contando y recontando, con cruces en el confesionario, el número de bastardos que les han confesado sus penitentes, relacionando esta cifra con el número total de fieles que son madres de familia y multiplicándola por el número total de hijos que tienen para, a continuación, extraer el porcentaje con su calculadora de bolsillo. Posteriormente, durante una reunión diocesana cualquiera, preguntando a sus colegas: «¿Y a ustedes, cuántos les salen?» Además, sería una muestra muy pobre, porque la grey de católicos practicantes con hijos disminuye de año en año y, por otra parte, ellas cada vez se confiesan menos...

No obstante, esta referencia maliciosa y burda debe tener cierta credibilidad para algunos bobos, porque no sólo me la han comunicado verbalmente, sino que la he visto impresa, citada por un periodista: «Se sabe que entre el 10 y el 12 % de los hijos presuntamente legítimos son, en realidad, fruto de un adulterio (esta cifra, obtenida a través de pruebas de control prenatal, confirma las estimaciones adelantadas desde hace mucho tiempo por los eclesiásticos a partir de las confesiones).»

Es verdad que aquí sólo se cita un dato escueto: entre el 10 y el 12 %. Sin embargo, lo más curioso, durante mis investigaciones, ha sido la precisión de las cifras citadas en cada caso, cifras que, no obstante, oscilaban entre el 7 y el 30 %. Y, en cambio, la imprecisión cuando se trataba de establecer la base de la muestra: «"¿El 12 por ciento de qué?" "De los hijos legítimos" "Muy bien, pero ¿dónde, cuándo, contados con qué fin?"» Nadie podía decírmelo con certeza y menos aún podía darme una referencia escrita en la que pudiera encontrar esa estimación. Creían que los porcentajes dados por los médicos debían de ser, bueno, sí, tienen que ser, sobre el porcentaje de su clientela, supongo, pero... Nuestro periodista remite al conjunto de hijos legítimos (perdón, presuntamente legítimos) y evoca pruebas de control prenatal. ¿Qué tipo de pruebas de control prenatal? ¿Sobre cuántos casos se practica dicha prueba? ¿Se busca entonces la fórmula genética del presunto padre?

Si fuera éste el caso, si esta prueba fuera tan corriente que se pudiera considerar que los niños que la pasan forman una muestra representativa de todos los hijos legítimos y si padres y madres pasaran la misma prueba reveladora, en este caso la máquina de romper la paz de las familias ya estaría instalada. Ya no habría que preocuparse ante la idea de que los particulares pudieran recurrir libremente a la prueba de las huellas genéticas.

La búsqueda de cifras permite descubrir un rumor

Para saber a qué atenerme, consulté con un hombre de amplios conocimientos, que es médico, demógrafo y especialista en genética, el doctor Biraben, director de investigaciones del Instituto de Estudios Demográficos de Francia. Me aseguró que no conocía ningún estudio sobre el tema; lo único que podía decirme es que, por el contrario, a partir de la población francesa, siguiendo el rastro de ciertas enfermedades hereditarias, generación tras generación, podría proporcionarme unas cifras que tenderían a probar que en esas familias se era escrupulosamente fiel, al menos por lo que se refiere a la filiación paterna. «Sin embargo, continuó el doctor Biraben, ahora recuerdo que la semana pasada, en Alemania, uno de mis colegas mencionó la cifra del 7 % relacionada con este tema... ¿De dónde procedía esta cifra? No lo sé. El profesor Georges David, por su parte, estimó entre 70.000 y 100.000 el número de nacimientos anuales, en Francia, de niños "que no son de su padre legítimo"*. De ahí saldría entre el 9 y el 12 % del total de nacimientos; no obstante, ¿de dónde sacaba esas cifras? Lo ignoro.»

El profesor David, gran especialista en esperma y en fecundidad y esterilidad masculina, es el fundador de CECOS, los centros que ayudan a las parejas, que a causa de la esterilidad del varón no tienen descendencia, a tener por medio de inseminación artificial con donante (IAD) el hijo que tanto anhelan. ¿Le ha permitido su especialidad hacer evaluaciones?

* Georges DAVID y otros, *Au début de la vie, des catholiques prennent position*, París, La Découverte, 1990.

«No, en absoluto, dice: unos especialistas en transfusiones sanguíneas citaron esta cifra en mi presencia, pero confieso que ignoro el tamaño de la muestra y el método que utilizaron.»

El episodio más burdo de mi investigación se produjo a la salida de una reunión del consejo científico del INED *(Institut national d'études démographiques)*, del que me honro en formar parte. Todo el mundo se había levantado ya y estaba recogiendo sus cosas. Me acerqué a Michel-Louis Lévy, director de la muy notable publicación *Population et sociétés*, y autor de obras de referencia sobre demografía, para plantearle mi pregunta. «¡Ah, sí! –me contestó–. Sé que los ingleses habían realizado estadísticas sobre el tema, ya hace tiempo, y daban cifras espeluznantes, del orden del 30 %. Pero los que habían hecho el estudio eran médicos. Y ahora, con el test de Jeffreys, lo harán los biólogos. Nosotros, aquí, no tenemos nada semejante, pero allá va nuestro colega del INSERM *(Institut National de Statistiques et de Recherche Médicales)* que se está marchando. Atrápelo; ellos son los que tienen eso.» Corrí y logré entrar en el ascensor con el colega del INSERM, el cual, ante mi pregunta, me respondió: «Sí, algo sé de estudios sobre el tema... Unos porcentajes considerables, ¿verdad? Pero nosotros, desde la óptica médica, no tenemos nada. Pregunte a los demógrafos; ellos le darán las referencias. Tendría usted que subir de nuevo y preguntarle a Lévy...»

Evidentemente, continué investigando. Pensé en los laboratorios que ya establecían pruebas genéticas a petición de los jueces encargados de instruir sumarios sobre búsqueda de paternidad o denegación de paternidad y les pregunté si sabían qué proporción, etc. Y como todo me remitía a Inglaterra, mi siguiente paso fue telefonear y escribir a diferentes laboratorios ingleses. Y acabé por encontrar una respuesta satisfactoria. Sin embargo, incluso antes de obtenerla, ya había comprendido que, buscando estudios científicos y pruebas irrefutables, había descubierto otra cosa, algo que tiene valor en sociología: había descubierto un rumor.

¿Cómo se reconoce un rumor?

¿Qué es un rumor? Es una información, a menudo exagerada, que circula de boca en boca sin el apoyo de ningún medio de comunicación. ¿Cómo se reconoce un rumor? El locutor que lo comunica siempre empieza diciendo: «¿Sabes que...?», y el oyente que lo recibe escucha con interés. Las exclamaciones del tipo «¡No puede ser!» son meramente retóricas, porque cree lo que oye, no plantea ninguna pregunta embarazosa sobre las fuentes de la información y se apresurará a hacerla circular apenas tenga oportunidad. El mensaje que se difunde de este modo se caracteriza, por una parte por el contraste entre la precisión de los datos y las cifras que se citan y, por otra, por lo impreciso de las fuentes de la información. «Me han dicho que...», «He leído en algún sitio...», «La persona que me lo ha dicho sabe de buena tinta...» son las únicas informaciones que se aportan sobre la fiabilidad de la fuente.

Otra característica del rumor es la carga emocional que, de forma implícita o explícita, contiene el mensaje que se transmite. La información aportada expresa a veces una gran esperanza, una expectativa colectiva no razonada. Así, los estudiantes parisienses, mientras construían sus primeras barricadas en el Barrio Latino la noche del 10 al 11 de mayo de 1968, repetían sin cesar «¡Los obreros vienen a unirse a nosotros! ¡Los obreros ya vienen por el bulevar de Sebastopol! ¡Están llegando ya!», y lo repetían a pesar de que ninguno de los miles de transistores conectados tanto entre la multitud como en los balcones confirmara esa información nacida de una loca esperanza. No obstante, esos mismos transistores lanzaban continuas informaciones sobre la situación de aquel París en ebullición.

Lo más frecuente es que el rumor transmita una información dramática o angustiosa de la cual se piensa que «las autoridades no tienen interés en que se sepa» o «tratan de escondérnosla» o «no se dice oficialmente para no espantar a la gente», etc.

Por otra parte, el rumor suele indicar, con medias palabras, unas malignidades ocultas que no se quiere denunciar públicamente por una culpable mala voluntad de las autoridades o asimilados. Se trataría de traficantes de droga que distribuirían entre los niños «calcomanías impregnadas de LSD» o de cualquier otra sustancia psicotrópica, mientras la policía y los profesores les dejarían actuar. Se trataría de comerciantes de ropa de origen israelí que, según el rumor extendido en Orleans –también se propagó en Tours–, harían desaparecer a las jóvenes que entraban en los probadores para alimentar un supuesto negocio de trata de blancas. Edgar Morin ha efectuado un excelente estudio de este rumor y de sus significados.

Evidentemente, el rumor acerca de la proporción de hijos adulterinos aparece de forma mucho menos rencorosa y mucho menos grosera. No obstante, posee todas las características del rumor. Y tendría que haber sido detenido por el escepticismo –«¿Cómo demonios se ha podido evaluar con tanta precisión un fenómeno que por definición es secreto?»–, por una curiosidad precisa e incluso desconfiada –«¿Cuál ha sido el método utilizado? ¿Quién ha dirigido el estudio? ¿Cuál ha sido la muestra?»– y por la exigencia de una referencia, como me decía Jean-Noël Biraben: «Sería necesario encontrar una publicación con esa encuesta y hacer un estudio crítico de la misma.»

Otra característica del rumor es la facilidad con la que es aceptado por la persona a la que se le comunica: «Sí, parece que...» «¡No puede ser! Es increíble. Pero, la verdad, no me sorprende demasiado...» Éstas son las reacciones que yo recogí cuando intenté propagar mi gran noticia sobre la formidable infidelidad de las mujeres casadas y la candidez de los pobres padres. Pero, cuidado, porque este rumor posee dos características propias: circula bastante bien en los ambientes científicos –lo que lo convierte en un objeto raro, pues supera con facilidad el espíritu crítico que siempre está despierto entre los científicos, o que al menos está potencialmente presente, espero– y, en especial, sólo funciona entre hombres.

Revelación de un desasosiego entre los hombres

Ninguna mujer que yo conociese creyó ese rumor. Las reacciones femeninas han sido con mayor frecuencia la risa –«¿Qué tontería es ésa?»–, la indignación –«¡Otro invento de los hombres para denigrar a las mujeres!»–, la sonrisa escéptica –«Ahora que tenemos la píldora, ¿quienes serían las estúpidas que iban a colocarse en una situación como ésa?»– o la diversión –«¡Magnífico! ¿Eso les hacemos? Es divertido que les ocurra a todos esos malditos celosos, ¿no?»–.

La credulidad de los hombres y la incredulidad de las mujeres ponen claramente de manifiesto la naturaleza de la carga emocional que conlleva esa pretendida información. La angustia masculina, ligada a la incertidumbre de la paternidad, preparó el terreno; el miedo a la perfidia femenina ha hecho lo demás. Todos o casi todos los hombres sufren un temor vago, a veces inconsciente, de no ser dueños de su filiación y de no poder luchar en igualdad de condiciones contra las mujeres, las cuales poseen los medios para engañarlos, y el deseo de engañarlos. En este rumor, la perfidia sugerida procede de las mujeres y son sus seducciones, sus artificios y su astucia, ante lo cual los hombres son o se consideran débiles e impotentes.

Por otra parte, los hombres de hoy están convencidos de que se muestra una indulgencia excesiva con las mujeres, a las que se les hace todo tipo de favores desde la victoria de las feministas; de ahí que esas estadísticas no se hagan públicas. No se hará nada para desenmascarar a esas mujeres. Por el contrario, se acabará considerando que tienen todo el derecho a agraviar a los hombres, etc. Se, evidentemente, es una partícula que sirve para formar oraciones impersonales, y en este caso parece ser que quiera designar a la vez al Gobierno, a su administración de asuntos sociales, a la justicia, a los periodistas, a la policía y cualquiera sabe a quién más. Así pues, tenemos reunidas todas las características sociológicas del rumor. Y debemos añadir, por supuesto, el rasgo esencial, la marca definitiva del rumor: a saber, que la información que corre de boca a oreja es falsa. Que es una invención, digamos, «colectiva».

En resumidas cuentas, ¿cuál es la verdad? ¡Quién no estaría impaciente por conocerla después de todas estas consideraciones! Primer hecho: los franceses, incluidos los científicos, no han sido los únicos en dejarse ganar por la inquietud a partir de la frecuencia de los casos de no paternidad, ni han sido los únicos que han citado porcentajes estadísticos. Los norteamericanos y los ingleses, por no ir más lejos, también han puesto en marcha la máquina del rumor hasta lograr que, paulatinamente, éste adquiriera la consideración de verdad admitida: «Es bien sabido que...» «Es un hecho que...» De modo que, los estudiantes británicos de medicina aprenden, en sus manuales de genética, que los índices de no paternidad se sitúan entre el 10 y el 15 %. Al tratar del ADN se afirma que el porcentaje es del 10 %*. También el 10 % es el porcentaje recogido por los comentaristas a propósito de un programa de investigación de un carácter recesivo que conlleva una grave enfermedad hereditaria, programa que necesita detectar a aquellos que son portadores de genes tanto entre los padres como entre las madres de los niños susceptibles de ser atacados por esa enfermedad**.

Alertadas, dos investigadoras escocesas de la unidad de Sociología Médica del *Medical Research Centre* de Glasgow, Sally Macintyre y Anne Sooman*** (dos mujeres, cómo no), quisieron saber de dónde procedían esas estimaciones y llevaron a cabo una larga y concienzuda investigación sobre todo lo que se había publicado acerca del tema. Rápidamente descubrieron que buscarían en vano las estimaciones rigurosas relacionadas con la muestra de base del estudio, con la metodología seguida y la técnica empleada para hallar la identidad genética de los hijos y de los dos progenitores. Encontraron

* A. E. H. EMERY, *Elements of Medical Genetics*, Edimburgo, Churchill Livingstone, 1983.

** STEWARD A. D., «Screening for cystic fibrosis», *Nature*, 1989, n.º 341, pág. 696.

*** Sally MACINTYRE y Anne SOOMAN, «Non-paternity and prenatal screening», *The Lancet*, octubre de 1991, n.º 338, págs. 869-871.

numerosas alusiones que hacían referencia a una observación hecha por el doctor Elliot Philipp, en 1972, en un simposio sobre los aspectos éticos de la inseminación artificial con donante (IAD): Philipp afirmó que había tenido que interrumpir un estudio sobre las correlaciones entre la formación de anticuerpos y grupos sanguíneos (A,B,O, M o N) debido a que ese estudio revelaba que «el 30 % de los niños de su muestra, tomada de un grupo de entre 200 y 300 familias del sureste de Inglaterra, no podían haber ser sido engendrados por los maridos de sus madres».* A continuación, había confirmado varias veces este descubrimiento (de donde surge el 30 % de los ingleses a que debía referirse Michel-Louis Lévy). No obstante, el trabajo a que aludía nunca fue publicado y, por consiguiente, nunca ha podido ser estudiado por un observador independiente a partir de la muestra retenida o a partir del análisis de los grupos sanguíneos. Ocurre otro tanto con la otra estimación –ésta oscila entre el 20 y el 30 %– que se encuentra citada en todas partes como procedente de una investigación conocida con el nombre de «Estudio de los apartamentos de Liverpool» *(Liverpool Flats Study**)*, un estudio del que se ha hablado, pero el propio estudio no ha podido encontrarse, por lo que ni sus hipótesis ni sus métodos pueden ser juzgados.

Las únicas publicaciones existentes se refieren a estudios bastante antiguos y bastante dispares, que no tenían en común ni la finalidad de la investigación ni las muestras ni los métodos de análisis. A partir de los grupos sanguíneos A, B, 0 y de los factores Rh, Edwards, en 1949-1950, estimaba en un 5 % los hijos que no eran de su padre legal entre 2.596 bebés de Middlesex oeste. En el estado norteamericano de Michigan, en 1962, los porcentajes fueron del 1,4 % entre los blancos y del 10,1 entre los negros. Otro estadounidense descubrió un 2,3 % en una población de familias hawaianas consideradas

* G. E. W. WOLSTENHOLME, D. W. Fitzsimmons ed., *Law and Ethics of AID and embryo transfer*, Amsterdam, Associated Scientific Publishers, 1973, pág. 66.

** H. C. MCLAREN, citado en Cohen, J., Reproduction, Londres, Butterworth, 1977.

como de la misma sangre*. Esto es todo lo que podemos llevarnos a la boca tras treinta años de investigaciones... Y ello antes de que Alec Jeffreys descubriera la ya mencionada técnica de las huellas genéticas.

¿Qué conclusión obtuvieron nuestras dos pacientes investigadoras escocesas en 1991? «Es importante reconocer la ausencia de datos publicados recientes, verificables y pertinentes sobre el tema.» Han sido citados índices elevados de no paternidad, no obstante parecen improbables para el Reino Unido. Por lo que respecta al 10 % tan frecuentemente empleado, no se le puede conceder la menor pretensión de exactitud por falta de pruebas. «Los porcentajes de no paternidad han revestido paulatinamente el carácter de leyendas urbanas; es decir, de productos de la imaginación de las naciones, que suscitan amplias adhesiones aunque, en realidad, tengan muy poco fundamento.»

Entusiasmo inicial de los juristas por el triunfo de la verdad biológica

Sin embargo, estos cuentos y leyendas sin fundamento de fines del siglo XX no han dejado de tener consecuencias. El rumor acerca de los hijos legítimos cuyo padre legal no sería su progenitor ha tenido una clara influencia sobre las reflexiones acerca de la filiación llevadas a cabo desde que se produjeron los decisivos avances de la genética y de la procreática. Este rumor, al lanzar dudas sobre la oportunidad de buscar la verdad biológica de una filiación paterna, ha contribuido a debilitar el propio concepto de paternidad. Hay que retroceder un poco en el tiempo para comprender mejor cómo poco a poco se ha diluido su propia sustancia en la ambigüedad, mientras que el concepto de maternidad no cesaba de reforzar-

* J. H. EDWARDS, «A critical examination of the reputed primary influence of ABO phenotype on fertility and sex ratio», *Br. J. Pre. Soc. Med.* 1957; Michigan: L. E. SCHASCHT y H. GERSHOWITZ, Congress on Human Genetics, Roma, 1961; Hawai: G. C. ASHTON, *American Journal of Human Genetics*, 1980, n.º 32.

se gracias a la libre elección que permiten los anticonceptivos.

A principios de la década de 1970 soplaba un fuerte viento favorable a la igualdad, a una mayor igualdad, en el derecho de familia. Ya había operado en favor de la esposa y de la madre, a la que se le concedió un estatuto y derechos iguales a los del esposo y padre, por ejemplo a través de ley francesa sobre patria potestad (1970). A continuación, para lograr mayor igualdad entre los hijos en lo que respecta a la filiación, tanto si eran legítimos como naturales o adulterinos, los juristas comprendieron rápidamente el uso que podía hacerse de las primeras pruebas biológicas para rechazar un vínculo paterno, aunque fueran negativas, y luego de las pruebas biológicas que establecían con casi total seguridad la paternidad; es decir, la comparación de los grupos sanguíneos en un primer momento y a continuación los sistemas HLA.

En nuestras sociedades, la filiación paterna tenía gran importancia para el hijo, pues a esta filiación estaban unidas la transmisión del apellido, las obligaciones alimenticias del padre, las sucesiones, etc. Pero esta filiación dependía de la situación del padre en el momento del nacimiento del hijo: el hijo era legítimo si su padre estaba casado con su madre; era natural si su padre no era el concubino o el amante de su madre; era adulterino si, en el momento de su concepción, su padre estaba casado con otra mujer que no fuera su madre. El hijo legítimo podía pretenderlo todo; el natural, pocas cosas; el adulterino, nada. Era evidente que en el origen de estas injusticias se hallaba la definición totalmente jurídica y totalmente artificial del padre, basada en la incertidumbre a que estaba sujeta la verdad biológica: el padre era el marido de la madre *(«pater is est quem nupciae demostrant»)* o el que efectuaba un acto voluntario de legitimación, aunque por la sangre no fuera el padre del hijo. En ese contexto, las pruebas biológicas fueron recibidas con fervor por los juristas que querían «hacer triunfar la verdad»*, acabar con la jerarquía de las filiaciones e introducir la mayor igualdad posible entre los

* Jean FOYER, Informe del proyecto de ley sobre la filiación, Asamblea Nacional de Francia.

hijos, sobre los cuales no tenía por qué recaer la situación matrimonial de su padre en el momento en que nacieron o fueron concebidos.

Por lo que respecta al vínculo con el padre, se entraba en el reino de la verdad y se dejaba atrás el de la ficción. La ley francesa del 3 de enero de 1972 sobre filiación puso fin a la inferioridad de los hijos naturales, y ello gracias a las pruebas biológicas, consideradas como instrumentos de progreso. Al mismo tiempo, el marido dejó de ser el único que podía negar la paternidad y la filiación legítima; otras personas pasaron también a tener ese derecho: la madre, el verdadero padre, etc. Los tribunales recurrieron, sin reticencias, al peritaje biológico. En 1985, dos sentencias del Tribunal Supremo pusieron fin de forma definitiva a la ficción padre = marido al permitir que cualquier interesado –mujer, hijos, herederos, etc.– recusara la paternidad del marido durante treinta años, período elevado a cuarenta y ocho años en el caso del hijo. En Bélgica, los Países Bajos, Italia y el Reino Unido, se abrió la recusación a todos los interesados y se basó en el peritaje médico.

Baile titubeante entre paternidad biológica y paternidad social

A partir de este punto, se dibujó un doble movimiento que iba a dividir a los países europeos entre sí y posteriormente a las opiniones públicas en el interior de los países, sin que pueda decirse que los puntos de vista estén ya firmemente consolidados. Puede distinguirse, por una parte, una importante corriente en favor de la primacía y la valoración de la paternidad biológica y, por otra, la corriente inversa, que lleva a emitir numerosas dudas acerca de la primacía concedida a la paternidad biológica sobre la paternidad social. Después de años de innovaciones en materia de reproducción asistida y de progresos en la identificación del padre biológico, se mantiene una gran incertidumbre. Cada vez sabemos determinar mejor quién es el padre biológico, la persona que engendró al hijo; sin embargo, cada vez sabemos determinar menos claramente lo que se entiende por padre social, o socioafectivo, tanto si se trata de los actos de voluntad que debe efectuar, de los compromisos que adquiere con respecto al hijo, como si se trata de las condiciones de vida socioeconómicas que se entiende que debe proporcionar al hijo: cohabitación, cuidados, amor, etc.

No es indiferente que estos debates se hayan desarrollado durante los años de profundos cambios en los que las mujeres han afirmado su control sobre la fecundidad y han convertido sus embarazos en actos voluntarios. No se ha dejado de considerarlas como afectivamente más cercanas a sus hijos, psicológicamente más importantes para el hijo y socialmente indispensables para el desarrollo armonioso del hijo. Jamás se ha puesto al mismo nivel la naturaleza del vínculo biológico entre el padre y el hijo, por una parte, y entre la madre y el hijo, por otra.

Para la inmensa mayoría de las personas, lo que crea el vínculo físico entre la madre y su hijo son los nueve meses de gestación, el parto, traer al mundo un cuerpo vivo a través de otro cuerpo vivo. Son muy pocos los que saben que la madre lega a su hijo un material genético contenido en su ovocito, y que este ovocito es simétrico al espermatozoide del padre. Y entre quienes conocen este dato, muy pocos le prestan una atención prioritaria. Últimamente todos los medios de comunicación han anunciado al son de las trompetas que madres inglesas de casi cincuenta años de edad se habían hecho inseminar para tener un hijo después de nueve meses de embarazo. Algunos periodistas han mencionado que estas mujeres habían recibido previamente el ovocito de una joven. Otros periodistas ni siquiera lo han mencionado. Todos han insistido en el hecho extraordinario de que estas quincuagenarias iban a hacer un niño como si fueran jóvenes. Sin embargo, nadie ha subrayado el hecho de que ese niño no sería genéticamente su hijo, a pesar de haber pasado los nueve meses de embarazo en su vientre.

Para la madre, el vínculo biológico se encuentra en el hecho de que el hijo es carne de su carne, lo cual es muy emotivo, natural, evidente. Para el padre, el vínculo biológico son los cromosomas contenidos en una semicélula enviada al azar, entre miles de otras, nueve meses antes del nacimiento...

Para el padre, la prueba biológica apela a la genética, esa ciencia espantosa que desvela la herencia –concepto detestado–, esa ciencia cuyo futuro despliegue tememos porque sentimos horror ante las desviaciones del pasado.

No, el espermatozoide no emociona. Su ciega andadura es excesivamente independiente de la voluntad humana, excesivamente manejada por el destino como para ser considerada un acto de amor. ¿Cómo comparar el vínculo que crea entre el padre y el hijo con el nexo de carne y de sangre que une a la madre con su hijo?

Donantes de esperma y padres por voluntad

El espermatozoide no es gran cosa, y mucho menos cuando se congela y se conserva en un termo. Si estas minúsculas gotas frías pueden colmar el inmenso anhelo que de ser madre siente una mujer, qué importa que no pertenezcan al marido, se dijo cuando comenzó a realizarse la inseminación artificial con donante (IAD). Además, ese marido que no puede hacerle un hijo a su mujer es, en potencia y en su corazón, un verdadero padre, puesto que está presto a acoger a ese niño como si fuera suyo, a darle su apellido, a quererlo y a educarlo sin decirle jamás que el minúsculo espermatozoide que le dio vida procedía de otro, de una persona cuyo anonimato será celosamente conservado.

Nadie lo sabrá jamás, ni los propios padres del marido, que estarán estusiasmados con su nuera embarazada, y que asegurarán que el niño es el vivo retrato de su padre, ni sus amigos, ni nadie, excepto su esposa. Será el padre para todo el mundo, desde la sala en que su mujer dé a luz hasta su lecho de muerte. La IAD no es tan gran novedad: se practicó en Gran Bretaña desde 1884*, al menos de forma médicamente

* La inseminación de una mujer con el esperma de su marido se remonta nada menos que a 1779. Se trataba de facilitar una fecundación natural impedida por obstáculos mecánicos. Esta inseminación artificial con la simiente del esposo siguió efectuándose en los hospitales en el marco del tratamiento de la esterilidad de las parejas casadas.

controlada, ya que, si se da crédito a la maravillosa novela de Milan Kundera *El vals del adiós*, la vida de muchos niños podría proceder del esperma generosamente dispensado por médicos compasivos... En cualquier caso, alrededor de veinte mil niños franceses han sido concebidos de forma absolutamente científica y rigurosa gracias a un donante de esperma mantenido en un estricto anonimato e imposible de encontrar, y han sido inscritos por un padre, a todos los efectos, que ha mantenido silencio sobre su esterilidad.

La opinión pública había aceptado perfectamente esta práctica, entre otras razones, porque los CECOS la habían protegido con rigurosas medidas éticas y científicas: estos centros médicos de alto nivel exigían que el esperma fuera donado y nunca vendido, pues ningún aspecto mercantil tenía que intervenir en esa donación que iba a permitir que una pareja sin hijos pusiera a un niño en el mundo. Los donantes eran cuidadosamente seleccionados y tenían que ser hombres casados y padres de hijos sanos, y sus esposas tenían que estar al corriente de ese donativo y consentirlo. En ningún caso podían conocer la suerte que se reservaba al donativo que habían efectuado, mientras que la mujer inseminada y su marido nunca conocerían la identidad del donante. Finalmente, los CECOS estaban tan deseosos de permitir la constitución de una familia para estos niños que se negaban a inseminar a una mujer sola o a una lesbiana para que ningún niño viniera al mundo sin padre.

El concepto de padre era, pues, el de la paternidad voluntaria, el de la paternidad por elección, el del compromiso socioafectivo. Parecía más una adopción que una procreación natural, puesto que la ausencia de relación genética entre el padre y el hijo sólo era conocida por los progenitores. La línea seguida por los CECOS me había impresionado y me tranquilizaba su alto nivel de conciencia científica, de modo que efectué emisiones de radio y di conferencias para conseguir que un mayor número de donantes se presentaran en sus centros. Lo que más me impresionaba era la forma elegante en que se mantenía el equilibrio de una pareja que a largo plazo quizá pudiera separarse debido a la esterilidad del marido y, asimismo, la forma elegante en que se colmaba el anhelo de maternidad de la mujer. Como a la mayoría de los que nos mezclamos en esta aventura, me parecía que su modo de actuar consideraba y respetaba el más hermoso concepto posible de paternidad: la paternidad que procede de la voluntad y del corazón. En el fondo, muy en el fondo, admiraba en especial que el acto de paternidad fuera, en estos casos, un acto de amor del marido hacia su esposa. El marido comprendía el inmenso anhelo de ella por tener un hijo y, en cierto modo, aceptaba darle el hijo que no le podía dar, y lo hacía de la forma menos egoísta, más desinteresada y más tierna.

Puede imaginarse nuestro trastorno cuando se produjo el primer caso de negación de paternidad llevado ante los tribunales por un padre IAD. Se trataba de un hombre que quería divorciarse y que no deseaba asumir los deberes de paternidad durante toda su vida por un hijo que su mujer había deseado pero que, genéticamente, no tenía ninguna relación con él. Pero, pensábamos nosotros, ¡dio su consentimiento al proceso que llevó a que este niño naciera! ¡Le vio nacer! Era como si le hubiera adoptado anticipadamente, y nada puede romper el vínculo de adopción, jamás. El tribunal de Niza opinó lo contrario. Desde su punto de vista, no había habido un acto de adopción sino, como máximo, un consentimiento tácito que no podía ser probado. En cambio, el tribunal sí tuvo en cuenta la prueba biológica procedente del análisis del líquido seminal del marido, un líquido seminal claramente azoospérmico. El hombre obtuvo su divorcio y se le concedió la negación de paternidad. Varios juicios más siguieron el mismo camino.

Un claro retroceso ante el reconocimiento de la primacía de la verdad biológica

Parecía evidente el triunfo de la verdad biológica. Se consideraba primordial el componente genético de la paternidad. Después, lógicamente, la fiabilidad cada vez mayor de los tests de paternidad tendría que haber reforzado esta corriente y tendría que haber llevado a una valoración cada vez mayor de los vínculos de sangre.

Sin embargo, las cosas no ocurrieron así, o al menos no en Francia. El derecho quedó prudentemente retrasado y la ley no consagró el recurso sistemático a la verdad biológica. Se elevaron voces, cada vez más insistentes, pidiendo que se pusiera freno al maximalismo de la lógica de la verdad biológica. Mientras en Alemania los tribunales estimaban que todo niño tiene derecho a que quede establecida su paternidad biológica y, en caso de denegación por el padre social de un hijo nacido de una IAD, atribuían sistemáticamente la paternidad al padre biológico –es decir, al donante de esperma que por tanto no puede ser totalmente anónimo–, en Francia se siguió manteniendo el secreto de las donaciones. Esto significa que, implícitamente, se ha optado en favor de la primacía de la voluntad como valor que funda la filiación. Por el contario, los alemanes han sustituido de pleno derecho la paternidad social por la paternidad biológica.

¿Es posible, e incluso deseable, conceder al hijo el derecho a conocer sus orígenes? Se trata de una pregunta terrible que divide en dos el concepto de paternidad: cuando el padre biológico no coincide con el padre social, ¿debe permitirse que se establezca la verdad y que ésta sea conocida por el hijo si una de las partes lo pide? En Francia, el Comité de Ética y el Alto Consejo de la Población y la Familia han dado una respuesta más bien restrictiva a esta pregunta. Uno de los primeros argumentos esgrimidos a favor de la prudencia –es decir, del mantenimiento del *statu quo* cuando el padre social no es el padre biológico– se apoya en nuestro rumor. Así, en su informe del 21 de mayo de 1990, el Alto Consejo de la Población y la Familia indica: «Es verdad que la experiencia de los hijos adoptados o abandonados demuestra que casi siempre es beneficioso para el niño conocer la verdad sobre sus orígenes. Sin embargo, ¿puede adoptarse la responsabilidad de ampliar esa investigación cuando se estima que la proporción de hijos adulterinos es superior al 5 %? ¿Cuáles podrían ser las consecuencias del descubrimiento de la filiación adulterina en condiciones tan traumatizantes?»*

Este texto es importante tanto por lo que dice como por lo que lleva implícito. ¿Qué dice claramente? Que parece preferible preservar de la verdad las situaciones familiares estables cuando el padre social no es el padre genético pero el hijo lo ignora, no sufre por ello y no pide explicaciones sobre sus orígenes. De acuerdo con esta posición, dos categorías de hijos deben tener, en cierto modo, derecho al silencio sobre su origen paterno para preservar su situación en la familia y para evitarles el trauma de una verdad insospechada:

1) Los hijos que viven normalmente con sus dos progenitores legítimos pero que en realidad son fruto de un adulterio de la madre, la cual los ha concebido con un hombre que no es el padre legal.

2) Los hijos nacidos como consecuencia de una inseminación artificial con donante (IAD) que son educados por su madre y por el hombre que ha expresado la voluntad, desde antes de su concepción, de ser su padre social y de actuar como tal.

Lógicamente, esta posición tenía que conducir al proyecto de ley antes citado, el cual prohíbe que los particulares recurran a la prueba de las huellas genéticas. Esta prohibición tiende a favorecer el silencio para mantener la situación, aunque ésta se base en un engaño de la madre o prive al hijo del conocimiento de sus orígenes paternos.

Lógicamente también, esta posición tenía que conducir a prohibir la denegación de paternidad del marido que hubiera aceptado que su mujer fuera inseminada mediante IAD, para que los hijos nacidos gracias a esta técnica tuvieran un padre y sólo uno –su padre social– y jamás pudiera conocer la identidad del donante del que surgieron.

Efectivamente, el proyecto de ley de 1992 no olvida este caso y propone tratarlo de la manera más clara: «No es

* La fuente citada es, en este caso, D. Salmon, según el cual entre el 7 y el 10 % de los hijos legítimos no serían hijos genéticos de sus padres, *Droit de la filiation et progrès scientifiques*, Jornadas de la Asociación «Famille et Droit», Economica, 1981.

admisible, en especial, que un hombre que ha aceptado que su mujer sea inseminada con el esperma de un tercero anónimo niegue su paternidad (filiación legítima) por el único motivo de que se ha recurrido a la inseminación artificial. Tampoco es admisible que, como consecuencia de la ruptura de la pareja, la mujer así inseminada niegue la paternidad de su compañero por el mismo motivo. [...] Para responsabilizar a las personas que aceptan recurrir a este tipo de procreación y para garantizar una cierta estabilidad de la filiación del hijo, el proyecto de ley prohíbe que sea recurrida por este único motivo la filiación del hijo. La filiación sólo podrá ser impugnada cuando el cónyuge de la madre o, según el caso, su compañero, no haya dado su acuerdo a la procreación médicamente asistida, o cuando el hijo no se haya concebido por este mismo método. Incurrirá en responsabilidades todo aquel que, después de haber dado su acuerdo a una procreación médicamente asistida con donante, se niegue a reconocer al hijo*.

Sobreentendidos reveladores del terror a la genética

No obstante, estos conceptos claros y sus lógicas secuelas jurídicas se basan en unos sobreentendidos que es interesante desvelar para probar su validez:

–Se sobreentiende que, en las situaciones en las que el hijo tiene un padre social que no es su padre genético, nadie se daría cuenta de nada sin la prueba biológica. Por tanto, se da a entender que no hay nada menos evidente que el vínculo de sangre, en especial cuando se trata del padre.

–Se sobreentiende que el padre social tendrá por el hijo que no es suyo el mismo entusiasmo y el mismo cariño que por su progenie. Por lo tanto, no existe un vínculo privilegiado que una al padre con el hijo que lleva su misma sangre, y que eso que todos los pueblos han celebrado, cantado, rimado, etc., no es más que pura leyenda.

–Se sobreentiende que el hijo no tendrá ninguna necesidad

* Proyecto de ley francés NOR: MDJX9200024L.

de conocer más tarde su identidad genética. Es decir, que los artificios de las filiaciones paternas del siglo XX continuarán durante el siglo XXI, en un momento en que las relaciones entre la salud y la predisposición genética no cesan de desarrollarse y permiten augurar una época en la que el conocimiento del patrimonio genético será necesario, al menos de modo parcial, para los cuidados médicos y sanitarios.

–Se sobreentiende que la identidad conferida a un hijo por su padre es ante todo de naturaleza social: «La declaración de nacimiento en el registro civil, o su reconocimiento, inscriben al recién nacido como un individuo familiar y genealógicamente situado y socialmente reconocido como parte de la nación*. En el caso de que esta inscripción social falte porque el hombre que la ha realizado no es biológicamente el padre, se produce una pérdida irreparable para el hijo.

–En resumen, debido a que, cuando existe una paternidad social diferente a la paternidad biológica y ésta no se impugna, la paternidad social debe ser preservada por encima de todo, queda de manifiesto que la paternidad biológica, por sí sola, no puede fundar la filiación. A quienes así han razonado les repugna considerar al padre genético como el verdadero padre o el único padre. Llegan hasta el punto de imaginar lo que ocurriría si la filiación legal estuviera únicamente basada en la filiación genética, y denuncian así «el peligro de crear filiaciones legales despojadas de toda humanidad en las que el padre biológico se mantendría irrevocablemente como padre legal aunque de hecho se desinteresara de su hijo»**.

Bajo todas estas expresiones se nota un prejuicio fuertemente desfavorable a la paternidad genética. Incluso se llega más lejos y se sugiere que el hecho de unir mediante la filiación al hijo con su padre biológico «podría entrar fácilmente en contradicción con la realidad de los vínculos afectivos». ¿Y cuáles son esos vínculos afectivos, superiores a los

* Jean-Louis BAUDOUIN y Catherine LABRUSSE-RIOU, *Produire l'homme, de quel droit?*, París, 1987.

** Alto Consejo francés de la Población y la Familia, *Filiation sociale et filiation biologique*, informe al presidente de la República; autora del informe, Christine Maugue, 21/5/90.

que pueden acompañar a la paternidad biológica? ¡Ah!, pues los que puedan desarrollarse entre el hijo y el amante de la madre: «Tal sistematización impediría, por ejemplo, que se estableciera jurídicamente una relación afectiva entre un hijo natural y el concubino de su madre, cuando éste no es el padre del niño pero vive con él y le trata como a su propio hijo.»

Los conceptos que acabamos de exponer, tanto si han sido expresamente presentados como si simplemente están implícitos y se sobreentienden, merecen ser discutidos. En primer lugar, porque no afectan únicamente a las altas instancias de Francia, sino también porque son, me parece, los más ampliamente compartidos por la opinión pública de muchos países de Europa. En segundo lugar, porque me parecen mucho más inspirados en el pasado que preparados para afrontar el futuro.

Mirar más hacia el futuro que hacia el pasado

El futuro que nos espera es el los progresos constantes en la identificación genética de cada individuo. Aunque, cuidado, con esto no quiero decir que todos quedaremos fichados mediante nuestros cromosomas por una especie de policía bioidentificativa todopoderosa de la que no se podría escapar modificando los genes como se hace con un pasaporte. No, la verdad es que apenas creo en una derivación tipo *Big Brother* de la identificación genética. Nuestras sociedades pueden impedirlo perfectamente, pues se trata de un problema de opciones políticas. Sin embargo, no por ello tendrían que detenerse los progesos del conocimiento. Desde hace alrededor de treinta años se ha reducido drásticamente la lista de afecciones consideradas hasta hace poco como psicosomáticas, pues se ha comprobado que guardaban estrecha relación con la genética e incluso con un gen determinado. Y esto no ha concluido aún. No podemos esperar que los psicosomáticos hagan honorables actos de contrición, pero sí que, a medida que el código genético sea más descifrado, la medicina se enriquezca con diagnósticos referidos a datos genéticos, y lo hagan asimismo los tratamientos.

Por ello, ciertos datos de la genética propia de cada individuo serán indefectiblemente más conocidos. Ya en la actualidad se recomienda que llevemos, junto a nuestro documento de identidad, una tarjeta de grupo sanguíneo y factor Rh, la cual es indispensable en caso de que se sufra un accidente y se precise una transfusión sanguínea. Mañana, en previsión de trasplantes o de otro tipo de intervenciones, tal vez será necesario llevar consigo alguna fórmula más elaborada. Y la comparación entre esas fórmulas pondrá claramente de manifiesto las filiaciones imposibles. Ya en la actualidad, la comparación de los grupos sanguíneos más el factor Rh basta para eliminar paternidades y para plantear dudas...

Por otra parte, es inevitable que, en el futuro, se requiera un cierto conocimiento genético de los individuos para combatir las enfermedades hereditarias. En el metro de París se llevó a cabo una encuesta sobre la difusión de la diabetes en las familias. Este tipo de encuestas ponen de manifiesto los vínculos de sangre –o su ausencia– entre padres e hijos. Así, se pidió un estudio a dos especialistas en sociología médica de Glasgow, Sally Macintyre y Anne Sooman –estudio al que he hecho referencia para desenmascarar el rumor sobre los hijos adulterinos–, antes de iniciar un programa de investigación sobre una enfermedad hereditaria (la mucoviscidosis). Su gene puede ser transmitido por el padre o por la madre y es preciso identificar el riesgo que presentan ciertas parejas de transmitir la enfermedad a su hijo para poder ofrecerles un control prenatal durante cada embarazo. Y este caso no es más que un ejemplo. El conocimiento del patrimonio genético de los individuos será cada vez más necesario para los programas de prevención médica.

En estas condiciones, cada vez será más difícil mantener no la paz de las familias, sino la ficción de las filiaciones no biológicas. A lo largo de la vida de un hijo adulterino, o adoptado, o IAD, el riesgo de que se descubra la imposibilidad genética de que sea hijo de su padre aumentará de año en año. Y esta revelación, que puede afectar profundamente a la relación con su padre social, sólo le aportará, por así decirlo, una certidumbre negativa (del tipo tu padre no es tu padre), pero ninguna certidumbre positiva (del tipo este hombre es tu padre).

¿Existe un derecho del hijo a conocer sus orígenes?

Y el problema que está de actualidad en toda Europa aún se complica más ante el dilema que se plantea de cara al futuro: ¿deben tener los hijos el derecho a conocer sus orígenes? Es extremadamente difícil, por no decir imposible, decidir en nombre del hijo e incluso afirmar qué es más interesante para el hijo. En el caso de que se conteste que sí, que el hijo tiene derecho a conocer sus orígenes, primero hay que apresurarse a levantar dos velos: uno acerca del modo en que ha sido concebido; el otro, acerca de la identidad de su genitor.

En efecto, para el hijo una cosa es saber que la persona a quien llamaba papá no es su padre, y otra muy distinta saber que ha sido concebido mediante el esperma congelado de un desconocido. ¿Cómo se reacciona en un caso así? Hasta el momento nadie puede decirlo, ni el más ilustre de los psicólogos. O, en otro nivel, saber que la madre le ha concebido con un hombre a quien no ha vuelto a ver jamás, al que ni siquiera comunicó que estaba embarazada, de quien asegura no saber dónde vive y cuyo nombre no revela. O saber que la madre ha engañado a su marido doblemente, como marido y como padre. Son situaciones que pueden modificar profundamente los sentimientos de un hijo por su madre.

El otro velo que debe alzarse es el que mantiene al donante de esperma en un anonimato definitivo. Es sabido el sufrimiento que representa, para los hijos adoptivos, el hecho de no poder llegar a saber quiénes fueron sus progenitores biológicos. Sólo saben que fueron abandonados. Pero se forjan ilusiones y esperanzas, se fabrican fantasías. Pese a todas las advertencias de sus padres adoptivos, que les quieren, algunos inician averiguaciones y chocan con las infranqueables murallas levantadas por la administración para que permanezcan siempre en la ignorancia. ¿Por qué no tiene que ocurrir otro tanto con los hijos IAD? Su padre genético no era un padre que les había abandonado, sino un hombre joven, sano, inteligente (cualidades sin las que no hubiera sido seleccionado como donante) y desinteresado que deseaba beneficiar a una pareja estéril. Así, los hijos pueden sentir aún mayor interés por encontrarlo.

La reflexión sobre estos delicadísimos temas está lejos de haber concluido. Se trata de un terreno minado por las ideas simples y las convicciones enraizadas. Se puede ser muy consciente de los riesgos que conlleva desvelar a un hijo la verdad sobre sus orígenes y, al mismo tiempo, pensar que ningún ser humano tendría que verse privado del derecho a conocer sus orígenes. Para resolver este dilema, tendríamos que poder afirmar: «Esto es lo bueno para el hijo hoy, y también lo será mañana.» Pero ¿quién puede pretender que es capaz de tomar esta decisión con pleno conocimiento de causa, y con pleno conocimiento de sus consecuencias?

Dos cosas son seguras: debemos llegar al punto en que, como ocurre en Suecia o en Holanda y como ocurrirá cada vez con mayor frecuencia en Gran Bretaña, sea exigible que las mujeres señalen con nombre y apellidos quién es el padre de su hijo en todos los casos en que ello sea posible –es decir, en todos excepto las violaciones por un desconocido, muy infrecuentes entre los nacimientos y los IAD–. Las mujeres son las primeras responsables de la dramática ignorancia sobre sus orígenes paternos en que se encuentran muchos niños. Por otra parte, «no hay que colocar al hijo en situación de decidir, porque toda elección es una exclusión»*.

No obstante, cada vez son más numerosos quienes piensan que debe dejarse al hijo la posibilidad de saber, siempre que así lo desee. Podría considerarse que, en el caso de desearlo, el derecho a conocer los propios orígenes, y en particular los orígenes paternos, es uno de los derechos humanos. La sociedad podría promover activamente ese derecho exigiendo a las madres que designaran al padre biológico (ayudándolas en el

* Jean-Pierre ROSENCZVEIG, «Faut-il donner des droits à l'enfant?», *Informations sociales*, n.º 7, 1986, pág. 51.

caso de que esa revelación complique sus vidas) y acabando con todos los impedimentos que prohíben el acceso de ciertos niños a la información sobre sus orígenes paternos, lo cual les convierte para siempre en hijos de padres desconocidos e incognoscibles.

«Señor, usted es mi padre genético»

De ahí que los suecos, que ya han aprobado lo que los franceses están a punto de votar –a saber, que un hombre que se ha comprometido a ser el padre social de un hijo IAD no tiene derecho a retractarse con el pretexto de que es estéril, y debe asumir su responsabilidad paterna hasta el final–, hayan sacado del anonimato a los donantes de esperma. Y lo han hecho para que un adolescente o un joven que se entere de que ha nacido a partir de una IAD tenga la posibilidad de conocer a su progenitor si ése es su deseo.

Queda totalmente aclarado que, en este caso, el progenitor no tiene ningún derecho ni ninguna responsabilidad con respecto a ese hijo, aunque él o ella vayan un día a su encuentro y le digan: «Buenos días, soy su hijo genético, o su hija genética. Quería conocerle.» Es fácil entender que esta disposición, que a buen seguro se adopta en interés de los hijos, no es cómoda para los donantes de esperma, los cuales deben tener presente la posibilidad de que un día, en su casa, ante su esposa y sus hijos, se presente un joven adulto que declare haber nacido no «de sus obras», como se decía antiguamente, sino de un espermatozoide donado a un laboratorio. Para este hombre, que quizás incluso había olvidado que había sido donante, será un golpe difícil de encajar y una extraña realidad que deberá conseguir que los suyos admitan.

He imaginado a propósito la escena melodramática de ciencia ficción del «Buenos días, señor, usted es mi padre genético», desarrollada ante la mujer y los hijos del antiguo donante. Lo he hecho porque, en Francia, los expertos que aconsejan a los legisladores tienen tendencia a subrayar intensamente que «la inscripción social en una familia y en una genealogía» procede del padre social, en tanto que el padre biológico se contenta con proporcionar el material orgánico. Y ello equivale a menospreciar conscientemente que también la filiación biológica, que especialmente la filiación biológica, confiere una identidad única al hijo y le inscribe en una familia.

Cada ser posee una identidad genética propia, y este ser único está genéticamente más cerca de su padre, de su madre y de sus hermanos que de cualquier otro individuo del mundo. La paternidad biológica no sólo designa al padre del niño, sino que le proporciona abuelos, tíos y tías, hermanos y hermanas; todo un linaje en el que a buen seguro no se encontrará como un extraño ya que existen grandes posibilidades de que tenga más de un rasgo de semejanza con los miembros de esa familia. La familia es, en primer lugar, un grupo de personas unidas por vínculos de filiación y de alianza. La filiación es prioritariamente genética. Incluso Martine Ségalen, que ofrece una definición social de la familia, pone de manifiesto esta primacía genética cuando escribe: «La filiación es el reconocimiento de vínculos entre individuos que descienden unos de otros.»*

De ahí que deba combatirse la denominación de familia monoparental para designar a los hogares formados por la madre y el hijo o los hijos si el padre nunca vive con ellos. La familia no es el reconocimiento de un grupo que vive en el mismo lugar: los internos de una escuela, si no son huérfanos, tienen padre y madre y forman parte de una familia. Tres amigos o amigas que vivan juntos, independientemente de las relaciones sexuales que mantengan o dejen de mantener entre ellos, no forman una familia. Si dos de estas personas contraen matrimonio, constituyen una alianza y pasan a tener nuevos parientes «por alianza» en las personas de los miembros de la familia de su cónyuge, lo que no ocurrirá en el caso de que estas dos personas se contenten con vivir en concubinato. Pero tanto la pareja casada como la pareja en concubinato, a partir del momento en que tenga hijos, habrá fundado una familia, que será legítima o natural, pero ante todo, biológica.

* Martine SÉGALEN, *Sociologie de la famille*, París, 1988.

Al reconocer la verdad de la filiación mediante la prueba biológica, nuestros juristas ya han dado un enorme paso hacia la clarificación del concepto de paternidad. Es muy comprensible que, después de siglos de definiciones sociales y jurídicas de la persona del padre, algunos se asusten ante las consecuencias del reconocimiento dado a la prioridad del vínculo biológico.Toda transición contiene dificultades y se cobra víctimas inocentes del cambio de definición. En la medida de lo posible es necesario proteger a esas víctimas, y por ello seguramente debe prohibirse que el padre social que ha dado su autorización para que su mujer recurra al IAD pueda renegar de su hijo legítimo con el pretexto de que no es su padre biológico. Por ello el donante de esperma, aunque no sea anónimo para el laboratorio, no puede ser considerado como el padre social. Sin embargo, se trata de situaciones marginales con respecto a la importancia del envite.

Para evitar que se deshagan los vínculos de filiación paterna

Y el envite, en la era de *pater certus est* que permite la ciencia, consiste en elaborar una noción de paternidad que deje de estar escindida en dos, la paternidad biológica y la paternidad social, que pueden ser opuestas la una a la otra. Así, y sólo así, se logrará frenar y más tarde interrumpir el rápido declive de la paternidad en nuestras democracias modernas, sin por ello restablecer el insoportable reino del patriarcado, basado únicamente en el padre social.

Reconocer la prioridad de la paternidad biológica, ahora que es posible certificarla, es ciertamente el único medio seguro para evitar que se deshagan los vínculos de filiación como consecuencia de la inestabilidad de las parejas. Nunca se repetirá suficientemente que un niño no tiene más que un padre y una madre biológicos, durante toda la vida. No puede cambiar de padres y madres a merced de los divorcios, separaciones, nuevos matrimonios y nuevas parejas de sus progenitores. El padre biológico de un niño es padre de ese niño concreto durante toda la vida y no puede modificar esa realidad ni abandonándolo ni permitiendo que la madre le imponga como padre a su nueva pareja sexual. «Por el momento, la filiación biológica posee la inmensa ventaja de ser invariable. Con ella, el hijo no quedará sometido a las vicisitudes sentimentales de la madre.»*

No obstante, el hecho de basar la filiación sobre la paternidad biológica impone una doble necesidad:

1) Los hombres tienen que haber interiorizado su total responsabilidad con respecto a los hijos que hacen biológicamente, aunque hayan sido concebidos sin ellos quererlo. Por lo tanto, deben tomar precauciones antes de colocarse en una situación en que les sea impuesto un hijo por una persona de la que no lo desean o en un momento en que no lo desean. Y eso exige que los hombres sean educados en la responsabilidad, pues aún no han aprendido a separar placer sexual y generación. La ley, las disposiciones jurídicas y sociales y sus actores, los jueces, los educadores, los psicólogos, los médicos y especialmente los medios de comunicación deben recordar a los padres que, ante sus hijos, tienen unos derechos y unos deberes iguales a los de la madre y que, consecuentemente, deben gozar de sus derechos y deben cumplir con sus deberes. No deben renunciar a sus derechos a la educación de sus hijos abdicando ante la madre. No deben olvidar sus deberes desertando, abandonando a la madre o no compartiendo con ella las tareas y las obligaciones que lleva consigo la presencia del hijo.

2) Las mujeres tienen que estar convencidas de que jamás son el único progenitor del hijo y no pueden reclamar el estatuto de progenitor principal. Es decir, no deben utilizar las facilidades proporcionadas por los anticonceptivos a fin de hacer un hijo para ellas solas, un hijo de quien imaginan que podrán ser a la vez el padre y la madre. Tampoco deben poder utilizar las disposiciones de las separaciones y de los divorcios para cortar los vínculos entre un padre y su hijo y entre un hijo y su padre. Deben comprender que el control que poseen

* Jacqueline RUBELLIN-DEVICHI, *Pour une synthèse des législations européennes sur la filiation*, Centre de droit de la famille, Lyon, 1990.

sobre la procreación les impone una nueva moral: aunque sean las que deciden, deben intentar que el hombre acepte su futura paternidad antes de tratar de concebir un hijo suyo. Deben aprender a vivir y a gestionar la coparentalidad durante la vida en común con el padre y después de la eventual separación. Jamás deben imponer a su nuevo compañero sexual como padre, excepto en el caso de que el padre biológico haya muerto o sea exclusivamente responsable de su completa desaparición.

Es necesaria una movilización social contra los tópicos

Es verdad que el enorme trabajo cultural que representa este programa –un trabajo a la altura de las enormes transformaciones infligidas a la familia por los adelantos de la procreática y las evidencias de la genética–, reclama la movilización de toda la sociedad. Hay que revisar algunas leyes, modificar ciertas prácticas jurídicas y sociales y cambiar las mentalidades. Es evidente que el interés del hijo consiste en tener un padre y sólo uno, un padre que se ocupe de él, junto a la madre, y que nunca le abandone. Para conseguir que se unifiquen los criterios biológico y social y para ofrecerles un marco de derechos y deberes dignos de ellos, es preciso creérselos.

Y no todo el mundo cree ni quiere creer en ellos. En las más altas instancias de reflexión sobre el tema en Francia he escuchado a expertos que pretenden que la maternidad está destinada a ser cada vez más poderosa, pasando «de la esfera abnegación-deber a la esfera del poder», mientras que la paternidad declinará, pues algunas «paternidades espirituales sustituirán a las paternidades reales» (B. Guibert). El Alto Consejo de la Población y de la Familia ha ratificado la opinión según la cual «el vínculo biológico no es forzosamente más estable que el vínculo social, pues la noción de verdad biológica puede variar con el tiempo y se revela efímera por mucho que su contenido casi siempre evolucione lentamente». Por otra parte, también ha ratificado que al instaurar la primacía del padre biológico «se corre el riesgo de crear filiaciones desprovistas de toda humanidad si de hecho, el padre biológico se desinteresa de su hijo».*

Gran parte de la opinión pública está igualmente convencida de que «el verdadero padre es quien siente amor», famosa frase de una obra de teatro totalmente patriarcal, *César,* de Marcel Pagnol. Marius se ha embarcado dejando tras de sí a la pobre Fanny, embarazada sin él saberlo. El viejo Panisse se casa con Fanny y legitima así al hijo que ella trae al mundo. De vuelta de su viaje, Marius desea recuperar a su hijo, pero su propio padre, cuyo nombre no podía ser más que César, se lo prohíbe: «El padre es quien siente amor.» En una película del mismo Pagnol, *La hija del pocero* –verdadero resumen de las creencias y las costumbres de la sociedad patriarcal mediterránea–, se encuentra idéntica situación e idéntico tema. El pobre y feo ayudante del pocero conoce la desgracia de la hija de su patrón, embarazada por un guapo habitante de la ciudad que ha huido, y le propone matrimonio por ella y por su hijo, «y además, contento». En la escala de valores patriarcal, el padre social que contrae matrimonio y legitima es una especie de auténtico héroe que sirve para rebajar al hombre que deja embarazada a una mujer y la abandona, hombre que no es un verdadero padre. El verdadero padre es quien se compromete a proteger y educar al hijo. Curiosamente, la traducción en lenguaje sencillo de la principal característica de ese verdadero padre es, como declara solemnemente César, «quien siente amor».

En la actualidad, la opinión pública ha consensuado la idea según la cual el único padre verdadero «es quien siente amor». En nuestros días, el amor parece mil veces más importante que el linaje, la legitimidad o el honor. El amor del hijo, el amor por el hijo. Son muchas las madres que justifican así el que el padre biológico quede alejado de su hijo y que se instale con ellas otro hombre del que dicen: «Quiere a mi hija más y mejor de lo que la quería su padre.» Estas madres reciben el apoyo de muchos psicólogos que las desculpabilizan citando

* *Op. cit.*, pág. 11.

fuera de contexto a Françoise Dolto, la cual habría dicho: «No hay más padre que aquel que adopta.» No cabe duda de que Françoise Dolto aludía precisamente al amor, que sólo puede nacer cuando el hijo ha visto la luz, cuando la criatura deja de ser un proyecto y se convierte en una persona, lo que desencadena un gran impulso de compromiso y una oleada de ternura semejante a los sentidos por los padres que adoptan. De modo que el padre lo sería dos veces: padre biológico que da la vida y padre adoptante que elige y que ama.

¿Paternidad biológica? Las mujeres rechazan cualquier comparación con la maternidad

Pero la mayor parte de los hombres y de las mujeres que citan este aforismo deducen de él que la paternidad, a diferencia de la maternidad, no va acompañada por el amor y reclaman del padre una especie de acto voluntario de adopción, acto que son incapaces de efectuar muchos padres biológicos. Este contrasentido legitima, desde su punto de vista, que la madre aleje al padre biológico y prefiera ver junto a su hijo al otro, de quien dirá que «es verdaderamente cariñoso con el niño». No obstante, en la actualidad todo el mundo sabe que muchas mujeres, después del parto, también deben de pasar por dos fases antes de adoptar y amar a su retoño. Tras el nacimiento de su hijo, algunas mujeres no sienten el impulso amoroso que experimentan las demás a la vista del recién nacido, y ello hace que se aflijan y se consideren anormales. Sin embargo, es bien conocida la depresión posparto, la cual a menudo provoca que la joven madre sea incapaz de querer. Este contratiempo no es ningún augurio para el futuro. Nada indica que la joven parturienta indiferente o depresiva no vaya a convertirse en la más amorosa y realizada de las madres.

Ciertamente, como ya hemos visto, cada vez se presta mayor atención, especialmente en Estados Unidos, al padre-que-espera-un-hijo (el famoso *expecting father*) y se le prepara para atravesar el vértigo y la depresión del parto, cuando la madre y el recién nacido son el centro del mundo y cuando nadie se preocupa por lo que le ocurre a él, que no entiende lo que le pasa.

Sin embargo, esta solicitud *ante partum* en beneficio de unos cuantos nuevos padres no debe hacer que se conciban ilusiones, pues no significa en absoluto que el proceso contra los padres biológicos esté cerca de concluir. Está muy lejos de haber sido acallada la hostilidad de una parte de la opinión pública ante la idea de que se pueda rehabilitar la paternidad basándola más en la primacía de la verdad biológica que en la primacía de la voluntad del padre social.

Es verdad que muchas mujeres se imaginan –equivocadamente–que con ello saldrían perdiendo. Por ello, prefieren dar a entender que, por naturaleza, ellas son más madres que los hombres, padres, y eso en todas las facetas de la parentalidad. Afirman que una mujer tiene mayor necesidad y mayor anhelo de ser madre que un hombre de ser padre. Que una mujer sufre mucho más con su esterilidad que un hombre con la suya. Que si los hombres fecundos que no quieren hijos dudan en esterilizarse, es por miedo a perder su virilidad y no su potencia procreadora, que no les importa. Que el nacimiento de un hijo no va acompañado, en el padre, del surgimiento del amor, como en el caso de ellas. Que el hecho de engendrar no crea ningún vínculo comparable al que crea el parto. Por tanto, que no puede ser la base de un amor y de una entrega, como en el caso de la madre biológica. Sí, parece ser que antes los padres daban saltos de alegría y de satisfacción, pero seguro que era por el orgullo de ver continuada su estirpe, por un orgullo de gallo, por un sentimiento de propiedad; es decir, nada más que sentimientos machistas, actualmente inconfesables.

Sin duda no están equivocadas. Sin duda, no hay comparación posible entre, por una parte, la madre de carne y, por otra, el padre según la naturaleza, sea llamado progenitor o padre biológico. Como madre, estoy dispuesta a admitir y a compartir esta evidencia acerca de la mayor intensidad y calidad de la maternidad. Pero ello no implica que nos preguntemos, siquiera un instante, acerca de los cambios que tal vez hayan sido introducidos en la vivencia de la paternidad por los progresos de la biología y de la genética, especialmente por la seguridad de ser el verdadero padre. Quienes rechazan la idea de basar la filiación prioritariamente sobre la paternidad biológica se muestran muy escépticos ante «la existencia de una pretendida tendencia natural del hombre a tener más en cuenta a los hijos nacidos de su sangre». ¿Qué dicen de ello los biólogos, que trabajan con nuevas técnicas en el campo de la paternidad y cuya especialización les ha permitido tratar con muchos hombres?

Largo y torpe silencio sobre la esterilidad masculina

Georges David, profesor de biología de la reproducción y del desarrollo, se especializó en el estudio del esperma y fundó los CECOS (Centros de Estudio y de Conservación del Esperma). Trató a muchos hombres con problemas de esterilidad y, en tanto que humanista, se interesó por la historia de la esterilidad masculina o, mejor, por lo que de ella se sabe. Esta historia parece mucho más corta que la de la esterilidad femenina, puesto que ha habido que esperar a la segunda mitad del siglo XX para que el estudio biológico del esperma permitiera establecer diagnósticos de esterilidad verdaderamente fundamentados. Por otra parte, basta con evocar las leyendas, las mitologías e incluso los relatos históricos para darse cuenta de que, cuando se trataba de parejas que no lograban tener descendencia, la culpable de esta infecundidad era siempre la mujer. Cuando Abraham se lamenta ante el Señor por no tener hijos, es Sara la señalada como estéril. En todos los países y desde hace siglos, la regla parece haber sido el repudio de la mujer en caso de esterilidad de la pareja, o la anulación del matrimonio y la nueva unión del hombre con otra mujer. Era como si la esterilidad masculina fuera desconocida y la culpa recaía siempre sobre la mujer.

Así, la sorpresa de Georges David fue grande cuando se dio cuenta de que la esterilidad masculina ya había sido identificada por Hipócrates y, sobre todo, cuando descubrió que éste ya la distinguía de la impotencia. También Galeno, autor de una «biblia» médica en la que se basaron todos los médicos desde el siglo III hasta el siglo XVII, insistía en la diferencia entre esterilidad e impotencia sexual en el hombre. ¿Cómo habían adquirido ese conocimiento Hipócrates y Galeno antes de que se descubriera el microscopio, los espermatozoides y su estado? ¿Cómo justificaban esa distinción esencial los médicos griegos, árabes y cristianos que les sucedieron y que repitieron sus enseñanzas? Georges David supone que el estudio de las consecuencias de las castraciones, mucho más numerosas que en la actualidad, pudo servirles como experimentación *in vivo*: «En efecto, cuando se practica en la edad adulta, la castración puede dejar intacta la sexualidad y no tener más efectos que la esterilidad.» En este caso, lo más sorprendente es que, a pesar de que la medicina la había identificado, las sociedades mantuvieron un silencio total sobre la esterilidad masculina durante veintitrés siglos.

«La medicina conocía la verdad, pero el cuerpo social la ignoraba, dice a continuación Georges David. Durante mucho tiempo quedará en el aire el interrogante sobre si era la medicina la que mantenía silencio o era el cuerpo social el que se negaba a oír.» Su larga práctica como médico llevó a Georges David a inclinarse por la sordera voluntaria de la sociedad, no tanto porque se deseara abrumar a las mujeres sino porque «la esterilidad masculina es insoportable. Así como a una mujer le es fácil confesar esta deficiencia, y normalmente no se priva de hacerlo, a un hombre le representa una inmensa dificultad».

En apoyo de lo anterior, evoca las numerosas consultas en las que atendió a parejas estériles. Cuando el diagnóstico había eliminado a la mujer y se orientaba hacia el hombre, solía ocurrir que la esposa le rogaba que no dijera nada a su marido, pues «le costaría mucho soportar la verdad». En 1986, su equipo realizó un sondeo mediante cuestionario a 800 parejas infecundas por esterilidad del varón. Este estudio muestra que el hombre se siente tanto o más afectado que la mujer por la esterilidad de la pareja y que en muy pocos casos (sólo el

20 %) informa de su estado a alguien de su entorno familiar o a alguno de sus amigos. No cabe duda de que lo siente como una desgracia o como una tara dolorosa que prefiere silenciar. En cualquier caso, ninguno de los 800 hombres, tal vez con una única excepción, había hablado de su esterilidad con su propio padre. Parece imposible que un hombre confiese que es estéril a su padre, pues confesaría que no podrá cumplir con ese deber de reproducción que su padre cumplió y al cual le debe la vida.

Mejor morir que dejar de reproducirse

El extremado dolor secreto de la esterilidad masculina lleva a delimitar mejor la esencia misma de la paternidad biológica: un poderoso deseo de supervivencia, como un desafío a la muerte o una negación de la muerte, un deseo de reproducción casi metafísico, muy distinto al deseo de procreación de la mujer que alimenta y da forma a una criatura humana en su matriz.

Georges David proporciona una impresionante ilustración del deseo de ser padre que siente el hombre cuando evoca a cierto tipo de enfermos jóvenes con los que trató a menudo: sus vidas estaban amenazadas por un cáncer que se les acababa de descubrir; se les había prevenido de que el tratamiento que les iban a aplicar tenía muchas posibilidades de salvarles de la muerte, pero comportaba grandes riesgos de que quedaran estériles para siempre. Antes de emprender ese tratamiento mutilador, iban al CECOS a donar esperma para que fuera conservado y, más tarde, pudieran ser padres mediante inseminación.

El oncólogo les daba un plazo extremadamente breve, de pocos días, para emprender el tratamiento del que dependía su supervivencia. Sin embargo, para asegurar la conservación que esas enfermedades exigen, es necesario disponer de una cantidad de esperma bastante abundante y de buena calidad, lo cual a menudo es difícil de conseguir en pocos días. Cuando la cantidad o la calidad del esperma no era satisfactoria, estos enfermos preferían retrasar el inicio de la medicación anticancerosa con el fin de reunir una provisión de líquido seminal suficiente en riqueza y volumen antes de que les fuera administrado el tratamiento que debía salvarles. «En suma, en esta verdadera competición entre un tratamiento que condiciona su supervivencia y una medida que les concede posibilidades de reproducirse, dan prioridad a este segundo objetivo. En tan dramáticas circunstancias, este comportamiento pone de manifiesto hasta qué punto es profunda la necesidad de descendencia. Esta actitud es tanto más impresionante cuanto que se da igualmente entre los jóvenes solteros y los casados.»*

¿Es posible imaginar una demostración más elocuente de la fuerza del deseo de paternidad biológica del hombre y ejemplo más trágico de su especificidad? La mayor parte de los niños han sido iniciados en el misterio de la generación con la ayuda de la imagen de la semillla que el padre ha puesto en la madre. A fin de cuentas, esa imagen tal vez no sea tan afectada. El deseo de ser padre es en primer lugar ese deseo oscuro y difícil de expresar de sembrar la vida, de transmitir la vida para vencer a la muerte.

Sin embargo, se puede objetar, ¿constituye una base suficiente para establecer una filiación un impulso de ese tipo, más trascendente que sensible o carnal? ¿Puede traducirse en amor por un niño concreto, concebido por el padre, ese niño y no otro cualquiera, como el impulso de creación de la madre se traduce en amor por el hijo producido, por ése y no por otro?

Sí, en el caso de que el padre que concibió ese hijo quisiera un hijo. Pero, sobre todo y por encima de todo, sí, en el caso de que el padre esté seguro de que el hijo que le presenta la madre es el suyo, el que él ha concebido, su propio envite contra la muerte, su propia continuidad natural. Del mismo modo que puede hacerle feliz y lograr que se sienta orgulloso por sus hijos el poderoso impulso, a menudo no reflexionado ni formulado, que lleva al hombre a reproducirse, así la más ligera duda sobre la autenticidad de ese retoño, de ese pequeño

* Georges DAVID, en *Pères et Paternité, op. cit.*, págs. 41-44.

brote, de ese germen que afirman que ha salido de su tronco, puede paralizar su impulso y apagar sus sentimientos entre la desconfianza ante todo y la indiferencia por el niño. No se debe subestimar ni menospreciar la importancia de la conquista que representa para el hombre la certeza de su paternidad y, por tanto, de su desafío contra la muerte.

La prueba genética puede crear un vínculo profundo

Desearía dar aquí un segundo testimonio, breve, para incluir en el expediente aún poco conocido de las vivencias de la paternidad biológica. A causa de la redacción de este libro, escribí a varios laboratorios que practican identificaciones de paternidad mediante la técnica de las huellas genéticas y que las efectúan tanto a particulares como a querellantes enviados por los magistrados. En especial, me interesaba saber si sus clientes masculinos y femeninos eran mayoritariamente solteros (como efectivamente ocurre) o familias constituidas, y cuál era la proporción en que el hijo no era del padre designado. El director de los servicios científicos internacionales de uno de los laboratorios británicos mejor considerados en la transcripción de huellas genéticas, el *Cellmark Diagnostics*, de la *Imperial Chemical Industries* (ICI), antes de responder a mi petición de datos, empezaba su carta con estas palabras: «Nos ha sido comunicado que tras la recepción del resultado de las huellas genéticas, algunos hombres han sentido verdaderamente, por primera vez, un vínculo con el niño que no les hubiera permitido alcanzar ni el parecido físico ni una incuestionable paternidad anterior. Es como si, al recibir la confirmación genética, el padre adquiriera un lazo que la naturaleza sólo establece entre la madre y el hijo.»*

* *«It has been brought to our attention that following the receipt of DNA fingerprinting result, some men have truly felt for the first time a bonding with a child not achieved by just sharing looks or previously unquestioned parentage. It is as if by receiving genetic confirmation a father gains a link that is only naturally established between a mother and a child»*, 3 de marzo de 1992.

Es muy infrecuente que un laboratorio que sólo ve a sus clientes para extraerles un poco de sangre o para tomar una muestra de su piel, y que a continuación les envía los resultados por correo, dé fe, antes que nada, de los efectos inmateriales, casi sentimentales, de su acción. Este tipo de *feed back* raramente atraviesa las paredes de los laboratorios de análisis biológicos.

Por ello, considero de gran importancia que esos efectos hayan sido mencionados en primer lugar, y hayan sido mencionados en estos términos. En efecto, el doctor Debenham no evocaba un amor repentino por el hijo cuando el padre sabe que es realmente suyo, sino que hablaba de vínculo *(bonding)* y de lazo *(link)*, que el padre siente de súbito y verdaderamente *(truly)* por el hijo. Esta distinción es fundamental porque caracteriza el sentimiento paterno. Cualquier adulto puede amar a un niño que no es suyo porque le parece encantador, inteligente, divertido o juguetón. Entre los miembros de una misma familia, entre padre e hijo, puede existir amor, evidentemente, y éste suele ser el caso. Independientemente del amor, siempre existe otra cosa cuando los lazos de parentesco son seguros, algo más fuerte y menos sentimental, algo que no puede ser calificado. Es un lazo, un nexo, un vínculo inexplicable.

Se tiene algo en común, en un nivel físico profundo y arcaico, aunque las relaciones puedan ser fatales y no exista entendimiento mutuo. Los «lazos de sangre», se llamaban hasta hace poco.

Quedan pues aislados los dos componentes de la paternidad biológica: el intenso deseo de perdurar –y por tanto de reproducirse, de prolongarse– y un vínculo poderoso e indestructible, no forzosamente siempre agradable, entre el padre y el hijo propio, entre ese hijo y no otro. El hijo propio toma el relevo de la antorcha de la vida del padre, una antorcha que debe ser eterna, que en cierta forma asegura la supervivencia, pero no la supervivencia de cualquiera, sino la del padre del padre y la del propio padre, y la del hijo.

Ese vínculo forja la cadena de la inmortalidad. Puede ser fuente de indescriptible alegría o de cruda decepción. Pero no puede existir sin la autenticidad de la concepción. No puede menospreciarse. *Pater certus est*, es un himno victorioso. ¿En función de qué dejarían de cantarlo los hombres?

«Es verdaderamente "el hijo"», «Yo podía desaparecer»

Oigamos a los padres jóvenes, los cuales ya se atreven a hablar de su paternidad. No en términos de caricias ni de los biberones que les dan, y menos en términos de lo que ambicionan para ellos –«irá a la universidad y será ingeniero»–. Tampoco hablan únicamente de amor. Hablan de renacimiento, de su renacimiento. Un cantante, Michel Delpech, que había caído en un agujero negro después de su desgarrador disco *Les Divorcés* y que volvía a tener éxito, explicaba en una entrevista en *Paris-Match*: «¡Tengo un nuevo hijo!... ¡Estoy loco con mi hijo!... Quiero imaginar que mi hijo y yo seremos cómplices. "Nos" encuentro un gran parecido tanto físico como moral; tiene los mismos gustos que yo. Igual que a mí, le encanta la mantequilla. Parece una tontería, pero son pequeños signos... Cuando nació, asistí al parto y tuve la impresión de que era yo quien renacía. Exclamé: "¡Soy yo!" Era milagroso. Es realmente "el hijo". Se trata de una sensación excepcional.» (19 de marzo de 1992.)

Oigamos este nacimiento, narrado como los padres de ayer no sabían o no se atrevían a hacerlo: «Deseaba confusamente una progenie. Mi pequeño salió y, rasgo a rasgo, era mi padre en miniatura. Desde el momento en que sacó la nariz entre los muslos temblorosos de mi amada, desde que vi que ese tumor berreante salía sin esfuerzo de ese sexo dilatado, quedé enamorado de ese crío sanguinolento, espantoso. Era un amor y un orgullo inconmensurables, una fatuidad irreprimible y ridícula, una devoción ilimitada. Finalmente, yo, realizado, podía desaparecer; me había duplicado.»*

* Michel BIDEAU, *op. cit.*, pág. 54.

Ninguna mujer celebraría de este modo el nacimiento de su hija, ni de su hijo. En todas las descripciones de partos, la mujer canta, feliz y dolorosa, el triunfo de la creación y la ternura por su criatura, no su propia duplicación. Los padres jóvenes de hoy, sin pudor ni represiones, se atreven a expresar su orgullo y su humildad ante la generación. Es su manera de recitar la famosa frase de Heráclito: «El padre, cuando se convierte en padre, es su propio hijo.» Cuando está seguro de ser padre.

CONCLUSIÓN

LOS HIJOS DE HOY, ¿QUÉ PADRES SERÁN MAÑANA?

Este libro no expone una tesis, sino que plantea dudas a partir de la curiosidad de una mujer ante la falta de reacciones de los hombres frente al ocaso de paternidad. Por lo tanto, es legítimo que acabe con una interrogación prospectiva. Nuestros hijos y nuestros nietos, que serán padres a principios del siglo XXI, ¿seguirán a sus padres por la vía de la falta de compromiso, sin recriminaciones, y seguirán aceptando ser progenitores de segunda clase?

¿Se plantearán la paternidad como una responsabilidad frágil, cuyo futuro no depende de su voluntad ni de sus cualidades paternas, sino de la mujer con la que tengan hijos, debido a que la madre goza de una especie de derecho de repudio del padre en el caso de que deje de quererlo o deje de apreciarlo como compañero, independientemente de los vínculos que él haya podido establecer con sus hijos? ¿Quedarán definitivamente desanimados por estas condiciones en un entorno futuro que prevén poco favorable a la familia y siempre más favorable a las mujeres en lo que quedará de las familias? ¿Pondrán aún menos empeño que la generación precedente en representar el papel de padre, un papel que más parece mirar hacia el pasado que ser portador de futuro? ¿Permitirán sin rechistar que las mujeres continúen su avance y afirmen la innegable superioridad de la maternidad y su reinado absoluto?

¿Se rebelarán, por el contrario, contra el triunfalismo materno y tratarán de combatir sus conquistas excesivas y de contener su imperialismo o bien desearán compensar el déficit de cuidados y de ternura materna de las mujeres conquistadoras, que pensarán más en su trabajo y en su éxito personal que en sus hijos? En el caso de que cambien radicalmente con respecto a sus padres, ¿lo harán en nombre de una distribución equitativa de todo lo que compone la parentalidad y, por tanto, del reparto de las tareas domésticas y educativas, como desean muchas mujeres, o quizá les parecerá indispensable rebelarse y renovarse en nombre de la especificidad del papel paterno? ¿Considerarán indispensable hacer que revivan los valores familiares, hoy en peligro, como primera condición de cara al restablecimiento de una posición conveniente para el padre, o estimarán que las familias indisolublemente unidas pertenecen al pasado y que el papel y la posición del padre pueden y deben mejorarse aunque siga habiendo separaciones, divorcios y disgregaciones familiares, inherentes a toda moderna sociedad individualista?

El previsible desfase entre el norte y el sur de Europa

Dos series de factores serán determinantes para los padres del próximo futuro:

–El entorno sociológico y jurídico en el que accederán a la paternidad, como mínimo en Europa occidental.

–La fuerza y la naturaleza de sus aspiraciones. ¿Cómo utilizarán las experiencias que han vivido como niños y como adolescentes a menudo separados de sus padres? ¿Qué cambios querrán? ¿Qué valores adoptarán? ¿Qué grado de voluntad dedicarán al servicio de la promoción de esos valores?

El entorno sociológico que, en cierta medida, condicionará el ejercicio de la paternidad a principios del siglo XXI, no será igual en Suecia que en España, en Irlanda que en Francia. Las famosas tendencias generales descubiertas por los demógrafos seguirán su camino en España, Italia y Portugal, aunque desacelerando lentamente su ritmo. Los actuales adolescentes todavía retrasarán la edad de comprometerse y fundar una familia. Serán más numerosos los que elijan la unión libre antes que el matrimonio, incluso para tener un hijo. Tendrán relativamente pocos hijos y, casi con total seguridad, se separarán más que sus padres de sus respectivas esposas o compañeras. Por el contrario, los adolescentes suecos, noruegos o daneses de hoy, y poco después sus contemporáneos ingleses, franceses o alemanes, tienen grandes posibilidades de pertenecer a las generaciones que, en cierto modo, darán marcha atrás. No se trata de restablecer al *pater familias* en una sociedad jerarquizada, claro que no. Casi todos empezarán cohabitando o en solitario y con una relación estable, pero sin duda se casarán más que la generación precedente, aunque lo hagan tardíamente. Probablemente tendrán más hijos (no muchos más) que sus padres. Es casi seguro que compartirán con las madres las tareas domésticas y los cuidados de los hijos. Se separarán de su cónyuge o de su compañera en una proporción algo menor que sus padres, pero sin duda aceptarán con mucha menos facilidad la ruptura de los vínculos con sus hijos.

Para que estas tendencias sociodemográficas se manifestaran, sería preciso que encontraran una Europa más unida en lo referente a las disposiciones jurídicas y sociales que afectan a las familias, cosa que no ocurre en este final del siglo XX. Es muy fuerte la aspiración de los pueblos de conseguir una Europa unida en la que la libre circulación de las personas sea fácil y no cree problemas. Pero la libre circulación de las personas no sólo afecta a los viajes de los turistas, los intercambios de estudiantes o la movilidad geográfica de los trabajadores que deseen atravesar una frontera para proseguir su vida profesional. Afecta también a los enamorados que deseen fundar una familia a caballo entre dos países. Quedan todavía muchos obstáculos para que se resuelvan los problemas que plantean las familias mixtas intraeuropeas, y se trata de problemas derivados de las diferentes legislaciones sobre el matrimonio, la filiación, la patria potestad y el divorcio. Se trata de problemas derivados también de las disparidades entre las políticas sociales en favor de las familias completas, de las familias incompletas, de las situaciones atípicas, de las madres, de los padres y de los hijos.

Convergencias y divergencias jurídicas en Europa

Evidentemente, después de las grandes evoluciones similares observadas entre 1965 y 1985, y tratadas en el capítulo 5 de este libro, se ha observado un cierto acercamiento entre las legislaciones y las jurisprudencias, acercamiento que refleja una evolución similar de las mentalidades. Sin embargo, también se han podido observar evoluciones divergentes, especialmente en el campo de los derechos de los padres.

En el capítulo de las convergencias puede inscribirse el abandono de la noción de patria potestad al padre en beneficio de un reparto entre los progenitores, cuando están casados, de los que unos llaman autoridad parental, otros responsabilidad parental y otros patria potestad. Asimismo, todos los países parecen dirigirse hacia la igualdad de derechos entre los hijos legítimos, naturales o adulterinos en lo que se refiere a la sucesión paterna.

No ocurre lo mismo en el establecimiento de la paternidad fuera del matrimonio. Es verdad que todos los países han colocado a la mujer en una situación clave. Sin embargo, en unos países la madre puede impedir el acceso a su paternidad de un hombre. Como ya hemos visto, en Francia, en Luxemburgo o en Italia una mujer puede negarse a reconocer a su propio hijo, con lo cual al mismo tiempo impide que el padre acceda a su paternidad. Se dice que estos casos, que cada vez son más infrecuentes, afectan a mujeres jóvenes, embarazadas y abandonadas por el padre del niño, que se encuentran, desde su punto de vista, en una situación intolerable. En consecuencia, no se puede sentir piedad porque se niegue el derecho de paternidad a estos fugados. Al contrario, se dice, el niño será inmediatamente adoptado por un padre adoptivo responsable. No parece que estas disposiciones vayan a cambiar en breve.

Bastante más grave es la amplia posibilidad, abierta ante las mujeres que tienen voluntariamente un hijo, de esconder su maternidad al padre y de no identificarlo en el registro civil, con el fin de que el hijo sea sólo de ellas. En Suecia, a las mujeres solteras no se les concede la libertad de erigirse en progenitor exclusivo. Estas mujeres deben identificar al padre. La idea que preside esta obligación es la de que todo hijo tiene derecho a conocer a sus dos progenitores, pero al mismo tiempo esta obligación es un freno a la maternidad egoísta –un hijo propio– y, por tanto, una protección para la existencia y para la importancia potencial del padre. Parece ser que en Inglaterra comienza a manifestarse una tendencia a la identificación de los padres en la medida en que la carga financiera que representan las madres solteras sin recursos es muy gravosa para el Estado, y se desearía que el padre se hiciera cargo de la manutención. Sin embargo, no puede decirse que en el conjunto de Europa se vaya hacia el establecimiento del derecho absoluto al reconocimiento de la paternidad. Explícita o implícitamente, numerosos países reconocen a la madre el derecho a privar a un hijo de su padre, y a un padre de su hijo, y le reconocen el derecho a ser el único progenitor del hijo que ella ha deseado tener.

En este tema, que afecta tanto a la sensibilidad, mientras que un número creciente de hombres no casados desean reconocer a sus hijos y desempeñar su papel de padres, una profunda divergencia se abrió en Europa en 1987. Por una parte, algunos países como Inglaterra y Bélgica, bajo la presión de grupos feministas, sometieron a la autorización de la madre el derecho del padre no casado a reconocer a su propio hijo. Así, la madre se convierte en el árbitro de la paternidad. Es ella la que decide si un hombre puede dar su apellido al hijo y puede comprometerse a mantenerlo y a educarlo. Es ella la que concede o niega la paternidad social al padre biológico que a fin de cuentas es el hombre del que ha decidido tener un hijo. Por más que en Holanda y en Alemania ya se haya atenuado bastante la omnipotencia de la madre natural, existe una tendencia hostil a la paternidad fuera del matrimonio. Por el contrario, también en 1987, en Francia se intentó aproximar la paternidad natural a la paternidad legítima mediante la concesión a los padres no casados de la patria potestad si ambos cohabitantes la piden conjuntamente, lo que en Suecia ya estaba reconocido sin ninguna restricción desfavorable para el padre. En resumen, antes de tener un hijo fuera del matrimonio, un joven europeo tendrá que informarse sobre las disposiciones vigentes en el país de su pareja.

La incoherencia no es menor cuando se trata del establecimiento de la filiación biológica paterna: Francia niega a los hombres el libre acceso a las pruebas genéticas de paternidad, mientras que esta posibilidad está autorizada en los demás países, y mantiene el anonimato de los donantes de esperma, anonimato ya inexistente en Suecia y Alemania.

En materia de divorcio, los tribunales europeos siguen siendo masivamente favorables a conceder la custodia a la madre. Sin embargo, en ciertas regiones, tanto en Escandinavia como en Francia o en Inglaterra, empiezan a mostrarse un tanto favorables al ejercicio común de la responsabilidad parental después de la separación. Ya sería hora. Ya sería hora de cambiar las leyes y las prácticas si se desea responder a la expectativas de los jóvenes futuros padres del siglo XXI.

Opiniones y aspiraciones de los adolescentes

¿Cuáles son estas expectativas? Sociólogos suecos me habían indicado que se producía un auténtico acercamiento entre padres e hijos, y que eso era sólo el principio. No se trata de una evolución pasajera o accidental de las costumbres, afirmaban. «La prueba está en las aspiraciones de los jóvenes. A diferencia de las generaciones anteriores, los jóvenes de hoy integran verdaderamente la paternidad en sus proyectos de vida futura. El estudio de Margot Bengtsson sobre los varones de veinte años muestra que éstos afirman no sólo su deseo de ser padres, sino también su voluntad de ocuparse activamente de sus hijos. Poco antes, Karlsson había encuestado a 70 chicos de diecisiete años acerca de su futuro, y el 89 % había declarado que quería tener hijos. Una amplia mayoría decía que a buen seguro dedicarían más tiempo a sus hijos del que sus padres les habían dedicado a ellos. Entre estos adolescentes, los únicos que no querían hijos eran los que habían mantenido malas relaciones con su padre o los que no habían tenido ninguna relación con él. Los adolescentes de hoy serán unos padres distintos a los que ellos han tenido. Su dedicación a la paternidad será mucho mayor.»

Los sociólogos que habían encuestado a adolescentes se habían convertido en los mejores abogados de los padres. Después de décadas de feminismo oficial, estos adolescentes buscaban la promoción de nuevas relaciones entre los sexos dentro de las familias y una auténtica coparentalidad no sólo durante el tiempo que durasen las uniones, sino también después de las separaciones.

¿Se trata de otra utopía escandinava, a cuya consecución se lanzarán los jóvenes suecos con la misma tenaz obstinación que la mostrada por sus padres para, en la década de 1960, terminar con el puritanismo, liberar el sexo y promocionar a la mujer? Mañana, los padres... Sin embargo, ¿siguen otros países el mismo camino? En Francia, donde las asociaciones de padres divorciados no logran hacerse oír ni por los hombres ni por las mujeres, y donde la familia se ha convertido en un tema peligroso desde que la izquierda lo dejó más o menos en poder de la extrema derecha sin saber excesivamente bien por qué, ¿incluyen los adolescentes la paternidad en sus proyectos de futuro?

Para saberlo, elaboré un cuestionario que debía ser contestado de forma anónima y, con el consentimiento y la ayuda del profesorado, lo distribuí entre 340 chicos y chicas de edades comprendidas entre los quince y los dieciocho años, alumnos de los últimos cursos de enseñanza media. Estos 340 adolescentes constituyen una muestra importante por su número y, sobre todo, por su homogeneidad. Todos son alumnos de un establecimiento secundario muy reputado de París y todos proceden de medios acomodados y de familias de buen nivel cultural.

Puede argüirse que no son representativos del conjunto de la juventud francesa de edades comprendidas entre los quince y los dieciocho años. Es verdad, pero son muy representativos de la juventud que crea la moda y que lanza los valores. En realidad, encarnan la vanguardia de la juventud, cuyas opiniones sobre los modelos de vida privada serán imitadas años más tarde tanto por los adolescentes de las ciudades de provincias como por los de capas sociales menos privilegiadas. Para el tema que me proponía estudiar, los jóvenes parisienses de la Rive Gauche intelectual constituyen un laboratorio de ideas nuevas.

Además, sus padres, muchos de los cuales asistían al mismo centro de enseñanza cuando tenían su edad, habían sido quienes, durante el famoso 1968, lanzaron nuevos modelos de vida. Y las familias que habían formado reflejan este hecho: el 75 % de las madres trabajan y el 28 % de los adolescentes encuestados no viven con sus dos progenitores casados, sino en otras situaciones familiares diversas, en su mayor parte como consecuencia de divorcios.

Una parte de los hijos de divorciados se distingue

A estos 340 adolescentes no sólo no les pareció ridícula, sino que les apasionó, la idea de contestar a un cuestionario sobre la familia en general, y sobre la que ellos pensaban o no pensaban formar en el futuro. Del conjunto de respuestas se derivan unas líneas maestras muy claras: tengan quince o dieciocho años y sean chicos o chicas, en la mayor parte de las ocasiones se sitúan en posiciones muy cercanas.

Sin embargo, antes de exponer las opiniones ampliamente mayoritarias, desearía destacar que un pequeño grupo se separa del conjunto: se trata de una parte de los chicos que no viven con sus dos progenitores y que han experimentado rupturas familiares. Mientras que las respuestas de las chicas que se encuentran en este caso son similares a las de las chicas que viven con la familia completa, una minoría de muchachos parece haber acusado el golpe y expresa opiniones contrarias a las del conjunto. Así, sólo el 10 % de las chicas y el 10 % de los chicos que viven en el seno de una familia completa afirman que «seguramente no querrán tener hijos más adelante», mientras que rechazan la paternidad el 25 % de los chicos que viven en hogares separados; el 34 % de quienes integran este último grupo declaran que se divorciarían si dejaran de entenderse con su cónyuge, mientras que la proporción entre los chicos que viven en familias completas es sólo del 17 % –es decir, la mitad–; mientras que de forma masiva, las chicas, especialmente, y también los chicos de familias completas conceden importancia a la familia, el 15 % del grupo de chicos de hogares separados afirman que «la familia no es tan importante como se pretende».

Proporcionalmente, los chicos de familias separadas afirman con mayor frecuencia que la causa de que se afirme que «la familia está en crisis» se debe a las difíciles relaciones actuales entre padres e hijos. Además, el 18 % (contra el 7 % de las chicas de familias separadas) consideran que, cuando los hijos ya son mayores, no son forzosamente los padres, sino eventualmente otros adultos, quienes pueden asegurar su educación fuera de la escuela. El 30 % de los integrantes de este grupo declaran no quererse casar en el futuro, frente al 10 % de los chicos que viven con la familia al completo.

¿Significa lo anterior que decididamente los chicos, y en especial los adolescentes, soportan mal las situaciones de separación familiar y reaccionan con pesimismo ante ellas? ¿O significa que, a posteriori, tratan de justificar el hecho de que sus padres no hayan seguido la norma conyugal y adoptan a su vez posiciones de independencia y de desapego con respecto a la familia? En este caso, podría afirmarse que existiría una cierta tendencia hereditaria en los comportamientos familiares inconformistas, pues los hijos de concubinos no desearían casarse, los hijos de divorciados anunciarían su decisión futura de recurrir al divorcio, etc. La verdad es que sería ir excesivamente lejos en la interpretación de las opiniones de un pequeño grupo evidentemente afectado, pero muy marginal. En efecto, no forman más que una minoría en el seno de un grupo que, a su vez, sólo está formado por el 28 % del total de los chicos. Por lo tanto, apenas son más que el 7 o el 8 % del total de chicos encuestados. Karlsson, en Suecia, hablaba de que el 10 % de los chicos que tenían problemas con su padre no deseaba tener hijos. En el conjunto de nuestra muestra, los que no quieren tener hijos son el 5 %, en tanto que el 23 % confiesan no tener una idea formada sobre este tema.

Casados o no casados, quieren ocuparse ellos mismos de sus hijos

Las enseñanzas que pueden extraerse de este sondeo son, principalmente, la importancia que conceden los chicos a la familia, a su propio futuro como padres y al modo activo en que conciben el ejercicio de su futura paternidad. El 83,5 % afirma que la familia es importante para ellos. Consideran que la familia está hoy en crisis, especialmente (78 %) debido a los divorcios y las separaciones. En 1980, tras una encuesta a jóvenes de 18-20 años, quedé sorprendida al encontrar que el 10 % anunciaban que más adelante vivirían solos y no en pareja. En la actualidad, sólo el 2 % de la muestra da esta respuesta y sólo el 10 % rechaza la idea de casarse. La inmensa mayoría afirma que quiere casarse, pero casi la mitad precisa que antes de casarse desea vivir en unión libre.

Quizá lo más sorprendente sea el número de hijos que quieren tener: ninguno de los encuestados declara querer solamente un hijo. Entre los que afirman que quieren tener hijos, el 31 % quiere tener uno o dos; el 37 %, dos o tres; el 12 %, tres; el 19 %, más de tres, lo que significa que casi una tercera parte de los encuestados se plantean tener una familia de como mínimo tres hijos. Una mayoría del 58,5 % considera que es preferible estar casado para tener hijos, pero para una gran minoría del 41,5 % «eso no tiene importancia», y se puede tener hijos sin necesidad de regularizar la situación de la pareja. De ahí que sea tan importante el estatuto que tengan los padres no casados en nuestra sociedad, pues estos jóvenes no saben que los padres solteros no tienen los mismos derechos que los padres casados.

No obstante, el aspecto más nuevo y más importante de este sondeo es sin duda el fuerte anhelo de coparentalidad mostrado por estos chicos. Quieren ocuparse de sus hijos cuando sean pequeños, pero también cuando hayan crecido, durante el matrimonio y también, eventualmente, después del divorcio. Cuando los hijos son pequeños, sólo el 7 % considera que los cuidados corresponden a la madre. El 93 % contestan que deben ocuparse del hijo los dos progenitores; el 48,5 % afirman que igualmente, sin distinciones entre el padre y la madre, y el 44,5 %, que con la misma intensidad, pero desempeñando papeles diferentes.

Hay que destacar que, por su parte, las chicas muestran un deseo aún más fuerte de compartir los papeles parentales. En efecto, no llega al 2 % la proporción de chicas que consideran que los cuidados del hijo corresponden únicamente a la madre, mientras que el 54 % se muestran favorables a una cooperación indiscriminada entre el padre y la madre, y el 44 % creen que el padre y la madre deben ocuparse con la misma intensidad de los hijos, pero desempeñando papeles diferentes.

Cuando los hijos han crecido, los chicos siguen pronunciándose mayoritariamente en favor de una educación combinada, en la que los dos progenitores desempeñen el mismo papel, y una tercera parte prefiere una educación en la que el padre y la madre desempeñen papeles diferentes. Nadie prefiere al progenitor único, sea éste el padre o la madre. Sin embargo, el 12 %, en su mayor parte procedente de familias desunidas, cree que los progenitores pueden ser sustituidos por otras personas.

Compartir la custodia después del divorcio

Ya he señalado antes la clara diferencia de intenciones entre los chicos que viven con la familia al completo y los que viven en familias separadas ante la hipótesis de una falta de entendimiento conyugal. Los chicos de familias completas se pronuncian por una amplia mayoría del 81 % en contra de la solución del divorcio: el 36 % desearían seguir casados por los hijos e intentar resolver el desacuerdo; el 45 % se inclinan por una separación provisional, pero sin divorcio. Es interesante observar que, enfrentados a la misma hipótesis, sean más chicas que chicos (27,5 %) las que consideran el divorcio, más numerosas también (58,3 %) las que prevean la separación, y menos las que piensan que mantendrían la situación por los hijos mientras intentan solucionar el conflicto. Hemos visto a lo largo de este libro que eran más las mujeres que pedían el divorcio: sus hijas muestran menos propensión por esta medida, pero están menos dispuestas a solucionar el conflicto que los chicos.

Asimismo, les pregunté qué solución elegirían para la custodia de los hijos en el caso de que no pudieran soportar la vida en común y se vieran obligados a divorciarse. Les ofrecí cinco respuestas diferentes que no tenían en cuenta las actuales tendencias de los tribunales. Las soluciones propuestas iban desde la custodia exclusiva para el encuestado, hasta la custodia exclusiva para el otro miembro de la hipotética pareja, pasando por diferentes combinaciones. Es del todo destacable que el 72 % de los chicos haya elegido la misma opción: «Intentaré entenderme con el otro para pedir que compartamos en términos de igualdad la custodia y la patria potestad.» Por otra parte, el 12 % declaró que pedirían la custodia para ellos, con (8,5 %) o sin (3,5 %) derecho de visita para la madre. Sólo el 13 % dejarían la custodia de los hijos a la madre, con (8,6 %) o sin (4,4 %) derecho de visita frecuente para ellos.

Así consideran el posdivorcio los adolescentes de hoy en el caso de que tuvieran hijos y se separaran de su mujer: el 84 % desean que las relaciones con sus hijos sean iguales o superiores a las que creen que debe tener la madre. Evidentemente, sólo se trata de intenciones y aún no tienen la menor idea de lo que les impedirá realizarlas. Pero son sus expectativas, y éstas tendrían que hacer reflexionar a los jueces de familia.

Y un repaso a lo que afecta a las chicas; también se pronuncian mayoritariamente (69 %) a favor del entendimiento previo y de la custodia conjunta o alterna, y en doble proporción que los chicos (27 %) a favor de custodia para ellas, con derecho de visita para el padre. Ninguna, absolutamente ninguna, se pronunció a favor de la custodia exclusiva en beneficio propio.

¿Serán padres diferentes los chicos de hoy?

Mañana, los padres... Es evidente que se avecina un cambio profundo. ¿Cómo lo perciben estos adolescentes? He querido saberlo y les he preguntado si creen que los chicos de su generación serán padres diferentes de los de la generación anterior y, en caso afirmativo, en qué serán diferentes.

Antes que citar las cifras resultantes de los análisis temáticos de sus respuestas, me ha parecido preferible darles la palabra respetando sus formulaciones. Evidentemente, han participado en esta encuesta tanto chicas como chicos, pues no quería atraer excesivamente la atención sobre el tema de la paternidad y siempre he planteado preguntas simétricas sobre la maternidad. Mi intención consistía en extraer únicamente las respuestas de los chicos. Sin embargo, la comparación con las respuestas de las chicas es tan elocuente que no me resisto a ofrecer una selección de respuestas masculinas y una selección de respuestas femeninas sobre la previsible evolución de los futuros padres. En alguna ocasión deslizaré algún fragmento de las respuestas dadas a propósito de las madres que serán las adolescentes de hoy, pues aclaran algunas respuestas sobre la evolución que se espera de los padres para el mañana.

Tanto los chicos como las chicas partieron, paralelamente, en dos direcciones. Trataron de imaginar los padres del mañana teniendo en cuenta los cambios sociales y de mentalidad que observan en su generación. Pero no han podido evitar un arreglo de cuentas con sus propios padres y han expresado lo que ellos desearían, ahora, encontrar en sus padres, o denunciando lo que les falta... «No, no seremos así», parecen decir. Era exactamente lo que proclamaban sus padres, los del 68, y ahora les toca a ellos el turno de oír las verdades.

«Seremos padres más responsables que nuestros padres»

(Antes de cada cita, «M» quiere decir que se trata de la opinión de un adolescente de sexo masculino; «F», de un adolescente de sexo femenino.)

M.- No tendremos los mismos valores sobre la paternidad que nuestros padres.

M.- Creo que estaremos más presentes, sin ser agobiantes, porque hemos vivido situaciones desagradables con el divorcio o con una rápida desmembración del núcleo familiar, lo cual, contrariamente a lo que dicen, no ayuda a madurar. Esta experiencia nos hará menos indiferentes que nuestros padres, pero seguiremos comprendiendo los deseos de independencia de nuestros hijos. Los chicos de nuestra generación habremos adquirido mayor conciencia sobre el compromiso de la vida en común y sobre su importancia para los hijos.

F.- Debido a que los adolescentes actuales han tenido que sufrir más divorcios de padres de los que sus padres habían sufrido, seremos más responsables con respecto a la familia de lo que ellos han sido.

M.- Afortunadamente, no seremos fieles a la imagen que han podido transmitirnos nuestros padres.

M.- Ahora, afortunadamente, se habla de nuevos padres. Antes, entre la burguesía, eran pocos los padres que se ocupaban de sus hijos.

M.- Sí, creo que nuestra generación habrá adquirido mayor experiencia y se sentirá más afectada por los hijos.

F.- Se ocuparán más de los hijos y se preocuparán más por ellos porque muchos han tenido problemas familiares.

M.- Serán padres más responsables que se darán más cuenta de los problemas generados por los hijos.

M.- Seremos menos distantes y más responsables.

M.- Saben por lo que han pasado sus padres y, por lo tanto, tratarán de no hacer sufrir en exceso a sus futuros hijos. Se integrarán más en la vida de familia.

M.- Los chicos de mi generación son más conscientes de la fragilidad humana. Serán menos laxistas en su vida.

M.- Reaccionarán de modo distinto ante los problemas de sus hijos debido a que han tenido diferentes experiencias en su juventud (divorcio de sus padres, etc.).

M.- Han sido alimentados con convicciones diferentes sobre la familia.

F.- Debido al actual incremento de los divorcios, los hijos

de divorciados o de separados serán diferentes con sus hijos, menos indiferentes, más implicados con sus hijos.

F.- Tendrán un concepto diferente de la familia debido a las experiencias que han tenido que vivir con sus padres, como los divorcios.

M.- El círculo familiar cada vez es más frágil. Existe una cierta pérdida de los valores familiares de la que se ha derivado una cierta separación entre los padres y los hijos. Tendremos que ser diferentes.

F.- Dado que la familia está en crisis, los chicos de nuestra generación seguramente querrán reaccionar contra esta crisis, contra las familias desunidas, contra los padres de 1968, que no están en absoluto unidos.

F.- Sólo espero que los chicos de nuestra generación sean más responsables con respecto a su familia. Que en caso de divorcio se ocupen de los hijos tanto como la madre, que dejen de ser simplemente el bolsillo que paga.

F.- No tendrán los mismos valores morales que sus predecesores, que actualmente tienen muy pocos.

Algunas raras opiniones opuestas, muy minoritarias:

M.- Los chicos de mi generación son más descuidados que nuestros padres.

F.- Los chicos de hoy no son suficientemente maduros y responsables para ser padres.

F.- Quizá más cerca de sus hijos, pero menos serios y más inmaduros.

F.- ¡No hablan más que de sus salarios! No tienen nigún ideal que les guíe.

M.- Aún seremos, si cabe, más irresponsables y más inconscientes...

«Compartirán las tareas del hogar y la educación de los hijos»

Sobre lo que los padres compartirán con las madres, es interesante comprobar que las afirmaciones proceden básicamente de las chicas:

F.- Los padres del futuro se encargarán de más tareas domésticas, e incluso desempeñarán el papel de madre.

F.- Los papeles estarán más equilibrados y se ocuparán más de la educación de los hijos.

F.- Más preocupados por la educación de los hijos, más «papás-clueca»; compartirán el trabajo de educación con la madre.

F.- Los papeles de padre y de madre serán intercambiables.

F.- Estarán más en casa y participarán más en la educación de los hijos.

F.- Compartirán más las tareas del hogar y el cuidado de los hijos, y participarán más en la vida de familia.

F.- Más presentes en la casa y ayudando más en el cuidado de los hijos.

F.- Se ocuparán más de los hijos desde pequeños.

F.- Más igualitarios, menos autoritarios, más ocupados en sus hijos. Las madres ya no tendrán una idea tan estricta de las prioridades y aceptarán que los padres las ayuden.

F.- Se mostrarán menos indiferentes ante las tareas domésticas y educativas.

F.- El papel de los padres será más importante porque nos dirigimos hacia la igualdad entre los progenitores: el padre estará más presente a la manera materna y las madres estarán menos cercanas.

Etcétera, etcétera, en docenas y docenas de respuestas. Las chicas parecen estar convencidas de que tendrán a su lado a unos padres que compartirán las tareas domésticas y las tareas educativas. Es verdad que los chicos no les llevan la contraria, pero introducen ciertos matices:

M.- Dado el número de mujeres que trabajan, los hombres tendrán que compartir *un poco** más las tareas domésticas, lo que repercutirá en su papel de padre.

M.- Como las madres se ocuparán cada vez menos de los hijos, o no se ocuparán en absoluto, tendremos que hacerlo nosotros...

* Subrayado por el encuestado.

M.- Como pertenecemos a la generación que asume las consecuencias de la emancipación femenina, los chicos de nuestra generación aceptaremos (sin duda)* con mayor facilidad un reparto equitativo de las tareas domésticas y de la educación de los hijos.

M.- El padre ya tiene que desempeñar una parte del papel de la madre porque las madres trabajan. Esto se acentuará.

M.- Creo que los padres estarán mucho más cerca de sus hijos, lo que obligará a las madres a cambiar su papel.

M.- Tendremos que compartir el papel de la madre. Espero que la emancipación de la mujer ya haya terminado.

M.- Las estrechas relaciones entre la madre y los hijos se modificarán por la liberación de la mujer, y el padre adquirirá mayor importancia.

«Seremos menos autoritarios y más comprensivos»

La sombra del *pater familias* sigue presente:

F.- Cada vez habrá menos *pater familias*, o no quedará ninguno: los papeles se repartirán entre los dos progenitores.

F.- Estarán más cerca de sus hijos, serán menos distantes y menos autoritarios. Dejarán de simbolizar el medio familiar.

M.- Seremos mucho menos autoritarios y menos distantes. Las madres serán menos «cluecas».

M.- Los padres estarán más relajados porque ya no tendrán la sensación de llevar sobre los hombros el peso del mundo. Su papel estará menos definido y será menos exigente que en las generaciones anteriores. Podrán ocuparse de sus hijos como las madres, a tenor de cómo ambos tengan que emplear el tiempo.

M.- Serán menos autoritarios, menos estrictos, más abiertos al diálogo.

M.- Serán menos autoritarios, más tolerantes y desempeñarán un papel más semejante al de las madres, que serán menos «mamás-clueca».

* El paréntesis es del encuestado.

M.- Estarán menos impregnados de la moral tradicional del padre y estarán más atentos a sus hijos.

M.- Creo que los próximos padres serán menos intolerantes en lo que respecta a actividades y gustos. Nosotros sufrimos del «Hay que leer tal cosa» (acabas cansado de clásicos), «Hay que aprender piano» (no sé cómo quitárselo de la cabeza). Tiene que gustarte lo que les gusta a ellos (aunque, la verdad, mi padre no llega a tanto). Bueno, estarán menos creídos de su papel y las madres no estarán tan atentas a costumbres tontas del tipo «usa el cuchillo con la derecha, no le hables así a tu madre», y todo eso.

M.- Creo que disminuye el papel del padre y todavía disminuirá más. No desempeñará un papel especial. Las muchachas de hoy inculcarán a sus hijas nociones de libertad aún mayores.

Y docenas y docenas de «Será menos autoritario, más comprensivo». Pero también:

M.- Seremos padres que estaremos más presentes, que mostraremos mayor atención y preocupación por nuestros hijos.

M.- No tendremos el mismo concepto del niño y de la infancia. Nos gustará ocuparnos de ellos.

M.- Me siento dispuesto a sentirme muy cerca de mis hijos. Me gustan los niños y, seguramente, lo demostraré.

Finalmente, una chica resume:

F.- Espero que estén más cerca de sus hijos porque sus experiencias les habrán hecho responsables, y que tomarán parte activa en la educación porque las mujeres que trabajan les habrán responsabilizado. Espero que las madres serán menos «revanchistas», menos reivindicadoras y más serenas.

Por supuesto, a pesar del frecuente uso del tiempo verbal en futuro, estos adolescentes de ambos sexos no efectúan previsiones ni hacen predicciones. Más bien expresan simplemente qué esperan, a qué aspiran y para qué se preparan.

Es imposible no notar que se percibe un aire nuevo cuando se leen sus pequeñas sentencias. Es imposible no creer en el cambio. Sí, ellos serán quienes construyan el siglo XXI, con y contra su herencia; ellos, los hijos de los hijos del *baby boom*; ellos, los hijos de quienes formaron la generación de 1968; ellos, que son la primera oleada de los hijos de quienes impugnaron el matrimonio y de los divorciados liberados; ellos, los hijos y las hijas de las mujeres finalmente emancipadas.

Y hacen balance, sin indulgencia. Proclaman sin dudarlo que el patriarcado ha muerto, y que con él murió el *pater familias*, así que ¡vivan los padres! Se terminó la *auctoritas* del padre; se terminó el padre autoritario. Pero ha terminado también el padre laxista y el padre irresponsable que no ha comprendido la fragilidad ni el valor del círculo familiar. Se acabó asimismo el padre-ectoplasma que se dejó arrinconar para acabar convertido, tras el divorcio, en el bolsillo que paga.

Mañana, así nos lo dicen estos adolescentes, así nos lo prometen, los padres «ya no tendrán la sensación de llevar sobre los hombros el peso del mundo», ni encarnarán ya «el medio social»: serán más sencillos, estarán más cercanos y más presentes, serán más abiertos. Pondrán manos a la obra y estarán más atentos ante sus hijos, «incluso cuando sean muy pequeños». Participarán más en «la vida de familia» y tendrán más consciencia de lo que para los hijos significan los compromisos de pareja. No serán padres-compañeros, pero serán un poco más maternales y mucho más paternos.

Los chicos de quince años que se proyectan en esta paternidad cálida y activa no parecen tener idea de las trampas que han puesto en su futuro camino las leyes, las costumbres y los recientes prejuicios antipadres. Nuestro deber de adultos consiste en desbrozarles el camino y hacer que se serene el ambiente antes de que puedan herirse. Las chicas que serán sus compañeras han comprendido perfectamente que no constituirá una derrota para las madres el hecho de reconocerle al padre el puesto y el papel que merece y el de garantizarle la permanencia de los vínculos que le unen con su hijo. Por el contrario, será el feliz corolario de la lucha de las mujeres por la igualdad y la garantía de las madres contra la soledad.

ÍNDICE